全过程工程造价管理实操系列

U0673019

建设项目投资估算案例实操

刘辉宁　编

中国建筑工业出版社

用，特别是对于实现销售的商品类建设项目，尚需考虑销售费用，与转让项目有关的税金：增值税、城市维护建设费、教育费附加、印花税、土地增值税，以及企业所得税等。

关于建设项目投资收益估算的资料较多，但目前为止尚无书籍可系统性地讲述从拿地至完税的完整过程。《建设项目投资估算案例实操》的出版正好填补了这一空白。本书的作者是我的学生兼好友刘辉宁女士，同时是陕西大居正建筑工程咨询有限公司总经理，其先后在大型国有施工企业及房地产企业从事工程施工、工程造价、建设项目投资管控工作。她习惯在专业上做精、做宽，其对建设项目投资的理解，特别是对财税政策的掌握，使其对建设项目的投资估算更为全面与专业。本书主要介绍了建设项目从土地成本、前期工程费、基础设施费、建筑安装工程费直至全部税负成本的计算与收益计算，以及土地增值税纳税临界点、车库售价对税负的影响等，同时，简要介绍了动态成本管控过程中涉及的合约规划、成本视角下的税务筹划、资金计划等。

本书可以作为建设项目经营者的参考，关于建设项目全部成本的分析及后半部分关于财税的分析，有助于经营者了解建设项目成本全貌以及收入与税负的关系。亦可作为建设方成本主管、造价咨询单位相关人员的工具书，有助于从业人士系统性学习如何编制一份完整、准确的建设项目投资估算，以及税负计算与分析。特别是对于打算做全过程造价咨询的单位，十分有必要先学习了解建设项目投资收益估算究竟需要做什么。

尹贻林

博士、教授、国家级教学名师

天津理工大学公共项目与工程造价研究所（IPPCE）所长

中国重大工程技术走出去投资技术与管控智库主席

2020 年 6 月天津

前　言

　　近几十年来，我国的基础设施建设得到大力发展，取得了令人瞩目的成就。基础设施，不仅包括交通运输、通信、水利等建设，同时，也包括日常生活使用的居住类建设项目，以及商场、写字楼等商用类建设项目。

　　在建设项目实施之前，通常需要预先对项目的整个投资、收益等进行测算与评价，为项目决策提供翔实的数据支撑。

　　本书将详细讲述建设项目的投资构成，以及如何具体测算一个建设项目的投资与收益。以一个具体的建设项目为例，介绍从开发成本、开发费用、各项税费等全部投资的详细计算，以财税政策规定为依据，通过模拟不同销售价格下税费的变化及对比分析，解决大家在增值税、土地增值税、企业所得税计算时的困惑。通过本书使大家能够系统、全面地了解一个建设项目全建设期的详细成本组成，以及投资估算与收益测算的方法。无论是建设方，还是咨询方；亦无论是高管，还是成本主管，希望本书都能够为您提供想要的答案。

说　明

————

　　文中附表数据，除在文中单独计算外，其余数据来源与计算表的对应关系说明如下：

　　第1章、第2章、第3章、第4章的4.1～4.15，数据来源：馨苑项目目标成本与收益测算表（1.车位售价12万元税负计算）。

　　第4章4.16中车位售价调整时税负变化，数据来源：馨苑项目目标成本与收益测算表（2.车库增值税为零时税负计算；3.车位以成本价格销售税负计算；4.车位以高于成本价销售税负计算）。

　　第4章4.17中住宅纳税临界点税负变化，数据来源：馨苑项目目标成本与收益测算表（5.住宅免缴土地增值税时税负计算；6.住宅增值比例大于20%时税负计算；7.住宅增值比例大于100%时税负计算）。

　　由于涉及大量的数据计算，文中主要对成本测算时的重点、难点予以详细解释，其余未解释处，可通过查看表格，一目了然，故请在阅读时对应相应的表格，同步进行。

馨苑项目目标成本
与收益测算表

目录
Contents

第3章　建设项目成本编制原则及说明

第4章　建设项目投资收益的测算

书中引用政策文件一览表

后　记

第 1 章

概述

1.1 项目建设期

1.1.1 项目建设期的不同阶段

建设项目的成本，包括建设期成本与运营维护期成本两个方面。

本书所述及的建设项目的成本，在没有特殊说明的情况下，均指建设期成本。

每一个建设项目，都需要经过前期阶段、实施阶段、总结分析阶段。在不同的阶段，就会发生对应的成本。

项目建设的各个阶段特点，决定了建设项目投资收益估算时需要考虑的范围和内容。建设项目的开发过程、开发流程等和投资估算的准确性息息相关。

项目建设期的阶段构成如图 1-1 所示。

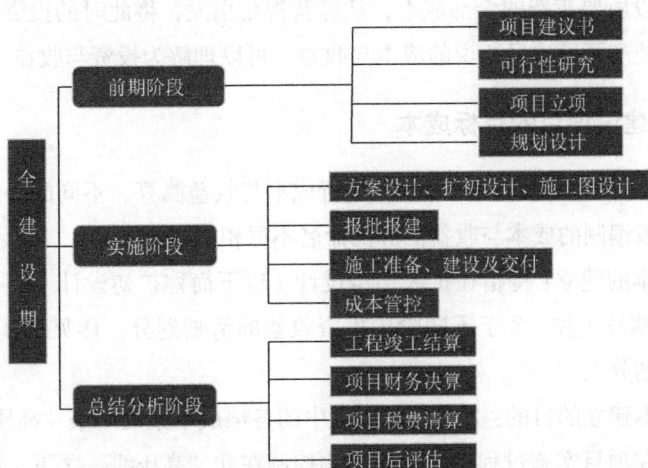

图 1-1　项目建设期的阶段构成

对应上述不同阶段的是建设过程中的"五证"获取，分别是《土地使用证》《建设用地规划许可证》《建设工程规划许可证》《建筑工程施工许可证》，如果是房地产开发项目，还需要取得《商品房预售许可证》。五证的取得顺序如图1-2所示。

土地使用证 → 建设用地规划许可证 → 建设工程规划许可证 → 建筑工程施工许可证 → 商品房预售许可证

图1-2 建设项目的"五证"

1.1.2 建设项目的投资与收益

建设项目的投资：为了完成工程项目建设，从该建设项目的项目立项、实施、竣工验收、工程竣工结算、财务决算，到项目后评估完成，在此建设期内所花费的全部费用。

建设项目的收益：对于房地产开发项目，更多地是指通过房屋销售所取得的经济收益；对于政府财政投资的基础设施类及公建项目，其收益更多地是考虑项目建成后的社会效益。

本书主要以房地产开发项目为主，详细讲解如何具体测算一个建设项目的开发成本、开发费用、销售收入、税费、利润等。

投资，是从投资人的角度而言；成本，是从经营者的角度而言。二者性质不同，但站在管控的角度，有重合点。一般在讲建设项目的投资时，通常是指某个具体项目建设所要花费的全部成本，从经营视角出发，将此时的投资等同于成本看待。故房地产开发项目所说的成本与收益，可以理解为投资与收益。

1.1.3 建设项目的目标成本

在建设项目的不同阶段，都需要进行成本与收益测算。不同的房地产开发公司对不同阶段编制的成本与收益测算的命名不尽相同。

目标成本的建立：特指在扩大初步设计（以下简称扩初设计）完成后所编制的投资收益测算（注：关于不同阶段投资收益的清晰划分，详见第2章2.1成本测算的阶段划分）。

目标成本建立的目的：是对建设过程中的各项成本架设一条"高压线"，以此线为上限，在项目实施过程中各项成本均控制在此"高压线"之下，有效地实现对项目成本的预期管控。

目标成本管控的基础，依赖于一个公司内部健全的组织架构、完善的组织体系、严谨易操作的流程，以及相应的制度等。

项目建设过程中的每一步都需要进行成本控制。成本管控的本质，不是目标成本各项值的最小化，也不是艰苦朴素地过日子，而是杜绝或减少不必要的成本支出以及成本浪费，同时在目标成本的既定目标内，实现成本科目间的成本调配，最终实现预期的目标利润值或者目标利润率，实现成本价值最大化。

第 2 章

建设项目成本的构成

2.1 成本测算的阶段划分

建设项目的不同阶段都需要根据已有信息，制订项目的开发成本计划，同时进行成本测算（或成本估算）工作。成本测算（或成本估算）是项目在开发过程中成本控制的主要依据。

为了统一，在书中均称为**成本测算**。

在不同的企业中，对成本测算的阶段划分大致相同，但是定义略有差异，当然，本质上反映的是同一件事情。

正常情况下，在确定是否获取一块土地前，需要先行测算，然后才能决定，是否拿地以及最高可以多少钱拿地等。在一个持续性进行项目开发的房地产公司中，一般会专门设置一个部门，负责拿地事宜。成本部门予以配合进行拿地阶段的成本测算。在本书中，暂不讨论拿地前的成本测算。

成本测算，按照开发的不同阶段分别编制，每下一个阶段的测算都是在上一阶段的基础上进行编制及修订的。

2.1.1 成本测算五阶段划分

第一阶段，又称**可研阶段成本测算**，在项目可行性研究阶段编制，是可行性研究报告的组成部分，一般供可行性研究报告评审时使用。在编制可研阶段成本测算前，如果是房地产开发企业，则需要对周边楼盘配置进行调研，同时，对本企业下辖的已有同类楼盘配置数据进行整理及比较。该阶段的成本测算作为整个项目的预控目标成本。为了与后续阶段的成本测算予以区分，将此阶段的成本测算简称为**可研成本**。

第二阶段，又称**定位阶段成本测算**，在项目定位报告评审阶段编制，初稿作为项目定位报告的组成部分之一，供项目定位评审时使用；在项目定位评审通过后，根据定位评审意见修订完成的该阶段成本测算，即为定稿；若此阶段测算结果与第一阶段可行性研究报告中的测算结果不同，此阶段成本测算将替代可研阶段成本测算，成为整个项目的预控目标成本，将此阶段的成本测算简称为**定位成本**。

公建项目，比如政府投资建设的展览馆、体育场馆、医院、学校和幼儿园等，凡土地属于无偿划拨的，在进行项目成本测算时与土地相关的土地出让金等土地成本不发生。凡是后期可取得产权证书，可进行交易的项目，其土地均为有偿出让方式取得。

第一和第二阶段有时候会合并编制，因为可研和定位，需要反复进行，二者是相辅相成的。故有些房地产企业**将可研和定位合并称为第一阶段**。在定位阶段，设计院需要提供多套方案设计（通常将此类方案称为强排方案，就是在暂不分析日照、消防等的影响下，仅考虑建筑红线退让和容积率等规划条件，最大限度地用足容积率，将建筑物平面排布在项目建设用地上），在此阶段做的多方案成本测算及比选仍然属于定位阶段的成本测算。

第三阶段，又称**方案设计阶段成本测算**或者方案设计阶段目标成本，在方案设计阶段编制。在方案设计完成后，先编制成本测算初稿，供开发公司内部方案设计评审时使用；在规划设计方案获得政府相关部门审批通过后结合方案评审意见，修订方案阶段的成本测算，编制"项目估算成本与收益表"，经相关审批后即作为定稿，此阶段的成本测算将作为项目成本控制的**正式目标成本**（又称**估算成本**）。

第四阶段，又称施工阶段成本测算或者施工阶段目标成本，在扩初设计阶段编制"项目目标成本与收益表"，一般在扩初设计文件提交后编制，此阶段的成本测算将作为项目施工阶段成本控制的正式目标成本执行（通常称为目标成本），目标成本是项目实施时成本管控的上限。

扩大初步设计（以下简称扩初），是一个很重要的设计环节。常规住宅项目不一定经过这个阶段，可以从方案设计环节直接进入施工图设计环节。较大的房地产开发企业，在全国各地开发项目时，由于其积累的同类项目经验较多，常合作的设计单位也比较熟悉，特别是对于住宅项目（商业类亦同，比如万达广场，就属于在不同地方的复制产品），通常不经过扩初阶段，而是方案设计审批通过后直接过渡到施工图设计。故在扩初设计阶段不再单独出具成果文件。

通常根据这一实际情况，不编制扩初阶段的成本测算，此阶段的目标成本与第三阶段的目标成本，属于同一性质。故对于不进行扩初设计的项目，方案设计阶段确定的成本即为目标成本；需要进行扩初设计的项目，扩初设计完成后的成本测算确定为目标成本。

第五阶段，在项目完成施工图设计和工程量清单编制（注：此时施工图预算已编制完成）后，编制"项目执行成本与收益表"。此阶段确定的成本为执行成本，执行成本一般作为集团化地产公司对项目公司的考核依据，一经确定后，除规划条件变化、政府政策变化等情况外，一般不允许随意修订。

将上述五阶段成本测算的划分整理对比如图 2-1 所示。

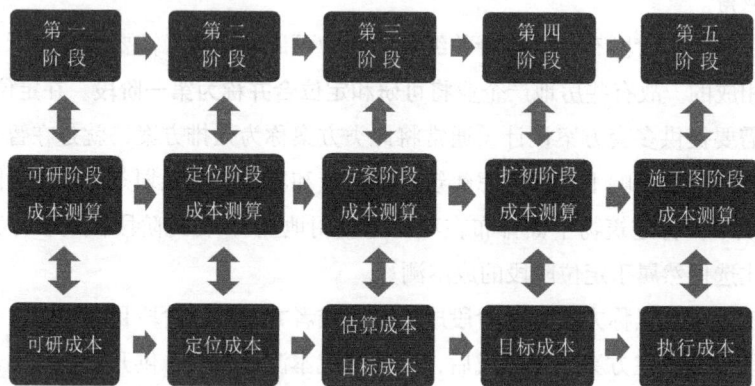

图 2-1　成本测算的阶段划分图

2.1.2　不同阶段成本测算的关系

对于大多数集团化开发商而言，隶属于项目的成本人员，开始编制成本是从第三阶段—估算成本开始的。

执行成本一般应控制在目标成本的 95% 以内，否则，在项目后续的实施过程中，由于变更、签证、不可预见因素等，导致增加后的成本很容易造成执行成本＞目标成本，即执行成本超出目标成本的限值，造成成本失控。

不同阶段成本的关系如下：

可研成本＞定位成本＞估算成本＞目标成本＞执行成本

在项目实施过程中，对目标成本可以进行追加或调整（此处的调整是指在不影响目标成本确定金额的情况下，对目标成本的各科目内部调配），但是追加及调整必须经过审批程序。

本书主要基于项目的定位已明确时，从方案阶段及扩初阶段开始的成本测算，即目标成本与收益测算。

2.2　建设项目成本的构成

2.2.1　成本构成

房地产项目成本由三部分组成：开发成本、开发费用、与转让房地产有关的税金等。

开发成本主要包括：土地成本、前期工程费、基础设施费、建筑安装工程费、公共配套设施费、物业管理费、开发间接费、不可预见费。

开发费用主要包括：销售费用、管理费用、财务费用。

与转让房地产相关的税金：增值税、城市维护建设税、教育费附加、地方教育费附加、城镇土地使用税、房产税、印花税、土地增值税。

成本组成详见表 2-1。

项目成本构成表　　　　　　　　　　表 2-1

科目编码	科目名称	说明
一、	开发成本	
5001.01	土地成本	
5001.02	前期工程费	
5001.03	基础设施费	
5001.04	建筑安装工程费	
5001.05	公共配套设施费	
5001.06	物业管理费	
	开发间接费	可单列科目，也可放在管理费用中，但在计算税金时作为开发成本扣减
5001.07	不可预见费	
二、	开发费用	
5001.08	销售费用	
5001.09	管理费用	
5001.10	财务费用	

科目编码	科目名称	说明
三、	**与转让房地产有关的税金**	
	增值税	
	城市维护建设税	
	教育费附加	
	地方教育费附加	
	城镇土地使用税	
	房产税	
	印花税	
	土地增值税	
四、	**企业所得税**	不属于项目成本，后续需要计算，暂列于此

注：企业所得税在利润后计算，不属于项目开发成本，不能计列入开发成本或增值税及其附加中。

项目开发成本的组成，不是企业自行划定的，而是企业根据国家相关财税制度的规定，为了便于日常工作与管理，相应地划分了成本科目以及成本科目的性质。通常项目开发成本的科目实行分级编制与管理，每一个组成部分实质都是由最末级的科目逐步向上一级科目归集、汇总而成。

实质上不仅仅是房地产开发项目，任何一个建设项目的成本构成都基本一致，不同之处仅在于开发费用以及与销售有关的税金中。比如自建自用项目，就不发生销售费用，但是管理费用、财务费用都是必然发生的。税金是由于对产品进行销售，产生了收入，与成本相比较，产生了增值而产生，故若没有因销售产生增值，也就不发生与销售增值相关的税金。

一般将土地成本、前期工程费、基础设施费、建筑及安装工程费、公共配套设施费、物业管理费、不可预见费、开发间接费、开发费用（其中的销售费用、管理费用、财务费用）、增值税、税金及附加、土地增值税，均设定为二级科目。

在二级科目下，需要再设置三级科目，三级科目下，设置四级科目，以此类推，最多可设置到五级或六级科目。一般设置到五级科目。

2.2.2　土地获得成本

土地成本：主要指为获取一宗地某一期限的使用权而发生的各项相关费用。获取土地使用权的方式，分为国家出让和项目转让两种方式。

土地出让主体：国有土地所有者，即国家。

土地转让主体：取得国有土地使用权的土地所有者。

土地使用权出让金的高低由该宗土地所在的地域、区块、土地级别，以及规划条件如容积率、建筑物性质（住宅、商业、工业等）等决定。

土地成本属于二级科目，其下设置的三级科目有：

1. 国有土地使用权出让金：国家以土地所有者身份，将一定年限内的土地使用权有偿出让给土地使用者。土地出让金高低和该宗地出让时间、土地等级、土地用途、临街状况、容积率、土地出让年限、周围环境状况及土地现状等因素相关。

2. 土地征用及拆迁补偿费：包括土地征用费、耕地占用税、劳动力安置费及有关地上、地下附着物拆迁补偿的净支出、安置动迁用房支出等。

（1）土地征用费：国家建设征用农村集体土地发生的费用。主要包括土地征用费、劳动力安置补助费、青苗补偿费、耕地占用税、征地管理费等。

（2）拆迁安置补偿费：包括拆迁安置费和拆迁补偿费两部分。

在城镇地区，国家和地方政府依据法定程序，将国有储备土地或已由企、事业单位或个人使用的土地出让给房地产开发项目或其他建设项目使用。因出让土地使原用地单位或个人造成经济损失，新用地单位按规定给予补偿。涉及原用地单位及人员需要重新安置的，还需给予安置费用补偿。

（3）耕地占用税：占用耕地建设建（构）筑物或者从事非农业建设的单位和个人，需要依照《中华人民共和国耕地占用税法》的规定缴纳耕地占用税。

3. 项目转让价款：项目原所有人所拥有的与项目有关的各种权利的总体转移，核心是土地使用权的转移。

4. 土地契税：土地产权（实际是使用权）发生转移变动时，按产权转移价格（土地出让金）的一定比例征收的一次性税收。

5. 城镇土地使用税：是指国家在城市、县城、建制镇、工矿区范围内，对使用土地的单位和个人，以其实际占用的土地面积为计税依据，按照规定的税额计算征收的一种税。

6. 其他土地获得成本。

将上述土地获得成本，对应成本科目编码、科目名称进行整理，见表2-2。

土地获得成本构成表 表 2-2

科目编码	科目名称	科目级别
5001.01	**土地获得成本**	**二级科目**
5001.01.01	国有土地使用权出让金	三级科目
5001.01.02	土地征用及拆迁安置补偿费	三级科目
5001.01.02.01	土地补偿费	
5001.01.02.02	拆迁补偿费	
5001.01.02.03	安置补助费	四级科目
5001.01.02.04	青苗补偿费	
5001.01.02.05	耕地占用税	
5001.01.02.97	其他	
5001.01.03	项目转让价款	三级科目
5001.01.04	土地契税	三级科目
5001.01.05	城镇土地使用税	计入"税金及附加"科目核算
5001.01.97	其他土地获得成本	三级科目

表 2-2 中，也可以通过一个简单的方法来判断一个成本科目具体属于几级科目。比如，土地获得成本 5001.01，有一级会计科目码 5001，一级顺序码 .01，故土地成本属于二级科目。以此类推，"国有土地使用权出让金"从科目编码 5001.01.01 上即可判断出属于三级科目。

城镇土地使用税，在税负计算时，计入"税金及附加"科目进行核算。因为计算涉及土地的面积、缴纳期限等，均和土地相关，故暂放在土地获得成本中解释详细的计算方法，在核算税费时仍将其归入"税金及附加"科目。

集团化的房地产开发公司，对于成本科目，经集团层级审批通过并确定后，一般不允许各下属公司对成本科目任意增减。除非所属开发项目的性质与原成本科目有非常大的差异，但一般也是在最末级进行增减科目，同时，在该项目实施过程中不得再对成本科目进行任意改动。该成本科目须和财务的成本科目保持一致，至少在二级成本科目上保持一致。对于二级成本科目或三级成本科目，以及三级成本科目下所包含的具体发生费用的成本归属，财务部门须和成本部门保持一致。

如果一个项目涉及土地征用及拆迁安置补偿，因该费用涉及的内容较多，可单独列表计算，示例见表 2-3。将计算完成后的汇总数据直接计入 5001.01.02. 土地征用及拆迁安置补偿费科目中。

拆迁安置成本计算参考表　　　　　　表 2-3

序号	项目	单位	计算公式
1	安置户数	户	
2	户均人数	人	安置总人数 / 安置户数
3	安置总人数	人	
4	总庄基地面积	m²	
5	原有人均宅基地面积	m²/人	总庄基地面积 / 安置总人数
6	原有人均房屋面积	m²/人	原有人均宅基地面积 ×2
7	人均抢建房屋面积	m²/人	原有人均宅基地面积 ×1
8	人均居住安置面积	m²/人	
9	人均生活安置面积	m²/人	
10	人均总安置面积	m²/人	
11	人均原有现建房屋赔付标准	元 /m²	
12	人均赔付面积	m²/人	原有人均房屋面积 – 人均总安置面积
13	人均赔付金额	万元	人均赔付面积 × 人均原有现建房屋赔付标准 /10000
14	人均抢建赔付面积		人均抢建房屋面积
15	人均抢建房屋赔付标准	元 /m²	
16	人均抢建赔付金额	万元	人均抢建赔付面积 × 人均抢建房屋赔付标准 /10000
17	每平方米装修赔偿		
18	人均装修赔付面积		人均抢建房屋面积 + 原有人均房屋面积
19	人均装修赔偿总额	万元	
20	人均赔付总额	万元	人均赔付金额 + 人均抢建赔付金额 + 人均装修赔偿总额
21	搬迁赔付总额	万元	人均赔付总额 × 安置总人数
22	人均每月过渡费		
23	过渡期	月	
24	人均过渡费金额	元 / 人	过渡期 × 人均每月过渡费
25	过渡费总额	万元	人均过渡费金额 × 安置总人数 /10000

序号	项目	单位	计算公式
26	户均搬家费标准	元/户	
27	搬家费总额	万元	户均搬家费标准 × 安置总人数 /10000
28	户均提前搬迁奖励费	元/户	
	农业人口总数	人	
	生活补贴金基数	万元/人	
	生活补贴费用总额	万元	
29	提前搬迁奖励费总额	万元	户均提前搬迁奖励费 × 安置户数
30	总拆迁成本	万元	搬迁赔付总额 + 过渡费总额 + 搬家费总额 + 提前搬迁奖励费总额
31	安置房用地成本	万元	
32	居住安置房综合单价	元/m²	
33	安置房总造价	万元	居住安置房综合单价 × 总安置面积
34	总安置成本	万元	
35	不可预见费	万元	以比例计算
36	总拆迁安置费用	万元	总安置成本 + 总拆迁成本 + 不可预见费

拆迁安置成本，因各地区、各项目差异较大，表格设置时需要结合项目所在地的具体情况。因该表格不属于成本的固定表格使用，故可以自行根据项目的具体情况进行设置与增减。

2.2.3 前期工程费

前期工程费：主要指不构成建筑工程实体，但又属于项目开发过程中必须发生的各项费用。

《中华人民共和国土地增值税暂行条例实施细则》[1.]

第七条（二）前期工程费，包括规划、设计、项目可行性研究和水文、地质、测绘、"三通一平"等支出。

《企业产品成本核算制度（试行）》的通知（财会 [2013] 17 号） [2.]

第二十六条 前期工程费，是指项目开发前期发生的政府许可规费、招标代理费、临时设施费以及水文地质勘查、测绘、规划、设计、可行性研究、咨询论证费、筹建、场地通平等前期费用。

会计制度与税法对前期工程费的规定范围基本一致。通常提到"财""税"，"财"指"财务"，"税"指"税务"。"税"以税法的形式出现，"财"以财务制度、规定等形式出现。"法规"级别高于"制度"级别，故财务规定与税法规定不一致时，执行税务规定。

"前期工程费"属于二级科目，其下设置的三级科目有：勘察费、规划设计费、可行性研究费等咨询费、施工准备费、测绘费、监测及试桩桩基等测试费、招标投标费、质监费及各项验收费、其他政府规费、其他前期工程费等。

前期工程费各级成本科目的详细组成见表 2-4。

表 2-4
前期工程费构成表

注：住宅及公建建设配套费，又称为市政配套费。住宅、商业、学校等缴纳标准不同。

通过上述表格，可以清楚地了解前期工程费所下设的科目种类、科目数量、科目级别。实际上设置这些科目，都是项目在开发过程中要发生的费用，简而言之，成本科目设置就是将普遍要发生的各项费用一一归类并罗列，这样，成本与收益测算时才能做到成本项目（费用）不漏项，所编制的成本趋近实际成本，收益测算趋近真实，才能为项目的决策提供准确翔实的判断基础。

2.2.4　基础设施费

《中华人民共和国土地增值税暂行条例实施细则》 [1.]

第七条（二）

基础设施费，包括开发小区内道路、供水、供电、供气、排污、排洪、通信、照明、环卫、绿化等工程发生的支出。

《企业产品成本核算制度（试行）》的通知（财会 [2013] 17 号） [2.]

第二十六条 基础设施建设费，是指开发项目在开发过程中发生的道路、供水、供电、供气、供暖、排污、排洪、消防、通信、照明、有线电视、宽带网络、智能化等社区管网工程费和环境卫生、园林绿化等园林、景观环境工程费用等。

基础设施费：实质上主要指构成工程实体，各建筑单体以外（以建筑物散水为界）、建设项目红线以内发生的各项工程费用。

基础设施费与前期工程费中 5001.02.10.05 住宅及公建建设配套费的划分界限：项目建设用地红线。红线以外住宅及公建建设配套费缴纳的目的，是市政配套部门已将水、暖、电、气等相关基础配套敷设至城市的各个区域范围内，并预留相应的接口。凡该区域所在的建设项目，均从市政预留的接口将水、暖、电、气等基础配套接入所在项目。故虽然基础设施费与市政配套费基本以项目建设用地红线划分，但市政配套预留接口若与拟建设项目尚有一定距离，比如供电的开闭所位置，则从市政配套接入点至项目建设用地红线范围之间（在建设用地红线外）发生的工程费用一般仍计入基础设施费中。

"基础设施费"属于二级科目，其下设置的三级科目有：供水、供电、燃气、供暖、雨污水、有线电视工程、通信工程、环卫设施、环境工程费、代征绿地工程费、其他基础设施费。

很多建设项目将红线外水、暖、电等配套费用归入前期工程费中。但由于现实情况中，其一如类似供电开闭所位置较拟建设项目较远，需要从开闭所施工至小区内变压器；其二是红线内、红线外费用通常很难以某一界线清晰地界定与划分，或者将从开闭所引入的电缆强行以建设用地红线为界限，划分为红线外与红线内。但此种强行划分红线内外的做法显然毫无意义。故结合实际情况，在此处将红线外的为保证建筑单体水、暖、电、气等正常运行而投入的部分市政相关的工程费用（除住宅与公建建设配套费外）也全部归入基础设施费中，不再区分红线内外。即三级科目：供水、供电、燃气、供暖等费用中均包含了各自红线内外的全部基础设施费用投入。

通过表 2-5 可直观地查看基础设施费成本科目的详细组成。

基础设施费构成表 表 2-5

科目编码	科目名称	费用说明
5001.01	**土地成本**	
5001.02	**前期工程费**	
5001.03	**基础设施费**	
5001.03.01	供水	
5001.03.01.01	水配套费（含配套、设计）	红线外给水管线材料费及施工费

科目编码	科目名称	费用说明
5001.03.01.02	供水管线设施费	红线内给水管线、设施材料费及施工费
5001.03.01.03	消防管网	红线内消防管线、设施材料费及施工费
5001.03.01.04	开口费	红线外市政供水接口费用
5001.03.01.97	其他	
5001.03.02	供电	
5001.03.02.01	供电配套费（含配套、设计）	市政供电点至红线内开闭所或配电室费用或供电配套费
5001.03.02.02	高低压线路工程	配电室至各单体第一个接入点
5001.03.02.03	配电室（站）	配电室设备及安装（含发电机）
5001.03.02.04	开闭所	开闭所设备及安装等费用
5001.03.02.97	其他	
5001.03.03	燃气	
5001.03.03.01	燃气配套费（含增容、设计）	供气管线的材料费及施工费
5001.03.03.02	调压站	
5001.03.03.03	管道系统	
5001.03.03.97	其他	
5001.03.04	供热	
5001.03.04.01	供热配套费	红线外热力管线材料费及施工费或供热配套费
5001.03.04.02	换热站工程	热力站土建、设备、管道等全部工程费用
5001.03.04.03	管道系统	红线内热力管线的材料费及施工费
5001.03.04.04	锅炉房	设备及安装费用
5001.03.04.05	开口费	红线外市政供热接口费用
5001.03.04.97	其他	
5001.03.05	雨污水	
5001.03.05.01	雨水管线费	红线内雨水管线、检查井等费用
5001.03.05.02	污水管线费	红线内污水管线、检查井、化粪池等费用

科目编码	科目名称	费用说明
5001.03.05.03	中水系统	中水处理系统及管线费用
5001.03.05.04	碰口费	红线外市政雨污水接口费用
5001.03.05.97	其他	
5001.03.06	有线电视工程	
5001.03.07	通信工程	
5001.03.08	环卫设施	
5001.03.08.01	垃圾房	
5001.03.08.02	垃圾筒	
5001.03.08.99	其他环卫设施	
5001.03.09	环境工程费	
5001.03.09.01	小品、硬地广场、散步道	
5001.03.09.02	绿化建设费	
5001.03.09.03	车行道路	
5001.03.09.04	围墙及围栏	正式围墙、围栏
5001.03.09.05	大门及门卫室	
5001.03.09.06	导视系统	交通标识、小区标识
5001.03.09.07	环境水电	
5001.03.09.08	泛光照明	
5001.03.09.09	邮政设施	信报箱等
5001.03.09.97	其他环境工程费	
5001.03.10	代征绿地工程费	
5001.03.97	其他基础设施费	
5001.04	**建筑及安装工程费**	

　　除了建（构）筑物单体的建安成本外，基础设施费的投入是为了保证建（构）筑物单体的正常使用功能或运行、居住环境或使用环境舒适度等必须发生的费用。

成本科目不是对应到每一份合同的，每个成本科目下可以涉及多份合同，同时，每一份合同也可能同时对应多个成本科目。具体成本科目和合同的对应关系，在成本测算完成、编制项目合约规划时，需要将某一成本科目中的成本额再次分解，以便对应若干个合同，或者合并不同的成本项，来对应一份合同。以此来建立成本项与合同的对应。编制合约规划的目的，主要是将一个建设项目的总成本分解，然后通过不同的合同实现成本管控的目的。

2.2.5　建筑安装工程费

《中华人民共和国土地增值税暂行条例实施细则》[1.]

第七条（二）建筑安装工程费，是指以出包方式支付给承包单位的建筑安装工程费，以自营方式发生的建筑安装工程费。

《企业产品成本核算制度（试行）》的通知（财会 [2013] 17 号）[2.]

第二十六条 建筑安装工程费，是指开发项目开发过程中发生的各项主体建筑的建筑工程费、安装工程费及精装修费等。

建筑安装工程费：主要指构成建筑实体，为满足各建筑单体（与室外工程以建筑物散水为界，散水以内归于建筑单体）的使用功能，而发生的相关工程费用。

"建筑安装工程费"属于二级科目，其下设置的三级科目有：建筑工程费、安装工程费、电梯工程费、精装修费、其他建筑及安装工程费。

实质上建筑及安装工程费包含的科目内容，主要是每个建设项目中建筑单体内的全部建筑安装工程成本。若在统计建筑及安装工程费时，仅考虑总包施工范围内的工作内容，这显然是一种错误的统计方法或者说错误的成本科目归类。一个建筑单体，通常情况下建设方会将人防工程、弱电工程、消防工程、门窗工程、电梯设备安装等工程进行分包，故仅总包实施的工程范围不足以让该建筑单体具备使用功能。建筑安装工程费是该建筑单体从基坑土方开挖开始，外围护结构全部施工完成，直至该建筑单体内的水、暖、电（含强电弱电）、气等全部施工并调试完成等，使该单体满足设计要求的使用功能所要花费的全部建筑安装工程费用。对于建设方而言，凡提到建筑安装工程费，就是总包、分包、材料购买、设备购买等全部建安成本投入。

通过表 2-6 可直观地查看建筑安装工程费的各级成本科目的详细组成。

建筑安装工程费构成表　　　　　　　　　　表 2-6

科目编码	科目名称	科目编码	科目名称
5001.01	土地成本	5001.04.02.05	弱电系统
5001.02	前期工程费	5001.04.02.06	燃气
5001.03	基础设施费	5001.04.02.07	供暖
5001.04	建筑安装工程费	5001.04.02.97	其他
5001.04.01	**建筑工程费**	5001.04.03	**电梯工程费**
5001.04.01.01	基础工程	5001.04.03.01	电梯设备费
5001.04.01.01.01	基坑围护	5001.04.03.02	电梯安装费
5001.04.01.01.02	土方工程	5001.04.03.03	电梯装修费
5001.04.01.01.03	桩基工程	5001.04.03.97	其他
5001.04.01.01.04	降水工程	5001.04.04	**精装修费**
5001.04.01.01.97	其他基础工程	5001.04.04.01	大堂及公共区域
5001.04.01.02	主体工程	5001.04.04.02	住宅（含电器设备）
5001.04.01.97	其他	5001.04.04.03	办公（含电器设备）
5001.04.02	**安装工程费**	5001.04.04.04	商业（含电器设备）
5001.04.02.01	空调通风排烟	5001.04.04.05	会所（含电器设备）
5001.04.02.02	电气照明	5001.04.04.97	其他
5001.04.02.03	消防工程	5001.04.99	**其他建筑及安装工程费**
5001.04.02.04	给水排水	5001.05	公共配套设施费

　　将电梯从安装工程费中分离出来单独列项的原因，主要在于不同的项目，比如住宅、商业、写字楼等，因对电梯数量、品牌、提升速度、装修标准等要求有很大的差异，故导致电梯工程费差异较大，其成本的变化对建安成本及平米指标有较大的影响，为了便于比较该项成本、指标及核算，故单列电梯工程费。

2.2.6　公共配套设施费

　　　　《中华人民共和国土地增值税暂行条例实施细则》[1.]

　　第七条（二）公共配套设施费，包括不能有偿转让的开发小区内公共配套设施发生的支出。

《企业产品成本核算制度（试行）》的通知（财会 [2013] 17 号） [2.]

第二十六条　公共配套设施费，是指开发项目内发生的、独立的、非营利性的且产权属于全体业主的，或无偿赠与地方政府、政府公共事业单位的公共配套设施费用等。

公共配套设施费包含的科目内容，主要是指产权属于全体业主，为整个小区服务的、独立的，公共配套设施的建设费用。只有符合上述规定，属于公共配套设施费的，其建造费用才可按公共配套设施费的有关规定进行成本分摊处理。

《房地产开发经营业务企业所得税处理办法》（国税发 [2009] 31 号） [3.]

第十七条　企业在开发区内建造的会所、物业管理场所、电站、热力站、水厂、文体场馆、幼儿园等配套设施，按以下规定进行处理：

（一）属于非营利性且产权属于全体业主的，或无偿赠与地方政府、公用事业单位的，可将其视为公共配套设施，其建造费用按公共配套设施费的有关规定进行处理。

（二）属于营利性的，或产权归企业所有的，或未明确产权归属的，或无偿赠与地方政府、公用事业单位以外其他单位的，应当单独核算其成本。除企业自用应按建造固定资产进行处理外，其他一律按建造开发产品进行处理。

解读 1： 若符合国税发 [2009]31 号第十七条（一）的规定，属于单期建设项目的，则该配套设施费用可全部分摊至当期；属于多期建设的，则其成本可向各期项目拆分与分摊。

解读 2： 除第十七条（一）的规定之外，其成本均不能向任何可售项目进行分摊，和它叫什么名字没有关系，无论幼儿园或学校。

按照上述规定，虽然在公共配套设施费中列明了很多成本科目，但这些成本科目如果不符合上述及其他相关财税政策规定，则应单独核算成本，比如有产权的地下独立车库，其建造成本则不应计入公共配套设施费科目中，而应归入建筑安装工程费科目中。

特别提醒：公共配套费中所列明的所有成本科目，性质均类似独立地下车库（人防车库除外）。也就是说，此处的成本科目归属是视该业态的产权性质，而需要调整的。

成本的科目归属，主要是符合财税的政策规定。在后面关于税负计算时会详细讲解。

通过表2-7可直观地查看公共配套设施费的各级成本科目的详细组成。

公共配套设施费构成表 表2-7

科目编码	科目名称
5001.01	土地成本
5001.02	前期工程费
5001.03	基础设施费
5001.04	建筑及安装工程费
5001.05	公共配套设施费
5001.05.01	物业管理用房
5001.05.02	学校、幼儿园
5001.05.03	会所/活动中心/游泳池/运动场馆（地）
5001.05.04	儿童乐园/室外健身设施
5001.05.05	独立公厕
5001.05.06	设备用房
5001.05.07	独立地下室
5001.05.97	其他
5001.06	物业管理费

在表2-7中，若学校、幼儿园建设完成后，只要未无偿移交地方政府，无论是建设完成后出售、开发商持有并出租，或者开发商与第三方共同经营等，均不得计入公共配套设施费科目中，且不得将其成本向其他可售产品分摊，需要单独核算成本。

地下停车场，在建设完成后若单独销售，其成本亦不得计入公共配套设施费中，且不得将该实现销售的地下停车位的成本向其他可售产品分摊，需要单独核算该地下停车位的成本。只有建设完成后，产权归全体业主所有时，其成本才可向其他可售产品分摊。

2.2.7 物业管理费

物业管理费：主要包括物业开办费及物业补贴款。

物业开办费：指物业管理公司为了在项目建设完成交付使用后进行物业管理工作，而在项目开始交付前提前入驻，进行物业工作筹建或启动该项工作所发生的费用。

它主要是指交房前期物业管理公司和建设方签订合同，进驻管理，在合同交房期未到或者购房人尚未开始缴纳物业管理费时，建设方需要给物业公司支付的前期物业管理费用。主要包括物业公司需要购买各种办公设备、保洁工具等的支出以及人员工资、物业公司管理费等需要支出的费用，以满足物业公司开展工作的基本需要。

目前国家并无过渡期的物业开办费标准。各地的规定不统一，有以建安费用为基数，按照百分比计算的；也有按照建筑面积，以每平方米多少钱计算的，无论何种计算方法，性质都是一样的。

但有些地方已经出台物业开办费的法律依据。

《北京市居住小区物业管理办法》（北京市人民政府令 [1995] 第 21 号）：第十四条：居住小区物业管理的启动性经费由该居住小区的开发建设单位按照建安费 2% 的比例，一次性交付给物业管理委员会或物业管理企业。

物业补贴款：房屋从建设方交付至购房人后，才开始正式产生由购房人向物业管理公司交付的物业费，就是我们日常生活中每月需缴纳的物业费、电梯使用费、小区垃圾清理及保洁等费用。

若建设方对小区或者楼房实行分期交付时，由于首期交付的房屋数量有限，也就意味着向物业管理公司缴纳物业费用的户数有限，从而造成缴纳的物业费用有限，该费用不足以弥补物业公司的日常运营费用。从首期交房到末期房屋交付之间，物业公司需要对交房后的物业收入和支出进行预算，亏损部分和建设方进行协商，由建设方对此部分亏损进行补偿。此补偿费用即为物业补贴款。

从物业开办费和物业补贴款二者的概念解释可发现，物业开办费必然发生，物业补贴款不一定发生。

通过表 2-8 可直观地查看物业管理费具体包含的成本科目及内容。

物业管理费构成表　　表 2-8

科目编码	科目名称	科目编码	科目名称
5001.01	土地成本	5001.06	物业管理费
5001.02	前期工程费	5001.06.01	物业开办费
5001.03	基础设施费	5001.06.02	物业补贴款
5001.04	建筑安装工程费	5001.06.97	其他
5001.05	公共配套设施费	5001.07	不可预见费

2.2.8 不可预见费

不可预见费：主要指考虑建设期可能发生的各种风险而导致的开发成本增加，预估的一笔用于防范风险的费用。

风险范围包括自然风险、社会风险、经济风险等。材料价格上涨、地下不良地质情况出现等所造成的成本增加都属于经济风险。自然风险、社会风险不一定发生，但所有的风险最终全部转换成以经济指标为衡量的风险，即成本增加的可能性。

也有将其称为预备费或者风险费的，都是在进行投资估算的过程中，为了防范不可预见因素对成本的影响，预估的一部分有可能增加的开发成本。

2.2.9 销售费用

销售费用：是指企业为销售所开发产品而进行的营销、推广活动等所花费的各种费用，包括展览费、广告费，以及为销售本企业产品而专设的销售机构的职工薪酬、业务费、折旧费等经营费用。

销售费用构成详见表 2-9。

销售费用构成表   表 2-9

科目编码	科目名称	费用说明
5001.08	**销售费用**	
5001.08.01	**开发间接销售费用**	
5001.08.01.01	广告费	
5001.08.01.02	代销佣金	
5001.08.01.03	自销奖金提成	
5001.08.01.04	外展处及售楼中心	售楼中心，视其建造地点、销售与否，区分成本归属
5001.08.01.05	样板房装修费	视其建造地点、销售与否，区分成本归属
5001.08.01.06	示范区物业管理费	
5001.08.01.07	合同交易费	
5001.08.01..97	其他	

续表

科目编码	科目名称	费用说明
5001.08.02	期间销售费用	
5001.08.97	其他	

2.2.10　管理费用

管理费用：是指企业为组织和管理企业生产经营所发生的费用。包括企业在筹集期间内发生的开办费；董事会费、管理人员的工资和奖金及福利费、工会经费、咨询费（含顾问费）、诉讼费、房产税、车船使用税、土地使用税、印花税等。

房地产企业的房产税、城镇土地使用税通过"税金及附加"科目进行核算。

2016 年 5 月 1 日起，实行"营改增"政策后，上述部分税费的科目核算规定详见《增值税会计处理规定》（财会〔2016〕22 号）。

管理费用构成详见表 2-10。

管理费用构成表 表 2-10

科目编码	科目名称	费用说明
5001.09	管理费用	
5001.09.01	开发间接管理费用	土地增值税计算时计入开发成本核算
5001.09.02	期间管理费用	
5001.09.97	其他	

2.2.11　财务费用

财务费用：是指企业为筹集生产经营所需资金而发生的各项筹资费用，包括利息支出、汇兑损益以及相关的手续费、其他财务费用等。

财务费用构成详见表 2-11。

财务费用构成表 表 2-11

科目编码	科目名称	科目编码	科目名称
5001.10	财务费用	5001.10.02	期间财务费用
5001.10.01	开发间接财务费用	5001.10.97	其他

2.2.12 与房地产转让有关的税金

《中华人民共和国房地产管理法》[5.] **第二节 房地产转让**

第三十七条 房地产转让，是指房地产权利人通过买卖、赠与或者其他合法方式将其房地产转移给他人的行为。

房地产开发项目的所谓房地产转让，就是通常所说的房屋销售。所以，与房地产转让有关的税金，即是由于房屋销售所产生的，需向税务机关缴纳的相关税金。主要包括以下几项。

1. 增值税：

《中华人民共和国增值税暂行条例》[6.]

第一条 在中华人民共和国境内销售货物或者加工、修理修配劳务（以下简称劳务），销售服务、无形资产、不动产以及进口货物的单位和个人，为增值税的纳税人，应当依照本条例缴纳增值税。

销售房屋，即销售不动产，需要缴纳增值税。

财税 [2016] 36 号文中附件 1[7.] **营业税改征增值税试点实施办法中附：**
销售服务、无形资产、不动产注释：

三、销售不动产，是指转让不动产所有权的业务活动。不动产，是指不能移动或者移动后会引起性质、形状改变的财产，包括建筑物、构筑物等。

建筑物，包括住宅、商业营业用房、办公楼等可供居住、工作或者进行其他活动的建造物。

构筑物，包括道路、桥梁、隧道、水坝等建造物。

转让建筑物有限产权或者永久使用权的，转让在建的建筑物或者构筑物所有权的，以及在转让建筑物或者构筑物时一并转让其所占土地的使用权的，按照销售不动产缴纳增值税。

房地产开发公司销售住宅、商铺、办公楼等，均属于转让不动产所有权，需要缴纳增值税。

2. 税金及附加：

《财政部关于印发〈增值税会计处理规定〉的通知》
（财会〔2016〕22 号）[8.]

全面试行营业税改征增值税后，"营业税金及附加"名称调整为"税金及附加"科目，该科目核算企业经营活动发生的消费税、城市维护建设税、资源税、教育费附加及房产税、土地使用税、车船使用税、印花税等相关税费。

特别提醒：营改增以前，房产税、车船使用税、土地使用税、印花税在"管理费用"科目核算，不在"税金及附加"科目核算。

房地产企业销售开发产品应缴纳的土地增值税也在此科目中核算。

（1）城市维护建设税：

《中华人民共和国城市维护建设税暂行条例 》[9.]

第一条　为了加强城市的维护建设，扩大和稳定城市维护建设资金的来源，特制定本条例。

第二条　凡缴纳消费税、增值税、营业税（注：2016 年 5 月 1 日起已全面实行营改增）的单位和个人，都是城市维护建设税的纳税义务人（以下简称纳税人），都应当依照本条例的规定缴纳城市维护建设税。

房地产开发公司缴纳增值税，需要同时缴纳以增值税为基数计算的城市维护建设税。

（2）教育费附加及地方教育费附加：

《征收教育费附加的暂行规定》[10.]

第一条　为贯彻落实《中共中央关于教育体制改革的决定》，加快发展地方教育事业，扩大地方教育经费的资金来源，特制定本规定。

第二条　凡缴纳消费税、增值税、营业税的单位和个人，除按照《国务院关于筹措农村学校办学经费的通知》（国发〔1984〕174 号文）的规定，缴纳农村教育事业费附加的单位外，都应当依照本规定缴纳教育费附加。

第八条　地方征收的教育费附加，按专项资金管理⋯⋯

　　房地产开发公司缴纳增值税，需要同时缴纳以增值税为基数计算的教育费附加、地方教育费附加。

　　（3）水利基金：

《水利建设基金筹集和使用管理暂行办法》[11.]

　　第二条　水利建设基金是用于水利建设的专项资金，由中央水利建设基金和地方水利建设基金组成。中央水利建设基金主要用于关系国民经济和社会发展全局的大江大河重点工程的维护和建设。地方水利建设基金主要用于城市防洪及中小河流、湖泊的治理、维护和建设。

　　房地产开发企业需要按照销售收入的比例缴纳水利建设基金。

　　（4）房产税：

《房产税暂行条例实施细则》[12.]

　　第三条 房产税由产权所有人缴纳。

　　第四条 房产税依照房产原值一次减除百分之三十后的余值计算缴纳。

　　房产出租的，以房产租金收入为房产税的计税依据。

　　第五条 房产税的税率，依照房产余值计算缴纳的，税率为百分之一点二；依照房产租金收入计算缴纳的，税率为百分之十二。

　　房屋建成后，开发商不销售，自持自用或出租的，需要缴纳房产税。自持自用，采用从价计征方式（按照房产原值一次减除30%后的余值方式缴纳）；出租的，可采用从租计征方式（按照租金收入缴纳）。

　　（5）城镇土地使用税：

《中华人民共和国城镇土地使用税暂行条例》[13.]

　　第一条　为了合理利用城镇土地，调节土地级差收入，提高土地使用效益，加强土地管理，制定本条例。

　　第二条　在城市、县城、建制镇、工矿区范围内使用土地的单位和个人，为城镇土地使用税（以下简称土地使用税）的纳税人，应当依照本条例的规定缴纳土地使用税。

凡取得土地使用权的，在该土地使用权使用年限内每年缴纳城镇土地使用税。

（6）车船使用税

《中华人民共和国车船税法实施条例》[14.]

第二条　车船税法第一条所称车辆、船舶，是指：

（一）依法应当在车船登记管理部门登记的机动车辆和船舶；

（二）依法不需要在车船登记管理部门登记的在单位内部场所行驶或者作业的机动车辆和船舶。

第十七条　车辆车船税的纳税人按照纳税地点所在的省、自治区、直辖市人民政府确定的具体适用税额缴纳车船税。

按登记的车辆、船舶数量每年缴纳。

（7）印花税

《中华人民共和国印花税暂行条例》[15.]

第二条 下列凭证为应纳税凭证：

1. 购销、加工承揽、建设工程承包、财产租赁、货物运输、仓储保管、借款、财产保险、技术合同或者具有合同性质的凭证；

2. 产权转移书据；

3. 营业账簿；

4. 权利、许可证照；

5. 经财政部确定征税的其他凭证。

第三条 纳税人根据应纳税凭证的性质，分别按比例税率或者按件定额计算应纳税额。具体税率、税额的确定，依照本条例所附《印花税税目税率表》执行。

应纳税额不足一角的，免纳印花税。

应纳税额在一角以上的，其税额尾数不满五分的不计，满五分的按一角计算缴纳。

第八条 同一凭证，由两方或者两方以上当事人签订并各执一份的，应当由各方就所执的一份各自全额贴花。

第九条 已贴花的凭证，修改后所载金额增加的，其增加部分应当补贴印花税票。

例如：签署一份施工合同，建设方、施工方应就同一份合同各自缴纳印花税。

3. 土地增值税：

《中华人民共和国土地增值税暂行条例》[16.]

第一条 为了规范土地、房地产市场交易秩序，合理调节土地增值收益，维护国家权益，制定本条例。

第二条 转让国有土地使用权、地上的建筑物及其附着物（以下简称转让房地产）并取得收入的单位和个人，为土地增值税的纳税义务人（以下简称纳税人），应当依照本条例缴纳土地增值税。

房地产开发公司销售房屋，给购房人办理产权证，发生产权转让，开发商缴纳土地增值税。

税金构成详见表2-12。

与房地产转让有关的税金构成表 表2-12

科目编码	科目名称	费用说明
三、	与房地产转让有关的税金	
5001.11.	增值税	
5001.12	税金及附加	
5001.12.01	城市维护建设税	
5001.12.02	教育费附加	
5001.12.03	地方教育费附加	
5001.12.04	水利建设基金	
5001.12.05	房产税	
5001.12.06	城镇土地使用税	
5001.12.07	车船使用税	
5001.12.08	印花税	
5001.13	土地增值税	为便于计算单列

2.2.13　企业所得税

《中华人民共和国企业所得税法》[17.]

第一条　在中华人民共和国境内，企业和其他取得收入的组织（以下统称企业）为企业所得税的纳税人，依照本法的规定缴纳企业所得税。

第四条　企业所得税的税率为 25%。

企业所得税，不属于项目开发成本。它取决于项目的销售收入与成本之间的差值大小，即是否产生利润，有利润即有所得，有所得时需要缴纳企业所得税；无利润即无所得，不产生企业所得税。

2.3　成本核算对象及科目的设置

2.3.1　成本核算对象的设置

核算对象：是指在制定目标成本时，用于单独核算投资收益的对象，一般应以政府批准立项的单个项目为核算对象。分期建设的，分期核算。

《企业产品成本核算制度（试行）》（财会 [2013] 17 号）[2.]

第十三条 房地产企业一般按照开发项目、综合开发期数并兼顾产品类型等确定成本核算对象。

2.3.2　成本科目的设置

成本科目：是指在进行投资估算或制定目标成本时，为避免成本发生项计算出现遗漏，同时为了与国家财税规定的成本、税费核算口径保持一致，在公司内部便于与财务部门进行核对，以便更好地对成本进行管控，而制定的目标成本明细。

成本科目，一般在每个公司开发项目之前，由成本部门与财务部门先行磋商、制订，并且保持一致，在项目实施的过程中不允许修改。

成本科目编号、会计科目名称、会计科目适用范围的来源（表 2-13）：

企业会计准则 附录 会计科目和主要账务处理 一、会计科目　会计科目和主要账务处理依据企业会计准则中确认和计量的规定制定，涵盖了各类企业的交易或者事项。企业在不违反会计准则中确认、计量和报告规定的前提下，可以根据本单位的实际情况自行增设、分拆、合并会计科目。企业不存在的交易或者事项，可不设置相关会计科目。对于明细科目，企业可以比照本附录中的规定自行设置。会计科目编号供企业填制会计凭证、登记会计账簿、查阅会计账目、采用会计软件系统参考，企业可结合实际情况自行确定会计科目编号。

成本科目编号来源表　　　　　　　　表 2-13

顺序号	编号	会计科目名称	会计科目适用范围
		五、成本类	
117	5001	生产成本	本科目核算企业进行工业性生产发生的各项生产成本，包括生产各种产品（产成品、自制半成品等）、自制材料、自制工具、自制设备等。 企业（房地产开发）可将本科目改为"5001 开发成本"科目
118	5101	制作费用	
119	5201	劳务成本	
120	5301	研发支出	
121	5401	工程施工	本科目核算企业（建造承包商）实际发生的合同成本和合同毛利
122	5402	工程结算	本科目核算企业（建造承包商）根据建造合同约定向业主办理结算的累计金额
123	5403	机械作业	本科目核算企业（建造承包商）及其内部独立核算的施工单位、机械站和运输队使用自有施工机械和运输设备进行机械作业（包括机械化施工和运输作业等）所发生的各项费用

在前述的成本构成表中，科目代码均遵循企业会计准则的规定，以 5001 代码编码。成本科目划分遵循土地增值税核算规定。

第 3 章
建设项目成本编制原则及说明

3.1 编制原则及条件

3.1.1 编制原则

投资收益测算的基本原则：量价分离。

量：指各成本项目的工程量，根据经验估算或通过图纸计算工程量。若是集团化公司，在估算拟建设项目成本前，可根据集团内已竣工的相似工程的结算分析得出关联系数，由项目规划的基本指标（如建筑面积、基底面积、户数、单元等）推算得出。也可调研项目所在地周边类似楼盘指标，作为参数。

价：根据成本调研数据或以前同类项目的经验数据确定单价。成本测算表中的单价应根据产品定位、建造标准（交楼标准）、图纸要求等，按照当地的工程造价计算依据、市场行情等计算得出，也可以参照已结算工程的单价，但是需要注明所参考数据的来源和依据。

准确估算量、价，需要对已建设完成的项目的数据做详细的整理，建立各种指标库，以利于拟建新项目时，有翔实可靠的指标依据作为参照或参考。

通过分项工程量和分项单价，逐项计算，汇总计算总价。

3.1.2 编制前提条件

已取得编制建设项目投资收益需要的相关资料，包括：规划设计图（项目的规划指标已明确）；建造标准或交房标准已明确；施工图；政府对同区域、同类建设项目的收费标准；人工、材料、机械等的市场价格；政府对拟建设项目有无相关税费减免政策；其他相关文件或收费标准等。

产品定位和目标成本测算是互动的决策过程，必须与设计、工程、营销反复沟通，标准是"满足品质要求的性价比最大化"。

3.1.3 编制前的成本调研

建设项目的投资收益测算中，最主要的是关于投资额测算的准确性。因为预期收益可以随着时间的变动进行调整，但是投资额或者成本测算应尽可能趋于实际发生成本。

在对一个建设项目进行投资收益测算前，通常需要进行成本调研。

成本调研的目的，是掌握可靠的成本信息，了解行业的造价标准，保证拟建设项目成本的合理确定和有效控制，为投资决策和管理决策提供必要的信息支持。

成本管理信息：主要指与成本管理和控制相关的工程技术、经济和管理方面的信息。大致包括以下几类。

价格信息：指人工、材料、机械的市场价格；工程造价中的分部分项工程量清单中的综合价格、措施项目价格、建设项目工程总造价等。同时还包括勘察、设计、检测检验等前期工程费中各成本项的市场价格。

行业信息：指房地产开发和工程建设市场典型楼盘、规划设计的标准、材料设备与施工工艺的使用情况，据此可对拟建设项目的交房标准、材料设备选用等提出对标参照物。

对于具有代表性的开发商、承包商、供应商、造价咨询机构及其他专业机构等：摸查各开发商的成本管控能力；各承包商、供应商的履约能力、配合能力、市场信誉、承包或者供应价格的水平。

对于造价咨询机构，需要研判其可提供造价咨询服务的范围、造价人员的执业能力、职业道德等。

管理信息：指相关政府主管部门对房地产开发建设过程，特别是造价的确定与管理过程实行的各种管理方面的信息，主要体现在各类法律、法规、规章、文件规定乃至办事流程上。特别是报批报建流程、缴费标准、缴费时间等。

由于法规、政策的变动性，该部分信息需要及时更新。

同类竞争性楼盘成本调研：为掌握特定的某一类楼盘建造成本水平以及造价的形成和管理方式而开展的成本调研，调研成果通常作为项目方案阶段成本测算的参考。

即使同一类楼盘，考虑到建设期变化、建设地点变化、承包商变化，以及不同开发商对成本管控力度的差异性，在采集到同类竞争性楼盘的成本数据后，需要综合考虑自身开发公司的管理水平，预估一定幅度的成本差值。

专题成本调研：针对某一特定目标的成本调研，调研内容为某一方面的信息（如政府垄断项目），或某类分项工程（如精装修、景观工程、外立面），调研结果通常作为成本测算或价值分析的依据。

凡所调研的项目，基本都是已实施完成或正在实施中，需要考虑拟估算项目与调研项目因建设时间不同有可能产生的成本差异。

项目所在地区成本基价表：以同类竞争性楼盘成本调研信息为基础，结合其他已掌握的成本指标信息，综合分析形成的行业造价标准，成果作为编制开发项目目标成本的依据。

成本调研方法，主要有面向市场所做的成本调研，以及在开发企业集团内对同类项目成本数据的收集。

无论采用何种方法调研得来的数据，都要经过分析与充分评估后，方可作为拟建设项目成本估算的依据或者参考数据。调研所得成本数据是否全面、建设期差异、不同的建设管理团队差异、承包人施工能力的差异等，均会对成本产生影响。

3.2　封面及编制说明

请对应"馨苑项目目标成本与收益测算表（1. 车库售价 12 万元税负计算）"查看。

3.2.1　封面填写

封面需要填写项目名称、版本号、编制日期等（图 3-1）。

目 标 成 本 与 收 益 测 算 书

项 目 名 称：

成本阶段：□定位阶段　□方案阶段　□扩初阶段　□施工阶段　　编　号：001

版本号：　　　　编 制 日 期：　年 月 日

图 3-1　建设项目目标成本与收益测算书封面

成本阶段：在"□定位阶段 □方案阶段 □扩初阶段 □施工阶段"上涂黑选取。

编号：集团化房地产开发公司，开发项目较多，项目分布范围较广，在实行区域化分级管理时，项目编号一般由区域号＋项目序号＋开发期号组成。集团会对区域号和项目序号制订详细的规定。单一区域开发的地产公司所属项目，不需要设置区域号。编号只是在开发项目较多时，便于管理而设。

本案例以方案阶段的目标成本测算展开。

编号：区域 XA，项目序号 01，开发期属 01 期。

目 标 成 本 与 收 益 测 算 书

项目名称：馨苑项目一期

成本阶段：□定位阶段 ■方案阶段 □扩初阶段 □施工阶段 编号：XA-01-01

版本号：001 编制日期：2019 年 10 月 6 日

图 3-2 建设项目目标成本与收益测算书封面（已填写）

填写完成的封面详见图 3-2。

本封面填写仅为示例，每家公司都会有具体的填写要求，可以根据本公司已有的规定格式进行填写。

3.2.2 编制说明

可根据项目实际情况填写，但必须包含以下内容：

（1）目标成本编制依据的图纸名称及时间。

（2）基础、结构形式、装修标准及设备配置的详细说明。

（3）目标成本编制参考的成本指标。

（4）对近期价格波动较大的人工费、材料价格等的考虑。

（5）其他对目标成本影响较大的因素说明。

填写编制说明的目的，是说明目标成本编制时所对应的基础条件及基期价格。

因为在基础条件发生变化时，成本会发生变化，影响收益，所以，目标成本编制时所对应的基础条件一定要详细填写。

馨苑项目编制说明填写示例：

（一）馨苑项目成本依据某设计院提供的"建筑设计方案（20××年××月××日）"进行测算的。

（二）基础、结构形式及建造档次装修说明：

根据方案图及营销部提供的项目市场定位，确定的基础、结构形式及建造档次、装修标准如下：

2.1　桩基形式：CFG桩。

2.2　结构形式：住宅，剪力墙结构；地下车库，框架结构。

2.3　平面形式：A号楼一梯两户，共两个单元，地上16层，64户，户均面积小于120m²；B号楼一梯两户，共两个单元，地上16层，64户，户均面积大于120m²，小于144m²；C号楼一梯三户，共三个单元，地上24层，216户，户均面积120m²左右。

2.4　装修标准及设备配置：

2.4.1　公共配置：设高低压变配电室、变压器、柴油发电机、生活及消防给水泵房、消防报警中心、安防及监控设备机房以及设备管理机房。以上均与二期项目共用。包含室外给水排水工程。

2.4.2　住宅：

楼地面：门厅、电梯间采用普通石材地面，楼梯间、公用部位、配套用房采用同质地砖地坪。住宅标准套间地面水泥砂浆找平，厨房、卫生间地面较房间地面低4cm，卫生间地面设防水层。

门窗：彩铝双层中空玻璃窗，实木进户门。

外装修：外墙面砖。

内粉刷：住宅标准套间墙面1:1:3混合砂浆压光，厨房、卫生间墙面1:3水泥砂浆拉毛。楼梯间、公用部位、配套用房区域为混合砂浆粉刷、腻子出白，白色乳胶漆面层。

外保温：外墙外侧设70mm厚挤塑板保温层。

顶棚：住宅标准套间顶面1:1:3混合砂浆压光；厨房、卫生间顶面1:3水泥砂浆压光。

屋面：钢筋网片细石混凝土防潮层，挤塑板保温层，APP或SBS防水卷材。

智能化系统：

①**安防**：小区周界红外线防越系统，楼宇门禁对讲系统（可考虑可视化对讲），

住户三防报警系统。

②**信息服务**：宽带接入，电子公告牌。

③**社区管理**：停车库管理系统，小区紧急广播。

总体工程：道路、临时停车场、窨井、下水道（融入总体规划）。

景观：东南角公共景观小品（融入总体规划）。

绿化：绿地率 40%，每栋楼均有绿色视点（融入总体规划）。

电气：主干线电缆沿桥架敷设，开关插座，灯头座，楼梯间声控感应灯。

管道：冷热水 PPR 管，地面供热管、PVC 排水管、天然气管。

供暖：集中供暖（暖气片）。

消防：消火栓系统、灭火器。

通风空调：预留空调板、孔。

（三）相关成本说明：

3.1 该成本测算是按上述第二项的建造及装修标准考虑的，如果各类建筑的基础、结构形式建造档次、装修标准及设备配置发生变化，则相应的成本也会发生变化。

3.2 项目测算中的成本编制依据有：报批报建费用、政府规费等依据该项目所在地的各项收费标准、文件等；建安费用参照项目所在地同类型楼盘的指标。

3.3 近期人工费、材料价格波动较小，本方案测算是按目前市场水平考虑 5% 的人工、材料价格上涨的不可预见因素。

3.4 项目测算是按某设计院提供"建筑设计方案图 20 × × 年 × × 月 × × 日"进行计算的，若方案调整测算也相应进行调整。

需要特别强调的是，一定要注明成本测算所依据的建筑设计方案的具体日期，或者第 n 版方案等。因为在方案阶段，常存在反复调整与修改设计方案的情况，故须注明成本测算与设计方案的对应关系。馨苑项目目标成本测算，基于已经定案的设计方案展开。

对于基础、结构形式、建造标准等一定要结合拟建建设项目的实际情况进行填写。这几项因素对建安成本影响较大。

3.3 规划指标

在编制一个建设项目的投资收益时，首先需要弄清楚规划指标，因为规划指标是编制投资收益的基础依据，规划指标决定了业态的不同、容积率的多少、绿化面积的多少等。

规划涉及不同的层级，因此，在了解关于馨苑项目的具体规划指标之前，需要先掌握几个关于规划的基本概念。

3.3.1 规划相关的基本概念

1. 总规：全称"总体规划"，是控制性规划的上一层级规划，范围较控制性规划更广，关注更为宏观层面的问题。譬如城市定位、城市性质、城市发展规模、城市发展方向、土地利用、空间格局，考虑城市在区域中与其他城市之间的关系与作业等。

从总规的定义可以发现，城市的总体规划一般是由所在城市政府组织编制的，并按法定程序报上一级政府批准。它实际上明确了城市各个区域的规划设计条件。规划设计条件是建设单位编制修建性详细规划前，向政府规划部门申领的用于指导修建性详细规划的基本指标。

2. 控规：全称"控制性规划"。是在中观层面落实总体规划对于城市发展的安排，具体将总规中制定的内容和方针转化为以各个地块的用地性质、容积率、绿地率等指标，同时进一步深化城市路网结构。

目前一些大城市结合实际情况，适当深化控规内容，规划主管部门组织有相应资质的城市规划设计单位编制城区控制性详细规划。把地块规划条件等较为详细的控制指标纳入到编制成果中，譬如在总体规划中只是一个大致结构的城市空间格局，在控规中就要提出具体的路网实现。此时形成的编制成果称为"控制性详细规划"。

《陕西省控制性详细规划管理办法》陕西省人民政府令 第 192 号 [18.]

第三条 控制性详细规划，是指以依法批准的城市、镇总体规划为依据，对城市建设用地性质、使用强度、地下空间、城市交通、工程管线、公共配套设施及空间环境等做出控制要求的规划。

控制性详细规划的核心问题就是把上一层级规划的意图以用地性质和指标的形式固定下来。

第十一条 控制性详细规划应当包含城市设计的相关内容。城市设计应当对城市（镇）

中心城区、历史文化街区等重要片区的空间形态、景观视廊、公共空间、建筑高度和风貌等做出全面、系统的控制和引导，体现地域环境特色和历史人文特色。

在实际管理中，"控规""控制性规划""控制性详细规划"基本可以视为同一规划。

控制性详细规划示例见图 3-3、图 3-4。

在图 3-3、图 3-4JX 项目控规中，项目建设用地面积 103.8 公顷（未包含图中所示规划路的占地面积），总建筑面积 228.75 万 m^2（仅地上建筑面积），包含住宅、商业配套、医疗卫生、中小学及幼儿园等各种产品类型，总体容积率 2.20。在控规中，仅考虑规划路对用地的限制，将整个地块按照规划路所划分出的自然区域，分成了 DK1 ~ DK11 共 11 块区域，将总建筑面积 228.75 万 m^2 在不同的地块中进行分布，各地块容积率从 1.20 ~ 3.80 不等。

3. 修规：全称"修建性详细规划"。是在控制性详细规划的基础上，以可以指导施工的精度为要求制定的规划。由政府规划主管部门组织编制和审批，或由建设单位根据城市总体规划、分区规划、控制性详细规划以及相关规划主管部门核发的规划设计条件，委托有相应资质的城市规划设计单位编制，报规划主管部门审批。

图 3-3　JX 项目控制性详细规划

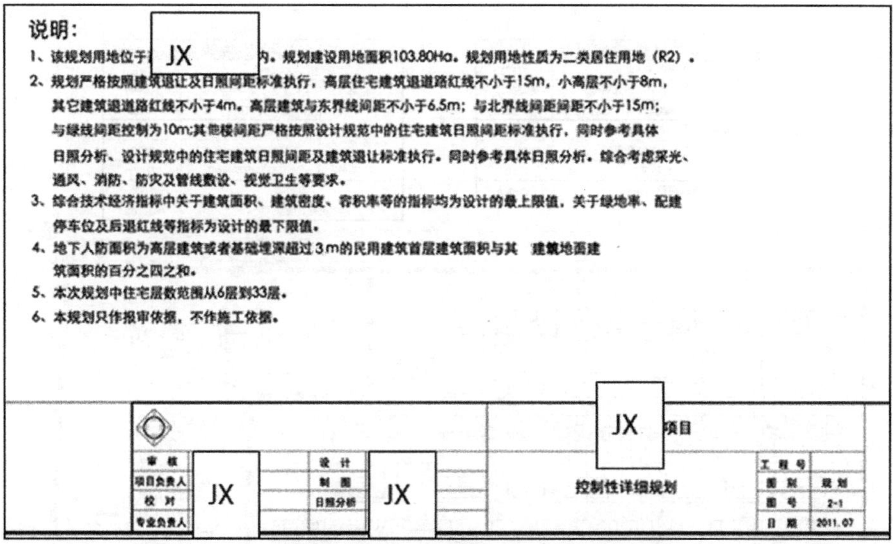
说明：
1、该规划用地位于JX内。规划建设用地面积103.80Ha。规划用地性质为二类居住用地（R2）。
2、规划严格按照建筑退让及日照间距标准执行，高层住宅建筑退道路红线不小于15m，小高层不小于8m，
其它建筑退道路红线不小于4m。高层建筑与东界线间距不小于6.5m；与北界线间距间距不小于15m；
与绿线间距控制为10m;其他楼间距严格按照设计规范中的住宅建筑日照间距标准执行，同时参考具体
日照分析、设计规范中的住宅建筑日照间距及建筑退让标准执行。同时参考具体日照分析。综合考虑采光、
通风、消防、防灾及管线敷设、视觉卫生等要求。
3、综合技术经济指标中关于建筑面积、建筑密度、容积率等的指标均为设计的最上限值，关于绿地率、配建
停车位及后退红线等指标为设计的最下限值。
4、地下人防面积为高层建筑或者基础埋深超过3m的民用建筑首层建筑面积与其 建筑地面建
筑面积的百分之四之和。
5、本次规划中住宅层数范围从6层到33层。
6、本规划只作报审依据，不作施工依据。
JX项目
审核
项目负责人
校对
专业负责人
JX
设计
制图
日照分析
JX
控制性详细规划
工程号
图别 规划
图号 2-1
日期 2011.07

图 3-4 JX 项目控制性详细规划 - 图标及说明局部放大

一般来讲，政府规划部门关于城市设计的总平图应该达到修建性详细规划的深度。在总规和控规两个规划总图中看不到的建筑，这时候在修规图纸中就要体现出来了（图 3-5）。

从总体规划到控制性详细规划再到修建性详细规划，这是一个从概括到具体，从宏观到微观，从计划到实施方案的递进过程。上层规划指导下层规划，下层规划在上层规划的框架范围内实施。这样就把宏观的规划和发展战略逐步分解为具体可以实施的城市开发步骤。

对于有些项目，一般是用地面积较大的居住类项目，规划部门会要求建设方先行编制控制性详细规划（以下简称控规）或修建性详细规划（以下简称修规），以便平衡经济技术指标。而对于规模较小的居住项目或工业项目，通常只需要编制总平面图。所以按照层次分，应当是控规—修规—总平—单体。

4. 总平图：亦称为“总平面图”“总体布置图”等，一般按规定比例绘制，主要分为建筑总平面图及规划总平面图。它实际是前述总规、控规、修规不同规划阶段都具有的成果文件的一部分，随着规划的逐步细化，总平图反映的内容也越来越详细。

DK3指标（北地块别墅区）	
总用地面积（m²）	37171
总建筑面积（m²）（不含赠送）	69299.7
其中	计容别墅建筑面积（m²） 40723.6
	别墅地下面积（m²） 13232.2
	地下车库面积（m²） 15343.9
	容积率 1.10
赠送建筑面积（架空）（m²）	5252.8

DK4指标（北地块高层区）	
总用地面积（m²）	11747.5
总建筑面积（m²）（不含赠送）	105998
其中	计容住宅建筑面积（m²） 67269
	计容商业面积（m²） 9325
	地下室面积（人防）（m²） 2275
	地下车库面积（m²） 27129
	容积率 6.52
赠送建筑面积（m²）	8685.625

图 3-5　QLSH 项目修规图

关于总平图需要包括的内容，可参考：

关于印发《咸阳市建设项目规划报建总平面图绘制规定》的通知 19.
（咸阳市城乡建设规划局 二○○八年九月二十五日）

总平面图应按照《总图制图标准》（GB/T 50103—2001），总平图上至少应包括以下方面的内容：

1. 建设工程的用地边界线；

2. 建设工程用地外相邻建（构）筑物及层数（用地外 80m 范围）；

3. 建设工程规划设计中已建的、保留的建（构）筑物、树木等；

4. 规划的建（构）筑物（含配建设施）；

5. 规划建（构）筑物的外包尺寸和相互间距（含与相邻保留建（构）筑的间距）尺寸；

6. 建设工程总体规划设计中的道路、室外停车场、绿化用地等，其中绿化用地和室外停车场必须以文字标注；

7. 建设工程场地的规划地坪标高；

8. 总平面规划设计技术经济指标表；

9. 图题、图例和比例尺。图题应包括：项目名称（主题）、图名（副题）。图例设计应符合相关制图标准。比例宜为 1∶500 或 1∶1000；

10. 风向玫瑰和指北针，风向玫瑰应与指北针相结合，必须使用咸阳风向玫瑰；

11. 有关说明。

5. 规划总平面图：分为总体规划总平面图、详细规划总平面等。其中控规阶段的总平面图主要表示地块范围内建（构）筑物的方位、间距以及路网、绿化、竖向布置和基地临界情况等。

通常将规划总平图按照其编制的具体阶段，简称为"控规"或"修规"（即前文所述的控规及修规）。

6. 建筑总平面图：主要表明新建房屋所在基础有关范围内的总体布置，它反映新建、拟建、原有和拆除的房屋、构筑物等的位置和朝向，室外场地、道路、绿化等的布置，地形、地貌、标高等以及原有环境的关系和邻界情况等。建筑总平面图也是房屋及其他设施施工的定位、土方施工以及绘制水、暖、电等管线总平面图和施工总平面图的依据。

控规、修规，小项目不需要；建筑总平面图，所有项目均有。

3.3.2 案例1：馨苑项目规划指标填写

目标成本测算时填写规划指标所用的总平图，指经城市规划主管部门方案初审通过的建筑设计方案总平图。即俗称的项目报建总平图。

编制建设项目目标成本及收益时，需要先厘清规划指标，将建筑设计方案总平图上的规划指标转化为编制目标成本时需要用到的计算基数。有人可能会提出疑问：难道目标成本编制中的规划指标不等于建筑方案设计总平图上的规划指标吗？需要明确告诉大家结论：不等于。也就是说，在编制目标成本时，不能将建筑设计方案总平图上标明的规划指标直接用作目标成本的计算基数，必须经过重新计算，转化为目标成本测算依据可用的规划指标。

馨苑项目建筑设计方案总平图上的规划指标（一期及二期）如图3-6、图3-7所示。

这是馨苑项目的规划指标（包含总体指标、一期指标、二期指标），实际主要包含的内容有：用地性质、总用地面积、总建筑面积、容积率、建筑密度、绿地率、停车位、户数等。通常在建筑总平图上所看到的规则指标基本上都包含上述内容。这个指标用于报批报建、单体设计、编制目标成本与收益等。实际就是用于对一宗地，从建设前期到建设结束的一个约束条件。也就是说，每拿到一宗地，要按照一定的标准与要求去建设，比如：要建设多少面积？道路要修建多少面积？景观要修建多少面积？……有了这些条件，假如是住宅建设，在居住时才会有舒适度；假如是工业建筑，按照一定的设计条件进行建设才能满足生产的要求。

总体技术经济指标		商品房技术经济指标	
用地性质	居住用地	用地面积	13400 m²
总用地面积	70715 m²	建筑面积	48808 m²
总建筑面积	255642 m²	地面建筑面积	42016 m²
地面建筑面积	219641 m²	地下建筑面积	6792 m²
地下建筑面积	36001 m²	容积率	3.1
容积率	3.1	总户数	344 户
建筑密度	20.5%		
绿地率	40%		
停车位	640	**公建服务设施配建表**	
住宅停车位	620		
公共停车位	20	名称	用地面积	建筑面积
总户数	2043 户	幼儿园	1200 m²	1432.4 m²
小区住户	1381 户	会所		2520.4 m²
公寓住户	662 户	商业		5040.8 m²
平均层数	18.2	配电		120 m²

图3-6 馨苑项目规划指标表——一期项目

总体技术经济指标	
用地性质	居住用地
总用地面积	70715 m²
总建筑面积	255642 m²
地面建筑面积	219641 m²
地下建筑面积	36001 m²
容积率	3.1
建筑密度	20.5%
绿化率	40%
停车位	640
住宅停车位	620
公共停车位	20
总户数	2043 户
小区住户	1381 户
公寓住户	662 户
平均层数	18.2

商品房技术经济指标	
用地面积	57315 m²
建筑面积	206834 m²
地面建筑面积	177625 m²
地下建筑面积	29209 m²
容积率	3.1
总户数	1699 户
住宅	1037 户
公寓	662 户

公建服务设施配建表		
名称	用地面积	建筑面积
幼儿园	1200 m²	1432.4 m²
会所		2520.4 m²
商业		5040.8 m²
配电		120 m²

图 3-7　馨苑项目规划指标表— 二期项目

所以，从这个意义上可以理解为，规划指标就是在控规或修规的限定条件下，为了保证居住舒适度或办公要求、生产要求等的最基本建设指标。

图 3-6、图 3-7 中涉及的概念解释如下：

总用地面积：土地使用权证上载明的土地面积。

建设用地面积：指城市规划行政主管部门确定的建设用地界线所围合的用地水平投影面积，不包括代征地的面积。

项目建设用地面积：较大地块分期建设时，当期项目的建设用地面积。

总建筑面积：地上、地下建筑面积之和。

地面建筑面积：地上全部建筑物的面积（按照建筑面积计算规范可计算）。

地下建筑面积：地下全部建筑物的面积（按照建筑面积计算规范可计算）。

容积率：地上建筑面积 ÷ 建设用地面积。需要区分地块整体容积率与分期项目的容积率。

建筑密度：指在一定范围内，建筑物的基底面积总和与建设用地面积的比例。一定程度上可以反映建筑的密集程度。区分地块整体的建筑密度与分期项目的建筑密度。

建筑基底面积：指建筑物接触地面的自然层建筑外墙或结构外围水平投影面积。建筑基底面积既不等同于底层建筑面积，也不是基础外轮廓范围内的面积。比如，首层的悬挑非落地阳台，需要计算建筑面积，因其未接触地面，故不计算其基底面积。首层落地阳台，则需要计算其建筑面积与基底面积。

绿地率：居住区的绿地率指距离建筑外墙 1.5m 以外，以及道路边线 1m 以外，用地范围内各类绿地所占的面积与建设用地面积的比例。

并不是长草的地方都可以计入绿地面积，并算作绿地率，距建筑外墙 1.5m 和道路边线 1m 以内的土地和地表覆土达不到 3m 深度的土地，不管它们上面是否有绿化，都不计入绿地率的绿地面积。

停车位：地面、地下车库可停泊车辆的总数量。

总户数：该居住小区可容纳的住户数量。

以馨苑一期项目为例说明目标成本与收益测算时的规划指标如何填写。

在图 3-7 中，馨苑项目一期的总建筑面积为 48808m²，在进行规划指标填写前，需要先将此总面积分解到具体楼栋。涉及具体楼栋的面积，设计院一般会随建筑设计方案总平图一并提供，只是有时候未将其全部反映在总平图上。

馨苑一期项目共设计三栋住宅，一个地下车库，详细建设规模如表 3-1 所示。

馨苑一期项目建筑面积一览表　　　　　　　　　　　　　　表 3-1

楼号	地上建筑面积 （m²）	地下人防面积 （m²）	地下车库面积 （m²）	地上／ 地下层数	结构 形式	备注
A 号楼	7537	504		16/1	剪力墙	
B 号楼	8867	592		16/1	剪力墙	
C 号楼	25612	1116		24/1	剪力墙	
地下车库			4580	/1	框架结构	
人防面积 小计		2212				
合计	地上 42016	地下 6792				
总计	48808					

在完成上述准备工作后，便可填写馨苑一期项目成本测算表所对应的规划指标。

在馨苑项目的规划指标中，需要记录两个数据：总用地面积 70715m²（折合 106 亩，约 666.667m²/ 亩），一期项目的用地面积是 13400m²（折合 20.03 亩），二期项目的用地面积 57315m²（折合 85.97 亩）。二者用地面积之和刚好等于总用地面积：13400+57315=70715m²。一般情况下，该地块上不存在代征路、代征绿化带时，各期项目的建设用地面积之和应等于总用地面积。

总用地面积、项目建设用地面积及建筑面积，在图 3-7 中已经明确，可以直接填入"馨苑项目一期规划指标"表中，在规划指标表中，表中其余内容填写示例如下。

1. 总用地面积：此处等于图 3-7 所示"总体技术经济指标"中载明的总用地面积 $70715m^2$。

2. 项目建设用地面积：指在一个地块中，同时规划有几期项目时，当期拟建设项目的用地面积；若地块面积较小，不分期，一次性建设完成，在该地块无代征路、代征绿化带时，则项目建设用地面积等于总用地面积。馨苑一期项目建设用地面积等于图 3-6 所示"商品房技术经济指标"中载明的 $13400m^2$。

3. 建筑占地面积：建筑占地面积指建设项目全部建筑物、构筑物的占地面积之和。

建筑占地面积不同于建筑基底面积。它包括两方面的含义，一是地下建筑的占地面积，二是地面以上建筑物或构筑物底层外墙外边线所包围的水平面积（包括落地阳台）。

地下建筑的占地面积与地上建筑的占地面积通常不相等，在此处要计算建筑占地面积的目的，是为了正确计算景观面积。景观面积计算的正确与否关系到后续景观设计合同、景观施工合同等签署时所对应的相关景观的成本科目所列明的成本金额是否足够。

在此须先解释景观设计合同一般是如何签署的。

在景观设计合同中约定的景观设计面积，一般包括小区内所有景观用地（除建筑占地和车行道路以外的用地）。景观设计内容一般包括种植绿化、小品、硬地、围墙以及涉及景观的灯具、指示牌、座椅、垃圾箱等公用设施和建筑等。车行道路一般体现在室外总体设计图纸上，不属于景观的设计范围。

景观设计的收费标准一般按每平方米景观用地（除建筑占地和车行道路以外的用地）面积多少元 × 景观用地总面积。

从上述景观设计合同对景观面积的界定范围可以看出，建筑占地面积的计算直接影响景观面积的大小。那么，到底应该按照地下建筑的占地面积扣减，还是按地上建（构）筑物底层外墙外边线所围合的占地面积扣减呢？

地下建筑又分成两种：全地下建筑、半地下建筑。

对于全地下建筑而言，在施工完成进行回填后，地面以上看不到痕迹，景观设计面积是以扣减地面上建（构）筑物占地面积来计算的。

对于半地下建筑，因须从其出地面部分外墙以外开始计算景观的设计面积，故此时应以半地下建筑的占地面积扣减。

馨苑一期项目中，地下车库为全地下建筑，首层阳台均落地，故按地上首层建筑占地面积（同底层建筑面积）扣减。见表3-2。

馨苑项目一期A、B、C楼地下室与底层建筑面积比较表 表3-2

层别	A楼（m²）	B楼（m²）	C楼（m²）	合计（m²）
地下室建筑面积	504	592	1116	2212
底层建筑面积	471.06	554.19	1067.17	2092.42

4. 道路面积：指车行道路的面积，设计规范要求一般为项目建设用地面积的9%～12%，本项目暂按10%计算。

道路面积=13400×10%=1340m²。

5. 景观面积：在计算景观面积之前，先要查看馨苑项目的绿地率，在图3-6"总体技术经济指标"中，绿地率为40%，由此计算出绿地面积=13400×40%=5360m²。

在建筑外墙皮以外，以及道路外边线以外，都属于景观设计的范围，但是绿地面积是从距离建筑外墙皮1.5m以及道路外边线1m以外开始计算的。同时，景观设计还包括室外硬质铺装地面的设计，但是硬质铺装地面不属于绿地的范畴。所以，在计算景观面积时，除绿地率所包括的绿地范围外，还应包括硬质铺装、水系等的景观面积。

也就是说，景观面积=项目建设用地面积−建筑占地面积−私家庭院面积（若有）−道路面积=13400−2092.42−1340=9967.58m²。

9967.58m² ＞ 5360m²，景观面积＞绿地面积。

如果用绿地率直接乘以建设用地面积，放在目标成本中，或以该数据录入成本管理系统，如果所在建设项目采用成本管理软件进行成本控制，将会导致景观设计合同和景观施工合同因设计或施工面积大于按照绿地率计算出来的景观面积，导致合同无法在线上审核通过。

同时，若按照绿地率换算的景观面积来编制目标成本中的景观工程成本，则实际施工面积大于按照绿地率计算的景观面积，导致实际成本远超目标成本。

故在目标成本测算时，一定要正确计算景观面积。

关于景观面积的不同计算方法规划指标填写比较见表3-3、表3-4。

按照绿地率计算景观面积 表 3-3

序号	名称	方案设计总平图上的规划指标 (m^2)	备注
1	总用地面积	70715	
2	项目建设用地面积	13400	
2.1	建筑占地面积	2092.42	暂按建筑物底层建筑面积计算
2.2	景观面积	5360	绿地率40%
2.3	私家庭院		无
2.4	道路面积	1340	道路10%
2.1～2.4项之和		8792.42	
与项目建设用地面积比较		4607.58	项目建设用地面积－（2.1～2.4项之和）
目标成本表中计算用基数			
	景观设计面积	9967.58	同景观设计合同面积
	景观施工面积	9967.58	同景观设计合同面积
	道路面积	1340	同总平图面积

按照扣减关系计算景观面积 表 3-4

序号	名称	目标成本计算时调整后的规划指标（m^2）	备注
1	总用地面积	70715	
2	项目建设用地面积	13400	
2.1	建筑占地面积	2092.42	暂按建筑物底层建筑面积计算
2.2	景观面积	9967.58	景观面积＝项目建设用地面积－建筑占地面积－道路面积
2.3	私家庭院		无
2.4	道路面积	1340	道路10%，道路面积＝项目建设用地面积×道路占地面积比例10%
2.1～2.4项之和		13400	

续表

序号	名称	目标成本计算时调整后的规划指标（m²）	备注
	与项目建设用地面积比较	0	
	目标成本表中计算用基数		
	景观设计面积	9967.58	同景观设计合同面积
	景观施工面积	9967.58	同景观设计合同面积
	道路面积	1340	同总平图面积

特别提醒：此时景观设计及施工合同尚未签署，但是成本编制人员依据以往项目的经验，需要知道景观设计与施工合同签署的范围。对于设计与施工合同来说，主要是景观面积的计算范围。前面已提到景观设计合同的**设计范围**为小区内所有景观用地（除建筑占地和车行道路以外的用地）。

收费标准同样以小区内所有景观用地（除建筑占地和车行道路以外的用地）的面积计算设计费单价。

前期目标成本测算时需要同时考虑后续执行成本的可操作性。

6. 容积率：地上建筑面积/项目建设用地面积

$$= （42016+120）\div 13400=3.14$$

配套中的配电房120m²，专为一期项目使用，计算容积率时需要计算其地上建筑面积。

7. 住宅面积：

（1）建筑占地面积：此处的建筑占地面积不同于规划指标表总体指标中的建筑占地面积，前者是为了在后续计算不同产品类型的成本时，将项目建设用地的土地面积分摊给不同的建筑产品，以便分析不同产品的成本；此处是为了合理计算景观面积。二者不相同。不同建筑产品的土地成本具体计算方法在涉及项目的成本分摊时详细解释。

（2）地上、地下建筑面积：表3-1中，该项目共三栋楼，包括24层的高层1栋，16层的小高层2栋。地上、地下建筑面积详见表3-1。

（3）总建筑面积：表3-1中地上、地下建筑面积之和。

（4）可售面积：表3-1中，该三栋单体地下均为人防，人防面积不可售，地上建筑面积均为可售面积。

8. 公建：馨苑项目无。

9. 车库：表3-1中车库为独立车库，楼栋下无独立车库。

10. 配套：图3-6中，配套有幼儿园、配电房、会所、商业。其中会所、商业属于二期范围内，独立使用；后来幼儿园取消，配电房一期专用。故配套面积为配电房120m²。

11. 景观指标：景观总面积9967.58m²，绿地面积5360m²，因实际种植时草坪、灌木等，会紧贴道路外边线或沿建筑物散水以外开始种植，同时，若车库顶覆土不足3m时，其种植面积未计入绿地面积中，故实际绿化面积大于按照绿地率计算的绿地面积。一般在进行目标成本与收益测算时，可按照本公司常规对住宅小区的软、硬景比例的规定，直接按照景观总面积进行计算。

$$绿地面积 \div 景观面积 = 5360 \div 9967.58 \times 100\% = 53.77\%。$$

上述绿地面积未包含：建筑散水外皮至外墙皮1.5m处（建筑散水宽度一般900～1200mm）范围的绿化面积；或若设计有暗散水时，从建筑外墙皮至外墙皮1.5m处范围内的绿化面积；以及道路外边线1m处与道路外边线之间的绿化面积；车库顶覆土小于3m时，车库顶的绿化面积。此部分属于绿化面积，但是不计算绿地率。

在考虑上述因素后，则实际绿化面积＞按照绿地率计算的绿地面积，需要对目标成本测算表中的景观规划指标予以修正。

住宅小区的软、硬景比例通常在（80～60）：（20～40）之间。

因本项目地块面积较小，硬景面积的比例相对较大，同时绿地面积相对景观面积比例已达53.77%，故包含绿化面积在内的软景面积比例大于53.77%，暂按60%计算，则硬景按40%计算。

$$软景面积 = 9967.8 \times 60\% = 5980.68m²$$

$$硬景面积 = 9967.8 \times 40\% = 3987.12m²$$

12. 周界长度：指正式围墙的长度，可依据总平图上的坐标直接计算。

图3-8中从左下角逆时针算起，4个角点的坐标分为：

坐标点1：$X_1 = 7785.088$，$Y_1 = 7970.945$；

坐标点2：$X_2 = 7785.088$，$Y_2 = 8085.945$；

坐标点3：$X_3 = 7901.522$，$Y_3 = 8085.945$；

坐标点4：$X_4 = 7901.581$，$Y_4 = 7970.945$。

点1～点2之间的长度：因X坐标相同，故长度等于两点Y坐标的差值 $= 8085.945 - 7970.945 = 115m$。

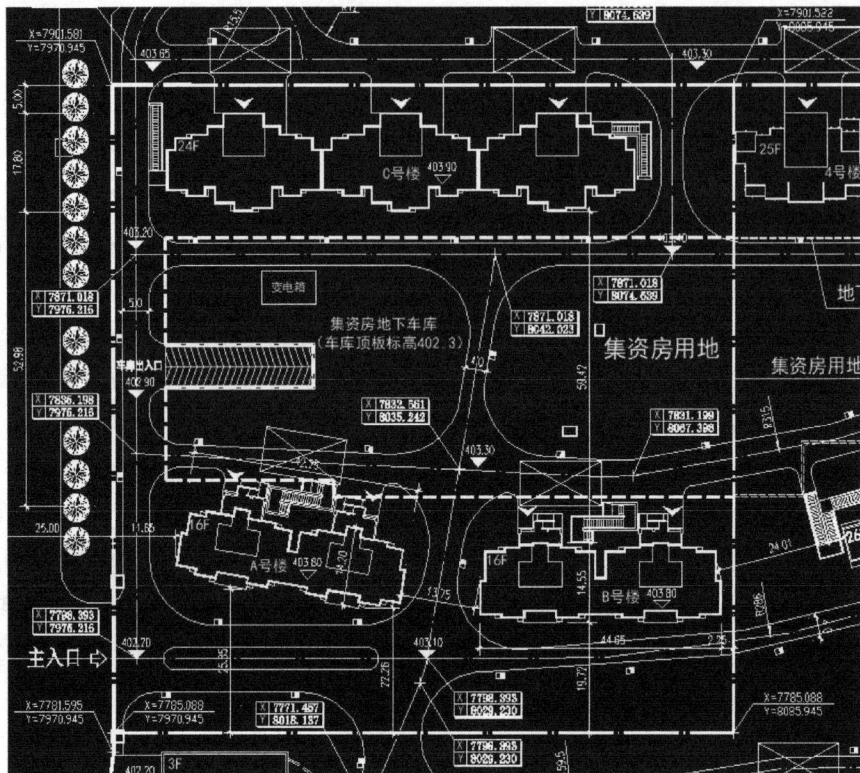

图 3-8 计算围墙长度用坐标点

点 2～点 3 之间的长度：因 Y 坐标相同，故长度等于两点 X 坐标的差值
=7901.522−7785.088=116.434m。

点 3～点 4 之间的长度：因 X、Y 坐标均不相同，故按照直角三角形边长公
式计算长度 $C = \sqrt{a^2 + b^2}$。

$$a=7901.581−7901.522=0.059;$$
$$b=8085.945−7970.945=115;$$
$$C = \sqrt{0.059^2 + 115^2} = 115.00\text{m}。$$

点 3、点 4 的 X 坐标差值极小，仅 0.059，通常在此情况下可忽略此坐标差值，
直接利用两点之间 Y 坐标的差值作为两点之间的长度计算。

点 4～点 1 之间的长度：因 Y 坐标相同，故长度等于两点 X 坐标的差值 =
7901.581−7785.088=116.493m。

周界长度 =115+116.434+115+116.493=463m。

实际馨苑一期与二期项目之间设置为软分隔，即采用绿植分隔的方式，此

处为了完整地讲解与计算一个单期项目，暂将一期四周全部作为硬质围墙计算。

在进行目标成本与收益测算时，周界长度暂不扣减入口大门或门卫占据的长度。

至此，对于成本测算需要用到的各项规划指标的基础数据基本计算完成，填写"馨苑项目一期规划指标"表格（表3-5）。

实际测算时，规划指标表嵌套在 Excel 表格中，可利用表格的计算功能直接计算各项数值，故各项数值可直接建立关联关系，不需经过计算可直接填写。

馨苑项目一期规划指标表

表 3-5
单位：m²

一	总体指标				
1	总用地面积	70715		总建筑面积	48928
2	项目建设用地面积	13400	其中	地上	42136
2.1	建筑占地面积	2092.42		地下	6792
2.2	景观面积	9967.80		计容积率建筑面积 42136	
2.3	私家庭院				
2.4	道路面积	1340.00		可售面积	46596
3	容积率	3.14			

二	产品类型	建筑占地面积	地上建筑面积	地下建筑面积	总建筑面积	可售面积	栋数	层数	单元数	户数	位置
住宅	高层		25612	1116	26728	25612	1	24	3	216	
	小高层		16404	1096	17500	16404	2	16	2+2	64+64	
	花园洋房										
	叠拼别墅										
	合院别墅										
	联排别墅										
	样板楼										
	独栋别墅										
	小计	2212	42016	2212	44228	42016	3		7	344	

续表

产品类型		建筑占地面积	地上建筑面积	地下建筑面积	总建筑面积	可售面积	栋数	层数	单元数	户数	位置
二	SOHO										
	写字楼										
	酒店										
公建	会所										
	独立小商铺										
	主力店										
	底商										
	小计										
车库	独立车库			4580	4580	4580	分别说明位于上述哪种产品业态下，以及面积分别多少				—
	楼座下车库										
	小计			4580	4580	4580					
配套	物管用房										
	门卫										
	幼儿园										
	学校										—
	锅炉房										
	垃圾房										
	开关站（配电房）		120		120						—

续表

序号	产品类型	建筑占地面积	地上建筑面积	地下建筑面积	总建筑面积	可售面积	栋数	层数	单元数	户数	位置
二	小计		120		120						
	合计		42136	6792	48928	46596					
三	景观指标	面积	占比				景观指标	面积	占比		
1	景观面积	9967.80									
2	软景面积	5980.68				4	周界长度	463m			
3	硬景面积	3987.12				5	大门				
	水景面积										
四	水电气条件										
1	区外水接入长度		m			5	开闭所容量		kW		
2	区外电接入长度		m			6	配电房容量		kW		
3	区外气接入长度		m			7	配电房	1	个		
4	区外热力接入长度		m			8	发电机容量		kW		
五	场内土方平衡情况										

第 4 章
建设项目投资收益的测算

在完成各项资料的收集，以及各项准备工作，填写规划指标表后，就可以进行建设项目投资与收益的测算。

从投资人的角度，所有投入的成本都称为投资，所以要求有回报率。

投资人不一定是建设项目实施过程中的实际经营者，或者不是一个建设项目所需全部投资额百分之百的投资者。

每一个建设项目，核算其建设期的投资与收益时，是从经营者的角度，核算该项目从前期可研开始，以及项目开始实施、竣工交付，直至项目后评估，在此过程中需要花费的成本。该成本来源于各投资人的投资或者部分融资等，对于建设项目的投资与收益的测算，须转化为经营视角下的成本与收益的测算。

在项目的成本与收益核算完成后，才是各投资人按其出资比例计算各自的投资收益的开始。

对于本次建设项目投资与收益的测算，是站在经营者的角度，核算一个建设项目全建设期的成本与收益。

4.1 土地获得成本

对于政府投资项目或公建项目，若土地属于无偿划拨时，则无须计算与土地相关的土地出让金、土地契税等成本。作为房地产开发来说，土地一般都是有偿获得的，需要计算与土地相关的成本。

土地成本计算时，需要区分两种不同的情况：一是该宗土地上有代征路、代征绿化带等非项目建设实际用地；二是该宗土地上无代征路、代征绿化带等代征地。

第一种情况：宗地上有代征路、代征绿化带等非项目建设实际用地。

在此种情况下，土地成本测算的关键，要先弄清楚土地的范围，特别是对于大地块多期开发时。

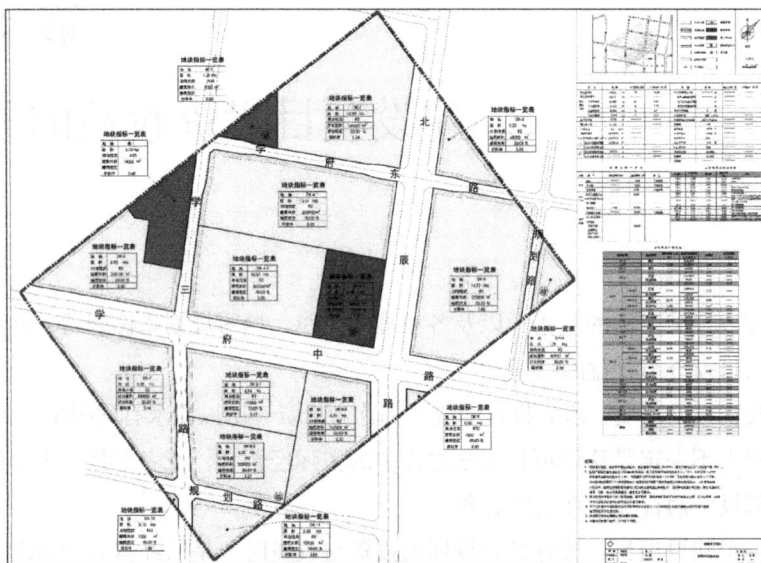

图 4-1 JX 项目控规指标

图 4-1 中 JX 项目，规划总用地 103.8 公顷（折合 1557 亩，103.8 万 m^2，1 公顷 =15 亩，1 公顷 =10000m^2）。

由于该建设项目涉及土地面积较大，故按照政府规划部门要求，由建设单位先行编制控制性详细规划（图 4-1）。

在该控制性详细规划中，先要解读图例信息（图 4-2）。

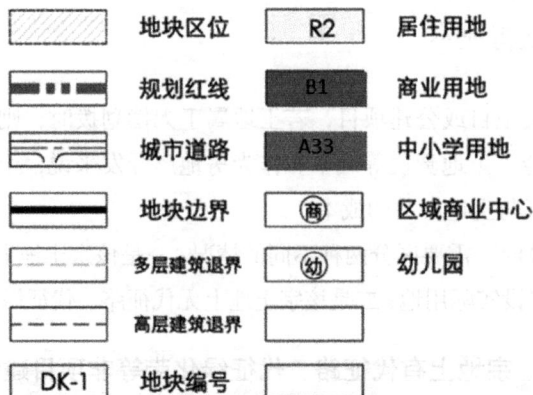

地块区位	R2	居住用地
规划红线	B1	商业用地
城市道路	A33	中小学用地
地块边界	商	区域商业中心
多层建筑退界	幼	幼儿园
高层建筑退界		
DK-1	地块编号		

图 4-2 JX 项目控规图图例说明

地块区位：地块所在的区域和位置，详见图 4-3 地块区位图中粗线圈注的部分。

红线：红线一般是指各种用地的边界线。红线有多种，包括用地红线、道路红线、建筑控制线等。

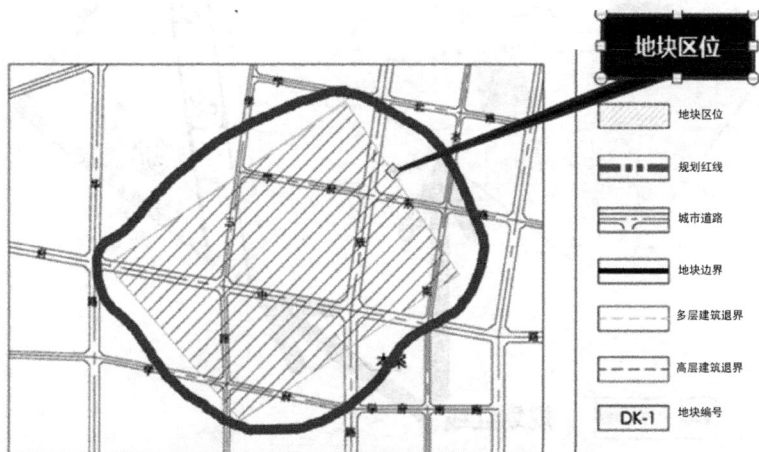

图 4-3　地块区位图

《民用建筑设计通则》GB　50352—2005 [20.]

术语 2.0.7　道路红线：规划的城市道路（含居住区级道路）用地的边界线。

术语 2.0.8　用地红线：各类建筑工程项目用地的使用权属范围的边界线。

术语 2.0.9　建筑控制线：有关法规或详细规划确定的建筑物、构筑物的基底位置不得超出的界线。

规划红线：宏观规划用地范围的标准线，应用到 JX 项目中，实际指该规划用地的边界线，包括建筑红线与道路红线（图 4-4）。

道路中心线：规划道路的中心线

分期地块边界线：各期项目建设用地与规划道路的分界线。

建筑退界：建筑物距离建设用地边界线、道路红线等的退让距离，除考虑建筑控制线外，还应满足消防、日照等设计规范要求。高层建筑与多层建筑的退让距离不同。在该控制性详细规划中，因为规划了多种不同的设计方案，所以表示有多层与高层两种建筑的退让距离（图 4-5）。

用地性质：城市规划管理部门根据城市总体规划的需要，对某种具体用地所规定的用途。

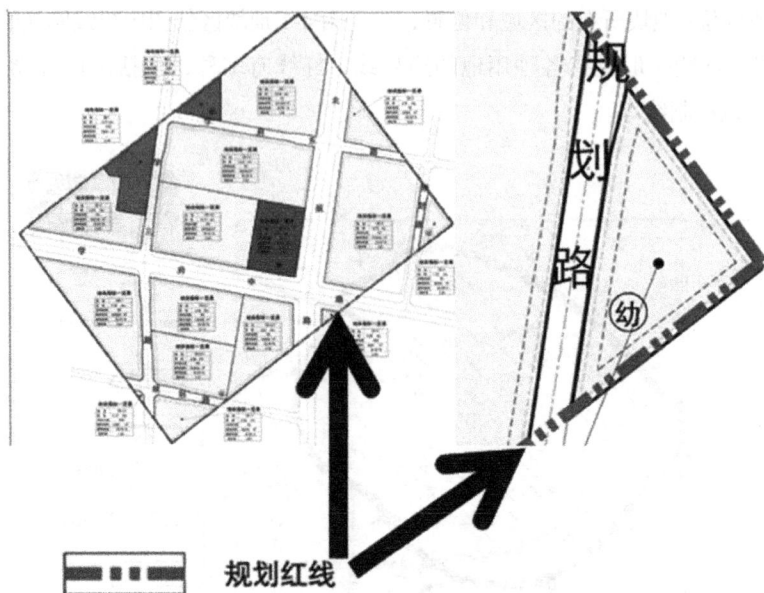

图 4-4　规划红线

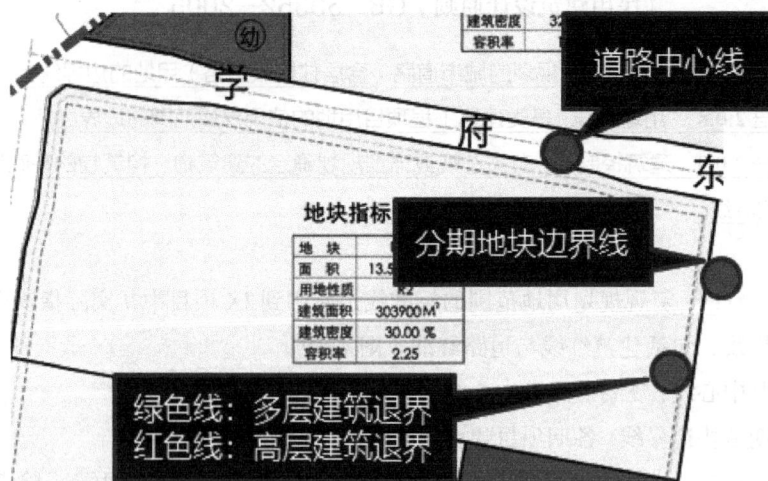

图 4-5　其他边界线

　　在 JX 项目控制性详细规划中，对该地块中不同区域的土地用地性质进行了详细区分。

　　城乡建设用地分类和代码详见：

《中华人民共和国国家标准 城市用地分类与规划建设用地标准》
GB　50137—2011[21.]

R：居住用地，住宅和相应服务设施的用地。包含住区、住区内的城市支路以下的，服务于基本生活需要的道路、绿地、配套服务设施等四项用地。

B：商业服务设施用地，各类商业、商务、娱乐康体等设施用地，不包括居住用地中的服务设施用地以及公共管理与公共服务用地内的事业单位用地。

A：公共管理与公共服务用地，行政、文化、教育、体育、卫生等机构和设施的用地，不包括居住用地中的服务设施用地。

R1：一类居住用地，设施齐全、环境良好、以低层住宅为主的用地。

R2：二类居住用地，设施较齐全、环境较好、以多、中、高层层住宅为主的用地。

本地块为 R2 类居住用地，由此可判断出该地块的建筑产品类型为多层、中层或高层住宅。

B1：商业服务设施用地，各类商业经营活动及餐饮、旅馆等服务业用地，主要包括：

B11：零售商业用地，商铺、商场、超市、服装及小商品市场等用地。

B12：农贸市场用地，以农产品批发、零售为主的市场用地。

B13：餐饮业用地，饭店、餐厅、酒吧等用地。

B14：旅馆用地，宾馆、旅馆、招待所、服务型公寓、度假村等用地。

A3：教育科研用地，高等院校、中等专业学校、中学、小学、科研事业单位等用地，包括为学校配建的独立地段的学生生活用地。

A33：中小学用地，中学、小学用地。

该建设项目在最早获得土地时，是红色线范围内比较方正的一块地，其间无三横三纵的规划路通过；后因政府规划调整，地块上出现三横三纵的规划路，在纵横向主路（图 4-4 中所示路面较宽的两条路）两侧，规划有城市绿化带。

该规划路及城市绿化带占地面积较大，在拟建设地块上有代征路与代征绿化带时，规划用地与土地证上载明的土地面积之间有什么差异呢？在土地成本测算时，土地面积究竟应如何填写？相关土地的成本又该如何计算？

在了解这些问题之前，需要先来查看 JX 项目国有土地使用权证上载明的宗地面积。JX 项目土地由两宗地组成。

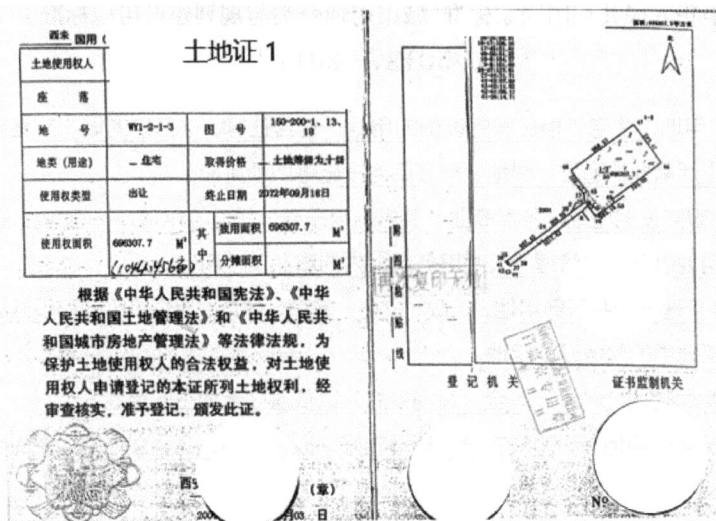

图 4-6 JX 项目宗地 1

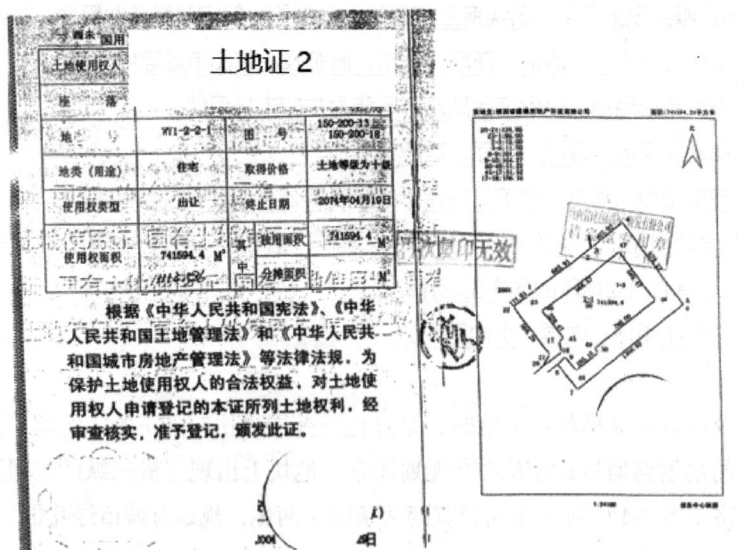

图 4-7 JX 项目宗地 2

JX 项目土地证 1（图 4-6）及土地证 2（图 4-7）中载明的信息包括：

（1）土地用途：住宅。

（2）使用权类型：出让。土地出让是指土地所有权人（国家）将土地一定年限的使用权有偿转移给集体或个人。

（3）土地价格：土地等级为十级。土地级别影响土地出让金中每亩土地的价格，影响城镇土地使用税缴纳时每年每平方米税额的高低。

（4）终止日期：即土地使用权的终止日期。土地证 1 为 2072 年 9 月 18 日；土地证 2 为 2074 年 4 月 19 日。

（5）土地证颁发日期：土地证 1 为 2004 年 9 月 3 日；土地证 2 为 2004 年 11 月 29 日。

（6）使用权面积：土地证 1 面积 696307.7m²（土地 1 的形状类似一把刀，其中狭长的刀把处的面积为 7.786 公顷，折合 116.796 亩，本次规划时未利用此部分土地）；土地证 2 面积 741594.4m²。JX 项目土地证上载明的土地面积共计 1437902.1 m²（折合 2156.85 亩，折合 143.7902 公顷）。

主 要 经 济 技 术 指 标 表

用地编号	用地面积（公顷）	容积率	建筑面积（万㎡）	备注
DK-1	12.98	1.24	16.10	已建成地块
DK-2	2.25	3.03	6.82	——
DK-3	6.92	3.50	24.21	——
DK-4	28.66	1.95	55.93	拟配一个社区商业中心
DK-5	14.72	1.85	27.2	已规划设计地块
DK-6	1.31	2.36	3.09	已规划设计地块
DK-7	9.55	3.46	33.08	拟配一个1万平方米左右的集中商业网点
DK-8	19.35	2.56	49.48	拟配一个5000平方米左右的社区医疗中心，以及一个幼儿园
DK-9	0.20	2.00	0.4	拟作为商业配套
DK-10	0.10	1.50	0.15	拟作为商业配套
DK-11	2.52	3.81	9.60	已规划设计地块
教-1	3.73	0.48	1.80	将中小学合并设置，共享教育资源
教-2	1.51	0.60	0.90	设置中小学学生宿舍，以及一个幼儿园
合计	103.80	2.20	228.75	拟配商业15万，教育3.45万，医疗0.5万

图 4-8　JX 项目主要经济技术指标表

从图 4-8 可见，JX 项目规划的"用地面积"共 103.8 公顷，此处的用地面积指项目建设用地面积。

JX 项目本次规划总用地 103.8 公顷 ≠ 土地证上载明的土地面积 143.7902 公顷，二者差异：143.7902−103.8=39.9902 公顷。

将全部土地面积与控规面积对比如表 4-1 所示。

JX 项目土地面积详细构成表　　　　　　　表 4-1

土地证上载明的土地使用权面积	控规用地面积	刀把处土地面积	代征路面积	代征绿化带面积
143.79 公顷	103.8 公顷	7.786 公顷	21.328 公顷	10.875 公顷
2156.853 亩	1557 亩	116.796 亩	319.925 亩	163.132 亩
1437902.1m²	1038000m²	77864.10m²	213283.33m²	108754.67m²

目标成本中的土地成本计算涉及以下方面：

（1）土地面积具体是多少？

（2）计算容积率用的可建设用地面积是多少？

（3）计算土地出让金、土地契税、城镇土地使用税时应具体对应哪个土地面积？

在 JX 项目中，暂不考虑分期，暂定土地出让价格 100 万元 / 亩。

土地使用权出让，是指国家（土地所有权人）将国有土地使用权在一定年限内有偿出让给土地使用者。土地使用权出让，可以采取拍卖、招标或者双方协议的方式。

土地使用权转让，是指土地使用权人将土地剩余年限的使用权转给其他集体或个人。也就是通常所说的"项目转让"。即《中华人民共和国房地产管理法》第二节第三十九条第（二）项所规定的转让。

特别提醒：转让不能仅就土地进行转让，必须符合一定的条件。该转让条件的限定，主要是为了防止单纯的土地倒买倒卖行为。

《城市房地产开发经营管理条例》[22.]

第四章 房地产经营 第十九条 转让房地产开发项目，应当符合《中华人民共和国城市房地产管理法》第三十九条、第四十条规定的条件。

《中华人民共和国城市房地产管理法》[23.]

第二节 房地产转让第三十九条 以出让方式取得土地使用权的，转让房地产时，应当符合下列条件：

（一）按照出让合同约定已经支付全部土地使用权出让金，并取得土地使用权证书；

（二）按照出让合同约定进行投资开发，属于房屋建设工程的，完成开发投资总额的百分之二十五以上，属于成片开发土地的，形成工业用地或者其他建设用地条件。

转让房地产时房屋已经建成的，还应当持有房屋所有权证书。

国有土地使用权出让金 = 土地使用权证载明的土地面积 × 土地出让单价 =2156.85 亩 ×100 万元 / 亩 =215685 万元。

土地契税：

《中华人民共和国契税暂行条例》[24.]

第三条　契税税率为 3% ～ 5%。契税的适用税率，由省、自治区、直辖市人民政府在前款规定的幅度内按照本地区的实际情况确定，并报财政部和国家税务总局备案。

第四条　契税的计税依据：（一）国有土地使用权出让、土地使用权出售、房屋买卖，为成交价格。

第八条　契税的纳税义务发生时间，为纳税人签订土地、房屋权属转移合同的当天，或者纳税人取得其他具有土地、房屋权属转移合同性质凭证的当天。

JX 项目所在地的土地契税征收税率 3%。

土地契税 = 土地出让金 ×3%=100 万元 / 亩 ×3%=3 万元 / 亩。

土地契税 =2156.853 亩 ×3 万元 / 亩 =6470.56 万元。

各地块的土地出让金及契税计算如表 4-2 所示。

各地块土地出让金、契税计算表　表 4-2

地块	建设用地面积（亩）	出让金（万元）	契税（万元）
DK-1	194.70	19470	584.10
DK-2	33.75	3375	101.25
DK-3	103.80	10380	311.40
DK-4	429.90	42990	1289.70
DK-5	220.80	22080	662.40
DK-6	19.65	1965	58.95
DK-7	143.25	14325	429.75
DK-8	290.25	29025	870.75

地块	建设用地面积（亩）	出让金（万元）	契税（万元）
DK-9	3.00	300	9.00
DK-10	1.50	150	4.50
DK-11	37.80	3780	113.40
教-1	55.95	5595	167.85
教-2	22.65	2265	67.95
合计	1557.00	155700	4671.00
全部土地	2156.853	215685	6470.56

在表4-2中，各地块的土地出让金及契税之和不等于全部土地的出让金及契税，二者之间的差距主要在于：各地块用地面积均为项目的可建设用地面积。对于JX项目而言，还有一部分非建设用地面积，其一是表4-1中的刀把处土地116.796亩；其二是代征路面积319.925亩；其三是代征绿化带面积163.132亩，此三块土地面积合计599.853亩。

由于"刀把"土地狭长，宽度仅40多米，在考虑建筑退界的情况下，楼体的宽度不足，难以作为建设用地使用，故该区域土地未来处理方法有两种：一是置换；二是闲置（或可做景观补充）。其暂时不能作为项目的建设用地，如果未来无法置换，在此就需要将该"刀把"地的土地成本向各期项目进行分摊。

同样，代征路与代征绿化带亦属于非建设用地，但其面积包含于土地证上载明的土地面积中，土地出让金及土地契税均是以土地证上载明的面积来计算的。代征路与代征绿地的土地成本需要向各期进行分摊。

此部分土地成本分摊有两种方法，一种是以金额分摊；一种是以土地面积直接分摊。此处暂以后一种方法进行计算。

以各期土地面积占项目全部建设用地面积的比例，计算各自分摊刀把地、代征路、代征绿化带的面积。

DK-1，分摊土地面积 = 建设用地面积194.70亩 / 项目建设用地1557亩×599.853=75.011亩。

其余各地块计算方法相同，将计算完成的结果整理如表4-3所示。

各地块分摊土地计算表　　　　　　表 4-3

地块	建设用地面积（亩）	分摊土地面积（亩）	合计（亩）
DK-1	194.70	75.011	269.711
DK-2	33.75	13.003	46.753
DK-3	103.80	39.990	143.790
DK-4	429.90	165.624	595.524
DK-5	220.80	85.066	305.866
DK-6	19.65	7.570	27.220
DK-7	143.25	55.189	198.439
DK-8	290.25	111.822	402.072
DK-9	3.00	1.156	4.156
DK-10	1.50	0.578	2.078
DK-11	37.80	14.563	52.363
教 -1	55.95	21.555	77.505
教 -2	22.65	8.726	31.376
合计	1557.00	599.853	2156.853

在计算各地块土地出让金、契税及城镇土地使用税时，土地面积需要以表 4-3 中"合计"列的土地面积为准，否则就会漏算土地出让金、契税及城镇土地使用税，造成成本失实。

在表 4-3 中，各期的土地出让金及契税发生了变化，以 DK-1 为例。

土地出让金 =269.711 亩 ×100 万元 / 亩 =26971.1 万元 > 表 4-2 中的 19470 万元。

土地契税 =269.711 亩 ×3 万元 / 亩 =809.13 万元 > 表 4-2 中的 584.10 万元。

土地出让金及契税差值 =（26971.1+809.13）-（19470+584.10）=7726.13 万元。

上述差值较大。若土地单价高，此差值将更为增大。

在表 4-3 中，教 -1、教 -2 两块教育用地也分摊了代征部分的土地面积。该教育用地建设有中小学、幼儿园，一般情况下，学校及幼儿园在开发项目中，是作为公建配套处理的。在单个项目中，公建配套的成本也需要向住宅等可售面积进行分摊。在表 4-3 中，将代征面积等向教育用地分摊是否合理呢？

需要明确的是，并不是该产品的名字叫作小学或者幼儿园，就一定可视为公建配套，这一点在前文介绍成本的构成时已说明，对此再就本项目进行具体的解释。

在图 4-8 "JX 项目主要经济技术指标表"中，规划有公建配套用地，包括教育用地、幼儿园用地、社区医疗用地（说明：DK-8 中含有一个社区医疗中心及一个幼儿园；教 -2 地块中包含一个幼儿园）。上述各期共用的公建配套的用地面积如表 4-4 所示。

JX 项目公建配套用地面积表　　　　　　　　　　　　表 4-4

序号	地块名称	用地面积（公顷）	用地面积（亩）
1	教 -1	3.73	55.95
2	教 -2	1.51	22.65
3	幼儿园	0.327	4.9
4	社区医疗	0.325	4.87
合计		5.891	88.37

表 4-4 中公建配套的用地面积 5.891 公顷已包含在控规总用地面积 103.8 公顷中。

由于表 4-4 中的公建配套并非为某一期服务，而是为整个 JX 项目服务。同时，这些公建配套又存在两种情况：一是在建设完成后无偿移交政府；二是建设完成后不移交（在不移交的情况下，又存在三种方式。方式 1：作为商业出售；方式 2：开发商自持自营；方式 3：开发商与第三方联合运营）。

是否无偿移交政府，或产权归全体业主所有，决定了其是否可作为公建配套核算。

首先，若建设完成后并不是无偿移交政府或产权归全体业主所有，那么就需要将学校、幼儿园等作为一个商品对待，它与其他可销售的住宅，在性质上将是一样的，都属于可售产品。在此种情况下，它就需要与其他可售产品共同分摊代征地的面积，如表 4-3 中已计算完成的土地分摊。

其次，暂定表 4-4 中的学校、幼儿园等项目建设完成后全部无偿移交政府，在此种情况下，各期分摊的土地面积计算将发生变化。

原来仅分摊了代征地部分（将刀把地暂归于代征地中），此时就需要将学校、幼儿园等公建配套用地面积也进行分摊。

拟分摊的土地面积 =599.853+88.37=688.223 亩。

DK-8 中扣减社区医疗、幼儿园用地后，土地面积 =290.25-4.9-4.87=280.48 亩。

由于教育用地等作为分摊土地处理，则项目可建设用地面积减少为 1557-88.37=1468.63 亩。

需要重新计算各期的分摊土地及总土地面积。

增加教育用地分摊后各地块土地计算表　　　表 4-5

地块	用地面积（亩）	分摊土地面积（亩）	合计（亩）
DK-1	194.70	91.239	285.939
DK-2	33.75	15.816	49.566
DK-3	103.80	48.642	152.442
DK-4	429.90	201.458	631.358
DK-5	220.80	103.47	324.27
DK-6	19.65	9.208	28.858
DK-7	143.25	67.129	210.379
DK-8	280.48	131.437	411.917
DK-9	3.00	1.406	4.406
DK-10	1.50	0.703	2.203
DK-11	37.80	17.714	55.514
合计	1468.63	688.223	2156.853

表 4-3 与表 4-5 因"公建配套"的商品属性不同，对于同一项目，各期计算土地成本用的土地面积，得出不同的结果。

由于该宗地代征地面积较大，各地块分摊的代征地面积占相应地块建设用地面积的比例在 40% 左右，也可以理解为原土地出让金提高了 40% 左右。即各地块项目建设用地面积的单价变成 100×（1+40%）=140 万元左右。

相应地，土地契税、城镇土地使用税亦然。

在分摊学校、幼儿园、社区医疗的用地后，各期土地出让金及契税变化，仍以 DK-1 为例。

土地出让金 =285.939 亩 ×100 万元 / 亩 =28593.9 万元＞表 4-2 中的 19470 万元。

土地契税 =285.939 亩 ×3 万元 / 亩 =857.817 万元＞表 4-2 中的 584.10 万元。

土地出让金及契税差值 =（28593.9+857.817）-（19470+584.10）=9397.62

万元。

差值较仅分摊代征地部分土地面积的结果更大。这是因为将学校、幼儿园、社区医疗等公建配套的用地面积向各期分摊后，各期需要计算的土地相关成本的土地面积进一步增大。

所以，在实际测算建设项目与土地相关的成本时，一定要将土地证、规划图或总平图上的规划用地面积进行比对，查找二者的土地面积之间是否存在差异。若有差异，需要查明原因：是因为该宗地上有代征地；或者规划未一次性将该宗土地规划完成；又或者该宗地上存在地裂缝、地下管线等异常情况，需要沿其两侧退让较多的距离，从而造成项目可建设用地面积的减少等。

不论项目可建设用地面积实际是多少，计算土地出让金、土地契税、城镇土地使用税时，都需要按照土地证上载明的土地面积进行计算。且该宗地上各期用于计算土地成本的土地面积之和必须等于土地证上载明的土地面积。

与土地成本相关的还有一项—城镇土地使用税。因为其除涉及土地面积外，且和该地块的使用期限有关，故单独进行解释。

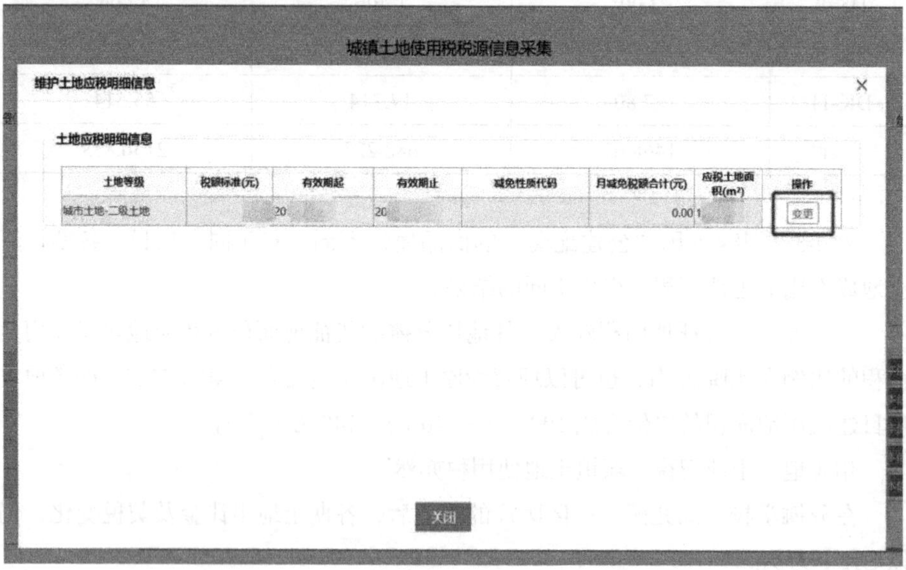
城镇土地使用税税源信息采集

维护土地应税明细信息

土地应税明细信息

土地等级	税额标准(元)	有效期起	有效期止	减免性质代码	月减免税额合计(元)	应税土地面积(m²)	操作
城市土地-二级土地		20	20		0.00	1	变更

关闭

图 4-9 某省城镇土地使用税申报表

图 4-9 中申报城镇土地使用税时，影响该项税额多少的相关因素有土地等级、税额标准、缴纳的起止时间、应税土地面积等，此规定来源于《中华人民共和国城镇土地使用税暂行条款》，各省市在国家暂行条例的基础上又制订了各自的征

收标准。在进行此项税额计算时，需要依照拟建项目所在土地的相关因素，以及该项目所在省市的具体规定进行计算。

《中华人民共和国城镇土地使用税暂行条例》[13.]

第三条　土地使用税以纳税人实际占用的土地面积为计税依据，依照规定税额计算征收。

第四条　土地使用税每平方米年税额如下：

（一）大城市 1.5 元至 30 元；

（二）中等城市 1.2 元至 24 元；

（三）小城市 0.9 元至 18 元；

（四）县城、建制镇、工矿区 0.6 元至 12 元。

第五条　省、自治区、直辖市人民政府，应当在本条例第四条规定的税额幅度内，根据市政建设状况、经济繁荣程度等条件，确定所辖地区的适用税额幅度。

市、县人民政府应当根据实际情况，将本地区土地划分为若干等级，在省、自治区、直辖市人民政府确定的税额幅度内，制定相应的适用税额标准，报省、自治区、直辖市人民政府批准执行。

第九条　新征收的土地，依照下列规定缴纳土地使用税：

（一）征收的耕地，自批准征收之日起满 1 年时开始缴纳土地使用税；

（二）征收的非耕地，自批准征收次月起缴纳土地使用税。

按照暂行条例规定，城镇土地使用税 ＝ 应税土地面积 × 每平方米年税额标准 × 应税年限。

JX 项目城镇土地使用税暂按每平方米年税额 10 元计算，缴纳起始时间土地 1 与土地 2 不同，按照《中华人民共和国城镇土地使用税暂行条例》第九条第（二）项的规定，应从批准征收的次月起缴纳土地使用税。此处的"批准征收"日期，以土地证上载明的颁发日期为准。

土地证 1 颁发日期为 2004 年 9 月 3 日，故该地块的城镇土地使用税"自批准征收次月起缴纳"，即从 2004 年 10 月开始缴纳土地使用税。

土地证 2 颁发日期为 2004 年 11 月 29 日，故从 2004 年 12 月开始缴纳城镇土地使用税。

土地 1 及土地 2 面积均较大，不能一次性全部建设，该项目计划分期开发。

因分期开发，房屋需要分期交付、分期办理小产权证，意味着各期项目城镇土地使用税缴纳的截止时间不同。

在此处需要先解释一下房产证的大证与小证的区别。

大证，是指开发商在工程竣工验收后从房产管理部门所办理的房产证。该房产证是由该开发商开发的某一栋楼或某几栋楼构成的，房屋所有权人是该开发商，属于初始登记。

小证，是指每个购房人自己的每套房子的房屋所有权证。小证是由房产管理部门从开发商办理的大证上逐户给各购房人分户过来的，属于转移登记，要走过户手续。

大证、小证是地产业内的一种习惯叫法。

所以交房的日期，并非购房人成为真正意义上房主的日期，只有小证办理完成，购房人才能成为真正的房主。

城镇土地使用税缴纳的截止时间是大证办理完成，还是小证办理完成？

缴纳城镇土地使用税的纳税人，是指使用土地的单位和个人。在大证办理完成、小证尚未办理时，该土地的使用权仍然归房地产开发商（使用土地的单位）；只有在小证办理完成后，该房屋所有权转移（房屋所有权转移包括该房屋建设所占用的土地使用权的一并转移）后，该房屋所占用的土地使用权由房地产开发商转移给购房人。小证的颁发日期，意味着房地产开发商缴纳城镇土地使用税的日期截止。

由此可以看出，由于各期房屋小证办理完成的日期不同，城镇土地使用税缴纳的截止时间不同，故城镇土地使用税需要分期分别计算。

暂定 DK-1 为顺序开发第一期，其基本位于宗地 2 上，城镇土地使用税缴纳起始日期：2004 年 12 月。

由于 JX 项目土地获取后，因各种原因导致开发延期，DK-1 的实际建设开始日期为 2009 年，交房日期 2011 年，小证办理完成日期为 2015 年 5 月。

特别提醒：城镇土地使用税缴纳的起始日期并非项目的建设开始日期。

DK-1 城镇土地使用税缴纳的期限共计：

2004 年 1 个月 +2005 ～ 2014 年共 10 年 +2015 年 5 个月 =10.5 年。

缴纳额 =285.939 亩 ×666.67m²/ 亩 ×10 元/（m²·年）×10.5 年 =2001.573 万元。

在这 10 年期间，城镇土地使用税的缴纳标准并非一直保持 10 元 /m²·年不变，而是中间年份有调整，为了方便计算，此处暂按一个标准计算。

由此可见，开发节奏、小证办理的时间，对于城镇土地使用税影响较大。

假定 DK-1 于 2005 年开发、2007 年交房、2008 年 5 月小证办理完成，则

DK-1 城镇土地使用税缴纳的期限共计：

2004 年 1 个月 +2005 ～ 2007 年共 3 年 +2008 年 5 个月 =3.5 年。

缴纳额 =285.939 亩 × 666.67m²/ 亩 ×10 元 /m²·年 ×3.5 年 =667.191 万元。

从千万元级垂直落差，减为百万元级。这个对于成本的影响是非常大的。从另一个角度反映出，加快开发节奏、快速办理完成各种证照，确实是控制成本的一种比较有效的措施。

第一种情况，涉及的与土地相关的成本计算，由于宗地面积较大，涉及的产品类型较多，且代征地占比较大，相对来说计算土地成本时比较复杂。

第二种情况：宗地上无代征地，全部为项目建设用地。

此种情况下与土地相关的成本计算相对简单。因为不需要考虑代征地的分摊情况。

馨苑项目的土地均为项目建设用地。一期规划建设用地面积 13400m² 折合为 20.1 亩

国有土地使用权出让金 = 规划用地面积 × 土地出让单价 =20.1 亩 ×100 万元 / 亩 =2010 万元。

土地征用及拆迁安置补偿费：该项目土地属于净地出让，故不发生该项费用。

项目转让价款：该项目土地全部为出让所得，未发生土地转让，故不发生项目转让价款。

土地契税 = 规划用地面积 × 契税征收标准 =20.1 亩 ×3 万元 / 亩 =60.3 万元。

城镇土地使用税：按照新的税收政策，直接放在"税金及附加"科目下进行核算。

其他：其他与办理土地使用权证相关的费用。比如，项目用地公告费、土地登记费、土地摘牌公证费等。这几项费用相对于土地出让金及土地契税来说，金额均较小，馨苑项目暂按 0.15 万元 / 亩估算。

其他土地成本 =20.1 亩 ×0.15 万元 / 亩 =3.015 万元。

将上述计算数据整理完成后，填入表 4-6 的土地成本计算表中。

馨苑项目一期土地成本计算表　　　　　　　　表 4-6

科目编码	科目名称	计算基数	工程量	单价（元）	总价（万元）
5001.01	**土地获得成本**	建筑面积（m²）	48928	423.75	2073.32

科目 编码	科目 名称	计算 基数	工程量	单价 （元）	总价 （万元）
5001.01.01	国有土地使用权 出让金	土地面积（亩）	20.1	100万元	2010
5001.01.02	土地征用及拆迁 安置补偿费	土地面积（亩）			
5001.01.02.01	土地补偿费	土地面积（亩）			
5001.01.02.02	拆迁补偿费	土地面积（亩）			
5001.01.02.03	安置补助费	土地面积（亩）			
5001.01.02.04	耕地占用税	土地面积（亩）			
5001.01.03	项目转让价款	土地面积（亩）			
5001.01.04	土地契税	土地面积（亩）	20.1	3万元	60.3
	城镇土地使用税	土地面积（m^2）	13400		
5001.01.97	其他	土地面积（亩）	20.1	0.15万元	3.015

在表4-6中，对于土地面积以"亩"为单位进行计算，实际成本测算中，土地面积亦可以"m^2"为单位进行计算。在以"m^2"为单位时，土地出让金等各项成本的单价均要换算成以"m^2"为单位。计算基数与计算单价要对应同一个计算单位，后续各项计算均相同。

馨苑项目共两期，目标成本编制需要以每一期开发建设的项目分别进行测算。

通常在进行项目目标成本测算时，土地出让合同已经签署，土地出让金在合同中已明确，若该地块不分期建设，一次性开发建设完成，则当期项目土地出让金等于该土地出让合同中载明的金额。可按照土地出让合同载明的金额直接填入表4-6土地成本计算表中5001.01.01国有土地使用权出让金对应的"总价"列，然后由"总价÷土地面积"反算出土地单价，填入对应的"单价"列中。契税计算方法相同。

在编制目标成本时土地出让金及契税已经实际发生，是确定的，可按照上述从总价反算单价的方法予以计算。城镇土地使用税因为是分年度缴纳的，在编制目标成本时，该税额尚未全部完成缴纳，故需要采用预计缴纳期限的方法单独予以计算。

在示例土地成本计算时，JX 项目与馨苑项目的土地性质都比较单一，主要以住宅为主。那么，如果存在宗地上两种产品类型性质完全不同时，土地成本该如何计算？以 CHD 项目为例。

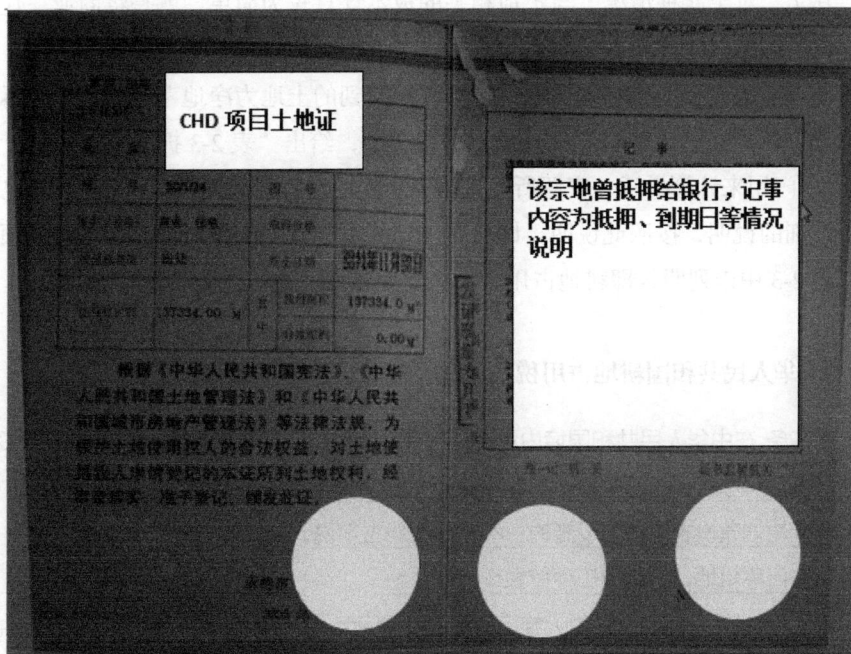

图 4-10　CHD 项目土地证

CHD 项目土地证（图 4-10）中载明的信息包括：

（1）土地用途：商业、住宅。

（2）使用权类型：出让。

（3）使用权面积：137334.00m²。

（4）终止日期：有两个，分别为 2044 年 11 月 26 日、2074 年 11 月 26 日。

（5）土地证颁发日期：2006 年 2 月 27 日。

因该宗地涉及商业与住宅两个用途，商业用地使用权一般不超过 40 年，住宅用地使用权一般不超过 70 年。依照颁证日期计算，该宗地使用年限分别为 38 年（2006～2044 年）与 68 年（2006～2074 年），故前者为商业用地年限，后者为住宅用地年限。

此种情况下，无论商业与住宅是否同期开发，都需要将二者分开，各自测算成本与收益。

商业与住宅各自的用地面积在土地出让合同中已明确，同时在实际中存在对土地分证的情况，也就是将商业、住宅的土地各自分开，各自独立办证，否则建设完成后的大证、小证无法办理，因二者产权年限不一样。

其实，对于此种情况，与土地相关的成本计算较为简单，就是将商业、住宅的建设用地面积分开，各自测算成本就可以。

在上述关于土地成本的计算中，均按照拿到的土地为净地考虑的，即无拆迁安置等费用。在第 2 章建设项目成本的构成中，给出"表 2-3 拆迁安置成本计算表"，专门用来计算拆迁、安置所发生的各种费用。对于计算方法，表 2-3 中已经做了详细的说明，按照此说明，即可完整计算拆迁安置补偿费用，其中有一项费用在表 2-3 中未列明，即耕地占用税，故此处仅就耕地占用税的计算予以说明。

《中华人民共和国耕地占用税法》（中华人民共和国主席令 第十八号）[25.]

第二条 在中华人民共和国境内占用耕地建设建筑物、构筑物或者从事非农业建设的单位和个人，为耕地占用税的纳税人，应当依照本法规定缴纳耕地占用税。

占用耕地建设农田水利设施的，不缴纳耕地占用税。

本法所称耕地，是指用于种植农作物的土地。

第三条 耕地占用税以纳税人实际占用的耕地面积为计税依据，按照规定的适用税额一次性征收，应纳税额为纳税人实际占用的耕地面积（平方米）乘以适用税额。

第四条 耕地占用税的税额如下：

（一）人均耕地不超过一亩的地区（以县、自治县、不设区的市、市辖区为单位，下同），每平方米为十元至五十元；

（二）人均耕地超过一亩但不超过二亩的地区，每平方米为八元至四十元；

（三）人均耕地超过二亩但不超过三亩的地区，每平方米为六元至三十元；

（四）人均耕地超过三亩的地区，每平方米为五元至二十五元。

各地区耕地占用税的适用税额，由省、自治区、直辖市人民政府根据人均耕地面积和经济发展等情况，在前款规定的税额幅度内提出，报同级人民代表大会常务委员会决定，并报全国人民代表大会常务委员会和国务院备案。各省、自治区、直辖市耕地占用税适用税额的平均水平，不得低于本法所附《各省、自治区、直辖市耕地占用税平均税额表》规定的平均税额。

同时，对于人均耕地较少，低于 0.5 亩的地区，以及占用基本农田的，耕地占用税需要适当提高。对学校、幼儿园、医疗机构等占用耕地的，免征耕地占用税。

按照上述规定，若拟建设项目存在占用耕地的情况，具体的耕地占用税缴纳标准，需要以各省市确定的适用税额为准，以实际占用的耕地面积 × 适用税额。

4.2　前期工程费

前期工程费涉及的成本项较多，是成本管控过程中较为关注的，逐项予以介绍。

4.2.1　勘察费

此科目下各项成本均属于查明地下地质条件，为设计提供依据所需。此时设计工作尚未展开，在探明地质条件前为了节约时间，设计院也可以提前进行一部分设计工作，但均基于已获取场地周边的地质资料，参考周边地质条件考虑的，在实际探明地质条件后，设计院需要按照实际地质条件及地勘报告修改设计。

5001.02.01 勘察费：主要包括岩土勘测工程费和文物普探费。

1. 岩土勘测工程费：

岩土工程勘察的目的主要是查明工程地质条件，分析存在的地质问题，对拟建筑地区做出工程地质评价。查明岩土工程条件，提出地基处理、基坑围护、基坑降水等工程问题的建议解决方案，为设计人员提供方案设计及施工图设计依据。

岩土工程勘察根据不同的目的，包括可行性研究勘察、初步勘察、详细勘察，以及工程地质条件复杂或有特殊要求的建筑物所进行的施工勘察。

开发项目实施最多的主要是初步勘察（以下简称初勘）与详细勘察（以下简称详勘）。

初勘主要为初步设计提供依据；详勘主要为施工图设计提供依据。

详勘阶段勘察的目的主要包括（湿陷性黄土地区）：

（1）查明建筑场地内及其附近有无影响工程稳定性的不良地质作用和地质灾害，评价场地的稳定性及建筑适宜性；

（2）查明建筑场地地层结构及地基土的物理力学性质；

（3）查明建筑场地黄土湿陷类型及地基湿陷等级；

（4）查明建筑场地地下水埋藏条件；

（5）查明建筑场地内地基土及地下水对建筑材料的腐蚀性；

（6）提供场地抗震设计有关参数，评价有关土层的地震液化效应；

（7）提供各层地基土承载力特征值及变形指标；

（8）对拟建建筑物地基基础方案进行分析论证，提供技术可行、经济合理的地基基础方案，并提出各种方案所需的岩土参数；

（9）提供基坑支护设计及地下室侧墙设计有关的岩土参数；

（10）提供地基土渗透特性参数及基坑降水方案的建议。

场地较小并且没有特殊要求的工程可合并勘察阶段。当建筑物平面布置已经确定，且场地或场地附近已有岩土工程资料时，可根据实际情况直接进行详细勘察。

案例馨苑项目中，因场地周边均为已建设完成的小区，有原有的周边地质勘查资料可查阅，故直接进行详勘。

在目标成本测算阶段，通常初勘工作已经完成（目标成本测算时方案设计已经完成，此阶段设计必须有岩勘资料作为依据，勘察合同通常在土地获取后第一时间签署，以便能够为设计工作提供较充足的时间），一般初勘、详勘都由同一勘察单位实施。在勘察合同签署前，地勘单位已踏勘现场，并根据现场及拟布置楼位编制勘察方案，故在合同签署时已预估了工作量及价格。在目标成本编制时可直接查阅已签署的勘察合同，按合同金额直接计入目标成本。或者初勘或详勘在实施过程中，发生异常地质情况，现场需要增加勘探孔或者增加进尺数，则综合现场情况，在合同金额的基础上，考虑现场实际增加的工作量，增加相应的金额，计入目标成本中。

若此时尚无地勘合同，则需要估算地勘的工程量与价格。

在4.1节中已经明确，目标成本测算时要做到"量"与"价"分离，也就是在测算各具体成本项的成本时，不能全部按照建筑面积指标（就是每平方米建筑面积多少钱）进行计算。各成本项若都按照建筑面积指标计算的方法，其准确性较差，通常测算出的建设项目投资与收益失真，导致后期在项目实施过程中实际执行成本与目标成本严重偏离，目标成本失去了控制的意义，执行成本缺少了控制的高压线，最终导致成本失控。

对于勘察成本来说，最难的主要是其工程量的计算。找到正确的方法，该工程量计算就不再是难事。

工程量计算有几种方法：询问设计院；询问勘察单位；查阅同类型楼盘已出具的勘察报告，根据勘察报告载明的探孔、探井工程量估算拟建设项目的勘探工程量。

以馨苑项目的勘探图及勘探报告为例，分析勘探工程量的计算方法。馨苑项目A、B、C楼的勘探点位平面布置图如图4-11所示。

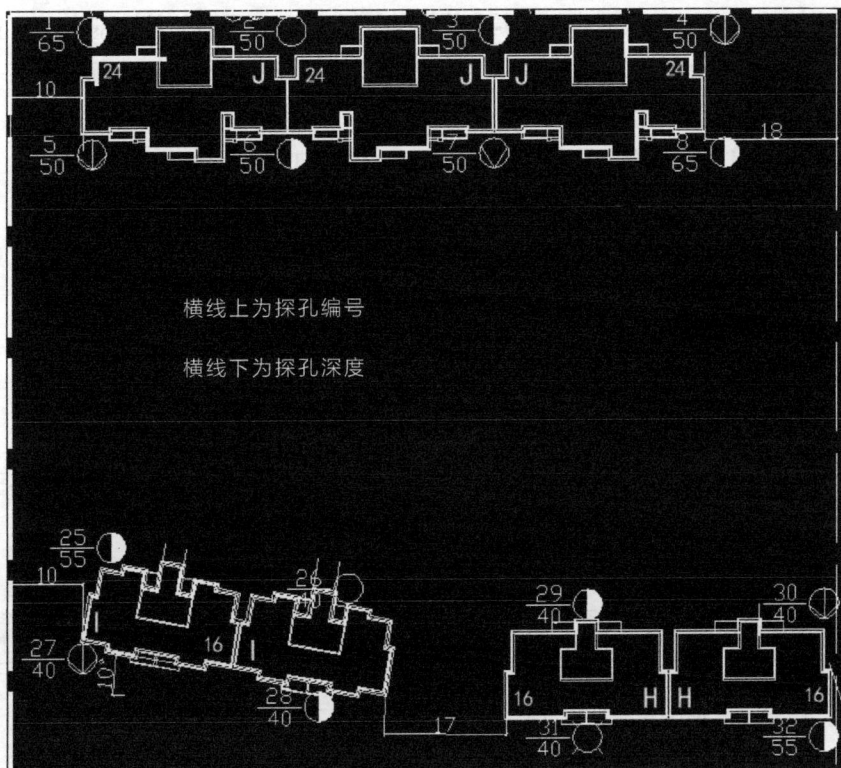

图 4-11　馨苑项目勘探点位平面布置图

　　勘探孔需要根据勘察等级、建筑高度、基础埋深、地基复杂程度等确定勘察深度、勘探孔间距等。

　　岩土工程勘察等级，分为甲级、乙级、丙级。

　　岩土工程勘察等级和建筑类别、场地类别相关。勘探收费也与此相关。

　　《工程勘察设计收费标准》[26]（2002 修订版）将岩土工程勘探与原位测试复杂程度根据岩土类别Ⅰ、Ⅱ、Ⅲ、Ⅳ、Ⅴ、Ⅵ划分，岩土类别越高，勘探收费越高。

　　建筑地基复杂程度，按照地质构造、岩层特征、地形地貌等岩土种类及性质划分为三类（具体详见《工程勘察设计收费标准》（2002 修订版）表 3.2.1 工程地质测绘复杂程度表）：复杂地基、中等复杂地基、简单地基。

　　勘探点间距按照建筑地基复杂程度确定：

　　（1）复杂地基，布点间距 10 ～ 15m；

　　（2）中等复杂地基，布点间距 15 ～ 30m；

　　（3）简单地基，布点间距 30 ～ 50m。

在湿陷性黄土地区的常规建筑，勘探点最大间距可参照简单地基间距布置，一般可为 30 ～ 50m，或根据勘察等级具体确定，特殊地方勘探孔间距将进一步缩小。

岩土工程勘察，除应符合现行国家标准《岩土工程勘察规范》GB 50021 的规定外，尚应结合本地区所处的岩土类别，依据本地区的规定制定勘探方案。

以湿陷性黄土地区为例说明，依据标准《湿陷性黄土地区建筑标准》GB 50025—2018 [27]。

不同建筑物类别对勘察的要求：

GB 50025—2018 第 3.0.1 湿陷性黄土场地上的建筑物分类，应符合下列规定。

1. 拟建建筑物应根据重要性、高度、体形、地基受水浸湿可能性大小和对不均匀沉降限制的严格程度等分为四类，并应符合表 4-7 的规定。

建筑物分类 表 4-7

建筑物类别	划分标准
甲类	高度大于 60m 和 14 层及 14 层以上体形复杂的建筑 高度大于 50m 且地基受水浸湿可能性大或较大的构筑物 高度大于 100m 的高耸结构 特别重要的建筑 地基受水浸湿可能性大的重要建筑 对不均匀沉降有严格限制的建筑
乙类	高度为 24 ～ 60m 的建筑 高度为 30 ～ 50m，且地基受水浸湿可能性大或较大的构筑物 高度为 50 ～ 100m 的高耸结构 地基受水浸湿可能性较大的重要建筑 地基受水浸湿可能性大的一般建筑
丙类	除甲类、乙类、丁类以外的一般建筑和构筑物
丁类	长高比不大于 2.5 且总高度不大于 5m，地基受水浸湿可能性小的单层辅助建筑，次要建筑

4.1.6 场地工程地质条件的复杂程度，可分为下列三类：

1. 简单场地：地形平缓，地貌、地层简单，场地湿陷类型单一、地基湿陷等级变化不大；

2. 中等复杂场地：地形起伏较大，地貌、地层较复杂，局部有不良地质现象发育，场地湿陷类型、地基湿陷等级变化较大；

3. 复杂场地：地形起伏很大，地貌、地层复杂，不良地质现象广泛发育，场地湿陷类型、地基湿陷等级分布复杂，地下水位变化幅度大或变化趋势不利。

4.2.5 详细勘察应符合下列规定：

1. 勘探点应沿建筑轮廓或基础中心位置不设；

2. 建筑群勘探点间距宜按表 4-8 确定；

建筑群勘探点间距（m）　　　　　　　　　　　表 4-8

建筑类别 场地类别	甲类	乙类	丙类	丁类
简单场地	30 ～ 40	40 ～ 50	50 ～ 80	80 ～ 100
中等复杂场地	20 ～ 30	30 ～ 40	40 ～ 50	50 ～ 80
复杂场地	10 ～ 20	20 ～ 30	30 ～ 40	40 ～ 50

3. 单体建筑勘探点数量，甲类、乙类建筑不宜少于 5 个，丙类建筑不应少于 3 个，丁类建筑不应少于 2 个。

勘探孔分为技术孔和鉴别孔。鉴别孔用于鉴别土层分布厚度及状态，不取样不做原位测试；技术孔可分为取样孔和原位测试孔，在钻进中按不同的土层和深度采取原状土样。技术孔总量不少于总孔数三分之二，其中取样孔不少于三分之一。

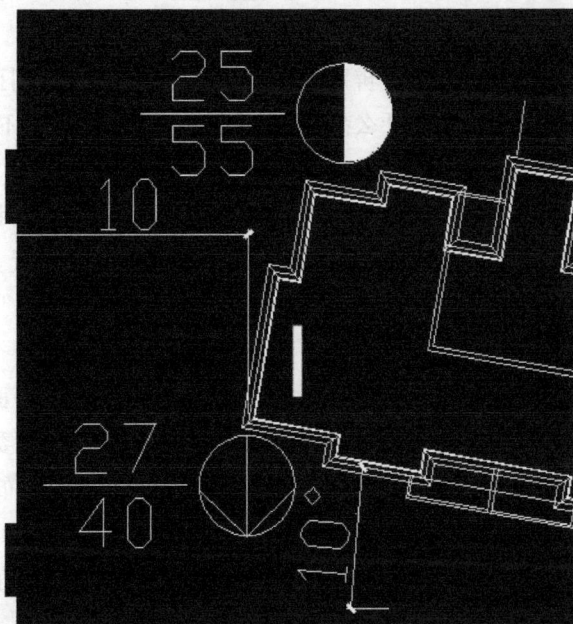

图 4-12　技术孔

图 4-12 中，编号 25、27 的勘探孔均为技术孔，其中半填充半空白的圆圈、编号 25 的勘探孔为取样孔；圆圈内有一个向下箭头的、编号 27 的勘探孔为原位测试孔。

同时，在技术孔里又有控制性孔，控制性孔主要用于查明场地地层结构，深度应满足场地和基础的稳定性验算和沉降变形验算，相对来说钻孔较深。

勘探孔布置的数量和深度的具体要求，主要依据现行国家标准《岩土工程勘察规范》GB 50021 以及场地实际情况进行确定。

图 4-13　鉴别孔

图 4-13 中，编号 26、31 的勘探孔均为鉴别孔，其中圆圈四周有放射线、编号 31 的勘探孔为旁压试验孔。

在勘探点位平面布置图上，辨别探孔到底是技术孔还是鉴别孔的简易方法：表示鉴别孔的圆圈内是空的，什么都没有；表示技术孔的圆圈内不是空的，有填充内容，如探孔 25、探孔 27 所示。

根据勘探孔数量布置的原则，先计算勘探孔的数量，馨苑项目位于陕西省西安市，属于湿陷性黄土地区，勘探孔间距最大可按 30 ～ 50m 布置。

（1）A 号楼：

16 层＞ 14 层，高度 46.4m ＜ 60m，属于甲类或乙类建筑。

两个单元，一梯两户，每单元由一个 I 户型组成，I 户型平面尺寸长 × 宽 ＝21.2m×13.1m（户型尺寸详见表 4-9 馨苑项目岩土工程勘察技术委托书，B 号楼、C 号楼相同），则两个单元长度总计 21.2×2=42.4m，沿楼体纵向布置勘探孔，按间距 30m 布置，每侧需布孔 3 个；按间距 50m 布置，每侧需布孔 2 个。

横向间距仅 13.1m，故沿纵向最外侧勘探孔应布置在纵横向角点位置，沿横向中间不再布置探孔。

则 A 号楼共需布置勘探孔 4 ～ 6 个。按照规范规定，甲、乙类单体建筑勘探点布置不宜少于 5 个。实际布置勘探孔数量 4 个，其中技术孔 3 个、鉴别孔 1 个。详见图 4-11。

（2）B 号楼：

16 层＞ 14 层，高度 46.4m ＜ 60m，属于甲类或乙类建筑。

两个单元，一梯两户，每单元由一个 H 户型组成，H 户型平面尺寸长 × 宽 =22.4×13m，则两个单元长度总计 22.2×2=44.8m，沿楼体纵向布置勘探孔，按间距 30m 布置，每侧需孔 3 个；按间距 50m 布置，每侧需布孔 2 个。

横向间距仅 13m，布置方法同 A 号楼。

则 B 号楼共需布置勘探孔 4 ～ 6 个。按照规范规定，甲、乙类单体建筑勘探点布置不宜少于 5 个。实际布置探孔数量 4 个，其中技术孔 3 个、鉴别孔 1 个。详见图 4-11。

（3）C 号楼：

24 层，高度 69.6m ＞ 60m，属于甲类建筑。

三个单元，一梯三户，每单元由一个 J 户型组成，J 户型平面尺寸长 × 宽 =28.7m×17.7m，则三个单元长度总计 28.7×3=86.1m，沿楼体纵向布置勘探孔，按间距 30m 布置，每侧需布孔 4 个。

横向间距仅 17.7m，故沿纵向最外侧勘探孔应布置在纵横向角点位置，沿横向中间不再布置探孔。

则 C 号楼共需布置勘探孔 8 个。实际布置探孔数量 8 个，其中技术孔 7 个、鉴别孔 1 个。沿每两个单元相接处均布置勘探孔，也就是说，沿纵向布置的勘探孔间距小于 30m。详见图 4-11。

通过对 A 号、B 号、C 号楼勘探孔数量的计算，与实际该项目已实施的勘探孔数量进行比较，发现除 C 号楼满足甲类建筑勘探点布置数量大于 5 个外，A、B 号楼勘探点数量均为 4 个，未达到规范要求的"不宜少于 5 个"的标准，其原因何在呢？

从单体建筑来看，除 C 号楼勘探孔间距布置按＜ 30m 考虑外，其余 A、B 号两栋楼计算的勘探孔间距均＞ 30m。C 号楼北侧紧邻市政绿化带，且每个单元的长度接近勘探孔布置间距 30m，单体长度较大，属于甲类建筑，场地不属于复杂场地，故勘探孔布置间距满足湿陷性黄土地区岩土勘察的间距布置要求；A、B 号楼均位于场地较中央位置（图 4-14），其南侧、东侧为馨苑二期项目，勘探工作同时展开，且该两栋楼每单元长度较小，单体仅两个单元，总长度未超过 50m；同时，A、B 号楼楼间距仅 17m，B 号楼与二期项目紧邻楼栋距离 21m，故实际勘探时，该三栋楼是作为一个整体建筑群考虑、布置勘探孔的。

A、B、C号楼是与该项目二期共同实施勘探工作，故将一、二期各单体楼栋一起作为建筑群，整体考虑布置勘探点。作为建筑群整体布点时，全部勘探布点数量小于各楼分别作为单体布点数量的总和。

B楼东侧紧邻楼栋为一个单元，26层住宅，A户型，平面尺寸29.6m×15.4m。

该三栋楼的整体长度为：A楼42.4m+B楼44.8 m+ 紧邻楼栋29.6m+A、B楼间接17 m+B、紧邻楼栋间距21m=154.8m。

勘探孔数量1：154.8/30+1=7个。

勘探孔数量2：154.8/50+1=5个。

实际A、B楼及其东侧紧邻楼栋沿楼体纵向共布置勘探点7个，平均间距25.8m＜30 m。

故A、B楼的勘探孔除两个布置在角点外，两楼相邻边的两个勘探点未布置在角点，布置在单元入口及背面相同位置，是基于将两栋楼及周边相邻楼栋作为一个建筑群看待的原因。

通过联合二期的建筑群勘探孔布置进行分析，发现实际地质勘探时，馨苑项目的勘探孔布置间距均按＜30 m实施，满足湿陷性黄土地区甲、乙类建筑勘探点布置间距的要求。

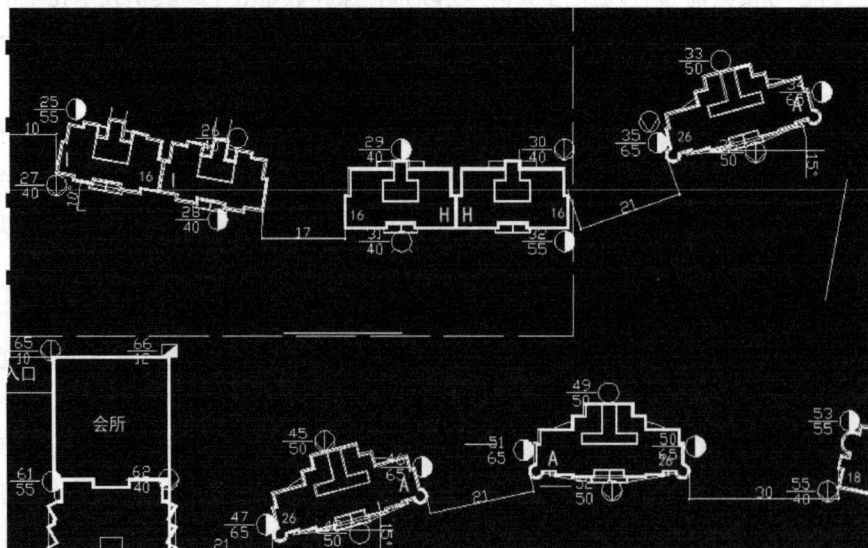

图4-14 A、B楼与场地中其他楼栋的位置关系

　　通过上述计算与分析发现，目标成本测算时，勘探孔的数量是可以根据楼体长度及宽度，同时结合项目所在区域地质情况、建筑物重要程度等，成本编制人员可以自行计算得出。

　　目标成本测算时，结合整个地块，各期项目共同勘探，计算勘探孔的数量，因成本人员的专业限制，计算难度较大。故仅需要根据常规，分别计算各期项目，将各楼栋均作为单体来计算勘探点的布置数量就可以。如果成本人员严格按上述规定进行计算，估算的地质勘查费用的成本就可以达到较为准确的结果。

　　勘探的价格与勘探的总延米数有关，这个总延米数除了与勘探孔的数量有关外，还与勘探孔的深度有关。

《湿陷性黄土地区建筑标准》GB 50025—2018 [27.]

4.2.5 详细勘察应符合下列规定

4. 勘探点深度应大于地基压缩层深度且满足评价湿陷等级的深度需要，甲类、乙类建筑尚应穿透湿陷性土层，对桩基工程尚应满足验算沉降的要求。

　　勘探孔深度的确定原则不是很统一，主要由地区不同、建筑物不同、地质条件不同等差异造成的。

　　湿陷性土层深度到底按照多少考虑，在无法判断的情况下，需要找出一种简化的方法计算探孔深度。

　　一般情况下，控制性孔的深度大致和楼体是等高的。就是说，楼体在地面以上高度有多高，地下勘探就需要有多深。但是这个说法并不是绝对的，比如说一栋 30 层的住宅楼，正常情况下按照层高 3 ～ 3.2m 计算，总高度接近 100m。也就意味着控制性孔的深度需要达到同样的深度，接近 100m。但是实际上，这个勘探孔的深度通常在 70 ～ 80m 之间。一般性孔，通常在 50 ～ 60m 的深度。

　　勘探孔深度确定的原则，第一，不管是什么孔，都要能达到基础以下的一定位置，勘探孔需要穿透基础以下的压缩层。第二，特殊地质情况，比如湿陷性黄土地区，需要穿透湿陷性黄土层。综上所述，即使完全相同的两栋建筑物，位于不同的建筑场地中，其勘探深度也是不同的。

　　控制性孔的深度是最大的，其次是取样孔。对单体建筑而言，控制性孔至少为两个，正常情况下 1/6 ～ 1/3 数量的孔为控制性勘探孔。楼群的控制性孔数量偏少一些，但不应低于总勘探孔数量的六分之一。

控制性孔和一般孔的主要区别是两者作用不同，控制性孔主要用于查明场地地层结构，深度应满足场地和基础稳定性验算，以及沉降变形验算；一般孔主要用来查明主要受力层的物理力学性质指标，对场地进行一般性评价。

按照上述勘探孔深度布置原则，先估算馨苑项目的勘探孔深度。

A 号楼：地上 16 层，层高 2.9 m，总高度 46.4 m，暂且全部按照控制性孔的深度估算，按照深度与楼体地面以上高度一致原则，则每勘探孔深 46.4m，勘探总进尺数 =46.4 m×4=185.6 m（高度详见表 4-9，B 号楼、C 号楼相同）。

B 号楼：同 A 号楼，地上 16 层，层高 2.9 m，总高度 46.4 m，勘探孔总进尺数 =46.4 m×4=185.6 m。

C 号楼：地上 24 层，层高 2.9 m，总高度 69.6 m，总进尺数 =69.6 m×8=556.8m。

估算三栋楼勘探孔总进尺数 =185.6+185.6+556.8=928m。

实际勘探的总延米数如图 4-11 所示。

左下角为 A 楼：布孔四个，深度分别为 55m、40m、40m、40m，A 楼探孔总进尺数量 175m。平均孔深 43.75m÷46.4m=94.29%。

右下角为 B 楼：布孔四个，深度分别为 55m、40m、40m、40m，B 楼探孔总进尺数量 175m。平均孔深 43.75m÷46.4m=94.29%。

上方为 C 楼：布孔八个，除两个孔深 65m 外，其余 6 个孔均 50m 深，C 楼探孔总进尺数量 430m。平均孔深 53.75m÷69.6m=77.22%。

实际三栋楼勘探孔总延米数 =175+175+430=780m。

实际与估算总数量的差异：780÷928=84.05%。

A、B 楼与 C 楼平均孔深与楼体高度之比存在差距的原因，主要由于 A、B 楼勘探孔数量较少（前文已说明，因结合二期紧邻楼栋一并布置勘探孔的原因），但单体控制性孔的数量不能减少，故控制性孔的数量相对来说占比较大，同时控制性孔的深度均较深，故其平均孔深接近于地面以上楼体高度。同时，该三栋楼位于同一场地内，其穿透湿陷性黄土层的深度应大致相当，也就意味着，相对来说 C 楼的勘探孔深度较 A、B 楼小。

分析与对比估算勘探数量与实际勘探数量，是想通过数据分析，寻找到一种在目标成本编制阶段，能够较为准确地计算勘探孔的数量与深度，从而更为准确地编制目标成本与收益的方法。

对于成本编制人员来说，要彻底搞懂勘探具体如何布孔，以及布的是什么孔，又或者孔到底要布多深才合理，均较为困难。同时，成本编制的目的是提供更为准确的数字决策作为依据，只需要将关于地质勘探要花费多少钱算明白了，就达到成本的工作目的了。

所以，重点关注点在于每个单体应布几个勘探孔，每个勘探孔估算深度多少米较为恰当。

通过上述数据分析对比，勘探孔数量完全可以依据总平图上单体的长宽尺寸较为准确地计算；勘探孔深度，按楼群施工时，除复杂地基外，每勘探孔深度可按楼体高度的 85% ～ 95% 估算；对于单体施工项目，勘探孔的深度应按此比例的上限估算。

鉴于此，在目标成本编制阶段，可将馨苑项目的地质勘探总延米暂且按照楼体高度的 90% 计算，则 A、B、C 楼的勘探总延米数 =928×90%=835.2m。

估算上述勘探孔数量与深度需要的基础资料，可在地质勘探前，从设计院给勘察单位出具岩土工程勘察技术委托书上查到，岩土工程勘察技术委托书包含的内容见表 4-9。

目标成本编制时，对勘探孔的数量与深度的计算，可通过岩土工程勘察技术委托书获取相关数据，若由于项目特殊情况，没有该技术委托书，则可以通过总平图自行计算建筑物平面尺寸，以及高度（层数 × 层高），从而可以计算出勘探孔的数量与深度。

这样就解决了勘探孔的数量与深度如何估算的问题。

接下来就是关于勘探费用的问题。

《工程勘察设计收费标准》（2002 年修订版）[26.] 表 3.3-2 ～表 3.3-5 详细规定了岩土工程勘探中不同工作内容收费方法。在实际签约时，由于收费标准规定的计费方法，由非专业人员计算时有难度，所以在签署地勘合同时，甲方双方一般会将价格转换成易于计算的单价形式，也就是通常所见的地勘合同，按照勘探孔每延米多少钱签署的样式。在成本测算时同样按照这种易于计算的方式进行，同时也属于一种市场价约定的行为。

勘探费用主要根据工程量、场地位置和勘察难易程度等综合确定。一般黄土、砂土场地成本价 85 ～ 100 元 /m；卵石地基勘探费一般在 180 ～ 350 元 /m；岩石地基可以高达 500 ～ 600 元 /m。如果场地复杂，比如坡地、水体等，勘探费用均较普通场地大幅度提高。

所以在估算勘探费用时，需要充分考虑场地地质情况，同时和勘探数量的关系也较大，一次仅勘探一栋单体和同时勘探十栋或以上的单体场地，其勘察费用不能相较而论。

馨苑项目岩土工程勘察技术委托书

表 4-9

工程名称：		建设单位：		勘察单位：	
勘察阶段：可研阶段□ 初勘阶段□ 详勘阶段 √		7. 提供地基土承载力特征值及变形参数 √		随技术要求提供：建筑物平面图 份	
勘察技术要求：（请在下列选项后边方框内画钩）		8. 提出地基处理措施建议 √		设计单位：	
1. 查明场地不良地质作用及地质灾害，评价场地稳定性√		9. 评价桩基的适宜性，提供桩基设计参数 √		项目负责人：	
2. 查明建筑场地地层结构和地基土物理力学性质 √		10. 提供基坑开挖和支护设计的建议方案及岩土参数 √		表格填写人：	
3. 查明场地黄土湿陷类型及建筑物地基湿陷等级 √		11. 提供基坑降水方案建议和计算参数 √		联系电话：	
4. 查明地下水埋藏条件和对工程建设的影响 √		其他要求：		表格填写日期：20××年××月××日	
5. 评价场地水、土对建筑材料的腐蚀性 √					
6. 确定建筑场地类别，评价场地地震效应 √					

续表

工程名称：　　　　建设单位：　　　　勘察单位：

建筑物名称	建筑物主要设计参数								建筑物基础				设备基础			
	平面尺寸（长×宽）	设计地坪标高（m）	高度（m）	地上层数	地下层数	工程等级	结构类型	差异沉降要求	基础类型	基础尺寸（m×m）	基底压力标准组合值	基础埋深（m）	基础类型	基础尺寸（m×m）	基底压力标准组合值	基础埋深（m）
户型 A	29.6×15.4	403.30	78.0	26	1		剪力墙	√	桩筏		450	6.0				
户型 E	27.8×18.2	403.30	69.6	24	1		剪力墙	√	桩筏		400	6.0				
户型 F	27.8×18.2	403.30	69.6	24	1		剪力墙	√	桩筏		400	6.0				
户型 G	27.8×16.0	403.30	46.4	16	1		剪力墙	√	桩筏		300	6.0				
户型 H	22.4×13.0	403.30	46.4	16	1		剪力墙	√	桩筏		300	6.0				
户型 I	21.2×13.1	403.30	46.4	16	1		剪力墙	√	桩筏		300	6.0				
户型 J	28.7×17.7	403.30	69.6	24	1		剪力墙	√	桩筏		400	6.0				

2. 文物普探费：

《考古调查、勘探、发掘经费预算定额管理办法》[28.]

第五条 指采用每平方米布孔 5 个的梅花点布孔法而进行的勘探工作。普通土质、孔深在 2.5m 深之内的普探定额标准以每百平方米用工数量为 6 ~ 8 工／日计算。

建设单位在施工前均应进行文物勘探工作，其宗旨是为了了解地下文物的分布及保存情况，以便更好地采取保护措施和必要的发掘清理工作。

文物普探费用主要是指文物考古业务部门对拟建设场地范围内进行文物调查及文物普探所发生的成本费用。一般情况下，若勘探完成后，在拟建设场地范围内没有发现地下文物时，文物勘探单位将协助建设方办理相关审批手续，获批后建设单位就可以开展下一步工作。

在实际进行文物勘探时，有些项目也有发现地下有文物的情况，这种情况的处理比较复杂，需要视发现的文物性质及等级而定，若发现类似某古城遗址之类需要就地保护的文物，那么这个项目基本就要终止建设了。

若发现的是可移动的或等级较低的文物，这种情况下只需要将文物清理完成，建设方就可以继续下一步工作。这就涉及另一项费用，即文物发掘与清理费。拟建设场地内发现文物时，文物发掘与清理费用需要由建设方承担。

在成本科目中，对文物发掘与清理费用没有单列成本项。主要原因在于，毕竟在建设场地内发现文物并进行漫长时间发掘与清理的项目是个别案例，成本科目是根据大多数项目的实际情况制定的。若实际发生文物发掘与清理费用，可在勘察费—其他中填写，或者在文物普探科目下增加下一级科目进行填写就可以。

文物普探的范围，是项目建设用地的土地面积范围。文物普探的收费，主要依据省、市物价财政部门关于《考古调查与勘探费问题的通知》（[98]02）以及国家计委、财政部、文物局颁发的《考古调查、勘探、发掘经费预算定额管理办法》（[90] 文物字第 248 号）取费。在双方签约时，为方便计算，通常按照文物普探的土地面积收费，约 2 元 /m²。

3. 基坑钻探：

在建筑物基坑土方开挖至坑底设计标高后，需要对基坑底进行钻探工作。

基坑钻探与文物普探工作的目的不同，开展工作的时间不同、范围不同。文物普探与地质勘查工作基本同时实施，此时拟建设场地内已进行必要的附着物清理，满足地勘设备进入场地，以及文物普探时人员具备作业面。文物普探需要在全部土地面积范围内实施。基坑钻探需要在基坑土方开挖完成后，仅在开挖完成的基坑底范围内实施，要求最外侧探孔伸出垫层外边线 500mm。基坑开挖尺寸除满足基础施工需要的工作面宽度外，还应符合基坑钻探的要求，即实际开挖尺寸大于垫层外边线 500mm 以上。

基坑钻探的主要作用是对开挖完成的基坑、基槽范围内进行钻探（或钎探），将地下一切隐蔽问题全部找出，如古墓、古井、河道、水沟、脏坑等一切问题的地质组成情况。其参照《建筑场地墓坑探查与处理暂行规程》Q/XJ l04—64 进行。

有些建设项目将此项工作包含在总承包范围内。但因基坑钻探需要由专业资质的单位实施，故总承包单位仍需要委托第三方实施。在总承包范围内时，因其费用较小，已包含在总承包合同价中，故在成本核算时，有些成本人员会将其直接归在建安工程费用中。

建安工程费主要指构成工程实体的费用，基坑钻探的本质和地质勘查类似，地勘为设计提供依据；基坑钻探同样是找出各种问题坑，为设计提供依据，未构成工程实体。故基坑钻探仍应归入前期工程中，考虑到其和地勘工作的相似性，将该子项成本科目列在勘察费科目下予以核算。

由于基坑钻探需要专业资质队伍实施，故大多数建设项目，建设方直接与基坑钻探单位签约。此时该成本项单列，易于与成本科目中对应的钻探成本进行对比。

在目标成本测算阶段，仅完成了方案设计，无施工图，无法获取基础及垫层的设计尺寸，通常先根据各个单体方案设计中的长宽尺寸，增加必要的工作面后估算基坑开挖底面积，按照开挖底面积估算基坑钻探的工作量。

前述基坑钻探工作量按照基坑开挖底面积估算，基坑开挖底面积尺寸和采用的基础形式、地基处理方法有关，馨苑项目 A、B、C 楼均采用 CFG 桩复合地基。

CFG 桩的布桩范围一般超出地下室外墙 1 ~ 2 排桩，梅花布置，桩中心间距通常为 1.2 ~ 1.3m。暂且按照最不利条件最大外放两排桩计算，则地下室外墙距离最外排桩中心线距离 2.08m（$h=\sqrt{1.2^2-0.6^2}=1.04$m，两排桩，1.04×2=2.08m），同时，CFG 桩施工时最外排桩外皮到坑底侧壁距离通常考虑 500mm 左右，以安放打桩机械。

暂按 CFG 桩桩径 400mm 计算，地下室面积通常大于首层面积，地下室外墙与首层外墙有可能在同一轴线位置，也有可能在纵、横两个方向均比首层各增加一个轴距来布置外墙，也就意味着，若沿地下室外墙尺寸计算桩外放尺寸，要大于按照首层外墙外放的尺寸。

考虑施工机械安放后的外放尺寸 L_1=2.08+0.4/2+0.5=2.78m。

若桩基顶上设计有筏板，筏板平面尺寸宽出最外排桩桩外皮 300～500mm。

筏板侧面有防水层，筏板混凝土浇筑时的支模及防水层施工均需要预留足够的工作面宽度。防水层施工需要的工作面宽度一般为 800mm 左右，大于基础混凝土支模需要的工作面宽度，故以防水层施工所需的工作面宽度尺寸计算。

考虑筏板及垂直面防水施工工作面宽度后的外放尺寸 L_2=2.08+（0.3～0.5）+0.8=3.18～3.38m＞2.78 m，暂取 3.2m。

地下车库无桩基，采用灰土换填的地基处理方式，换填范围的要求如下。

《湿陷性黄土地区建筑标准》GB　50025-2018 [27.]

6.1.6 采用地基处理措施时，平面处理范围应符合下列规定：

3. 整片处理时，平面处理范围应大于建筑物外墙基础底面。超出建筑物外墙基础边缘的宽度，不宜小于处理土层厚度的 1/2，并不应小于 2.0m。

地下室的基础，可采用筏基、条基、独基等，无论采用何种基础形式，基础外缘均超出相应的外墙外皮。在采用条基或独基时，基础外缘超出外墙皮的距离大于采用筏基时的距离。

馨苑项目地下车库拟采用独立基础施工，外墙采用条基。条基宽度通常在 1.5～2.0m 之间，若以墙厚 300mm 计算，轴线居中时基础外缘超出外墙皮为 0.6～0.85m。

则按照《湿陷性黄土地区建筑标准》GB 50025—2018 第 6.1.6 中第 3 条规定，地基处理的平面范围，在处理层厚度小于 1.5m 时，约为 2m＜超出地下室外墙皮外的距离＜2.6～2.85m。处理土层厚度＞1.5m 时，超出地下室外墙皮外的距离＞2.75m。

上述关于基坑钻探时坑底面积的计算，均是从设计角度考虑。在编制施工图预算时，定额中对于计算范围的规定如下：钻探及回填孔，按建筑物底层外边线每边各加 3m 以"m^2"计算。设计要求放宽者按设计要求计算。

首先，比较此处的外放 3m 宽度与前述各楼及地下室的平面范围外放宽度 2.6～3.2m，说明定额编制的计算依据已满足通常情况下的平面范围尺寸的要求。

其次，底层，并不是指首层。如果该建筑物无地下室时，首层即为底层；若有地下室时，地下层为底层；多层地下室时，为最下层的地下层。

在无设计要求时，通常情况下，有地下室时可以按照地下室最外侧墙皮外放 3m 计算基坑钻探面积；无地下室时按照首层外边线外放 3m 计算。

本案例中各楼地下面积与首层面积相当，暂不考虑地下面积通常大于首层面积的因素（详见表 3-1），故按照岩土勘察技术委托书给定的各楼户型尺寸（户型尺寸一般是按标准层给定的，首层到顶层均为住宅时，各层面积基本相同）计算基坑底面积。

均暂且按照 3m 外放距离，列表计算如表 4-10 所示。

馨苑项目一期基坑底面积计算表   表 4-10

楼名	户型	长（m）	宽（m）	底面积（m^2）
A 楼	I	42.4+3×2	13.1+3×2	924.44
B 楼	H	44.8+3×2	13+3×2	965.20
C 楼	J	86.1+3×2	17.7+3×2	2182.77
地下车库		46.6+3×2	111.6+3×2	6185.76
合计				10258.17

基坑钻探收费，和钻探的地质条件、钻探难度、钻探面积大小等相关，通常可按 1.0 ～ 2.0 元 /m^2 估算。

将上述计算完成的数据填入表 4-11。

馨苑项目一期勘察费计算表   表 4-11

科目编码	科目名称	计算基数	工程量	单价（元）	总价（万元）
5001.02	**前期工程费**	**建筑面积（m^2）**	48928		
5001.02.01	勘察费	建筑面积（m^2）	48928	2.46	12.06
5001.02.01.01	岩土勘测工程	勘探（延米）	835.20	100.00	8.35
5001.02.01.02	文物普探工程	土地面积（m^2）	13400	2.00	2.68
5001.02.01.02	基坑钻探	钻探面积（m^2）	10258.17	1.00	1.03
5001.02.01.97	其他	建筑面积（m^2）			

若实际实施中有初勘、详勘，在 5001.02.01.01 岩土勘测工程科目下增加下一级计算科目即可，如 5001.02.01.01.01 初步勘察、5001.02.01.01.02 详细勘察。

在表 4-11 中，5001.02.01 勘察费的"总价"由其下级科目 5001.02.01.01 ～
5001.02.01.97 的"总价"合计得来，其"单价"＝总价 ×10000÷ 工程量。

凡该科目设有下一级科目的，"单价"均不允许通过下一级科目的"单价"
相加生成，必须将下一级科目的"总价"逐项相加，用"总价"的"和"除以
"工程量"得出"单价"。因为所有的末级科目都属于计算科目。计算科目均是按
照"量""价"分离的原则编制的，其"工程量"对应的计算单位并不相同，如
表 4-11 所示，5001.02.01.01 岩土勘测工程对应的计算单位为"勘探延米"的数量，
5001.02.01.02 文物普探工程对应的计算单位为"土地面积"，而 5001.02.01 勘察
费属于上一级科目，对应的工程量单位为"建筑面积"，故对于上一级科目，一
定是由其下一级科目合计总价，反算得出单价。

这种由下一级科目总价合计后，反算得出上一级科目单价的计算原则，适用
于成本编制的全过程。

4.2.2 规划设计费

主要是指和设计工作相关的各项成本，包括设计工作本身，以及对设计的各
项审查工作所需要支出的费用。

1. 5001.02.02.01 规划设计费：主要包括控规编制费和修建性详规编制费。

（1）控规编制费：控制性详细规划费，主要发生在单宗土地面积较大的项目，
比如前文所述的 JX 项目，项目总土地面积超过 2000 亩，需要由建设方先编制控
制性规划。计费单价一般为 3000 ～ 5000 元 / 公顷。

《城市规划编制办法》（中华人民共和国建设部令第 146 号 2005 版）[29.]

第四十二条 控制性详细规划确定的各地块的主要用途、建筑密度、建筑高度、容
积率、绿地率、基础设施和公共服务设施配套规定应当作为强制性内容。

（2）修建性详规编制费：计费单价一般为 10000 ～ 26000 元 / 公顷，规划面
积越小，计费单价越高。

《城市规划编制办法》（中华人民共和国建设部令第 146 号 2005 版）[29.]

第四十三条 修建性详细规划应当包括下列内容：
（一）建设条件分析及综合技术经济论证。

（二）建筑、道路和绿地等的空间布局和景观规划设计，布置总平面图。

（三）对住宅、医院、学校和托幼等建筑进行日照分析。

（四）根据交通影响分析，提出交通组织方案和设计。

（五）市政工程管线规划设计和管线综合。

（六）竖向规划设计。

（七）估算工程量、拆迁量和总造价，分析投资效益。

《西安市城乡规划管理技术规定》（2015 版）[30.]

2.1.9 修建性详细规划成果的技术深度应该能够指导建设项目的总平面图设计、建筑设计和施工图设计，满足国家现行的相关标准、规范的技术规定。

对比《城市规划编制办法》第四十二、四十三条内容可以发现，控制性详细规划较修建性详细规划的工作量要小，故其计费单价相对修规较低。

控规、修规，在拟建设项目所在宗地面积较小时，均不发生。

2. 5001.02.02.02 建筑设计费：主要包括概念设计、方案设计、扩初及施工图设计等发生的相关成本费用。

（1）概念设计：设计院设计人员通过与建设方的设计、工程、成本、营销等相关人员讨论、研判，对拟建设项目的建筑功能、造型美观和建造条件进行协调，对建筑未来建成状态先做出一个设想的总建筑方案。

概念设计的计费标准和设计深度有关，只有在概念设计和后续的方案设计、施工图设计分属于不同的设计院时，概念设计才需要单独签署合同。

常规的、成熟的住宅类项目，一般不需要经过此设计阶段。

（2）方案设计、扩初及施工图设计：住宅类项目通常将方案设计与后续的扩初及施工图设计交由一家设计单位实施，以此减少方案设计与后续的施工图设计由不同设计院实施导致的中间衔接环节过长，且避免施工图设计偏离方案设计过大。方案与施工图合并设计时，设计费用通常也会降低。按照建筑面积计算，住宅类一般在 20 ～ 35 元 /m^2，主要视拟建设项目的设计复杂程度确定。

一般将施工图设计方称为主设计单位，主设计单位主要设计成果包括：建筑总平面图；建（构）筑物单体施工图；室外总体施工图。设计费已包含各项工作内容。

（3）外立面设计费：在项目分期较多，需要对外立面进行统一规划时，通常会另行委托一家设计单位，对各期所有建筑的外立面进行统一优化与美化设计。收费约为 5 元 / m² × 建筑面积。该费用不一定发生。

3. 5001.02.02.03 装修设计费：拟建设项目需要以精装修标准交付，精装修部分通常另行委托精装修设计单位负责设计任务。精装修设计费收费标准差距较大，住宅、商业、酒店、公寓等，视装修的繁杂程度及设计难度确定收费标准。

一般住宅内的公共部位装修较为简单，由主设计单位直接设计，不另行委托设计单位，不发生此部分成本。

4. 5001.02.02.04 景观设计费：对室外景观工程包括绿化、硬质铺装地面、水景、小品、园路等进行设计所花费的成本费用。以拟设计的景观面积为计费依据，计费标准为 15 ~ 25 元 / m² × 景观面积。

5. 5001.02.02.05 二次设计 / 专项设计费：按照实际实施的专项设计内容，分别计算专项设计费。

6. 5001.02.02.06 施工图审查：主要包括施工图审查及人防施工图审查。目前，全国已有部分省份明确取消施工图审查环节，若取消，则不再计算此项费用。部分省份尚未取消，则需要发生此项成本。

目前也有部分省份增加了 BIM 审查的要求，对于新增加的成本项，不一定非要增加成本科目。因 BIM 审查也属于前期工作，和设计有关，故仍可将 BIM 审查成本项增加在施工图审查科目下的"其他"中；或者不发生施工图审查成本，仅发生 BIM 审查成本时，将"施工图审查"科目增加备注，直接填写为 BIM 审查拟发生的成本就可以。

7. 5001.02.02.07 日照分析及审查费：日照分析一般由主体设计单位直接提供，费用已包含在施工图设计费中。个别项目需要单独进行日照分析的，需要计算日照分析费用。日照分析由主体施工图设计单位提供后，由具有资质的审查单位进行审查，需要花费的成本费用计入此成本科目。

8. 5001.02.02.08 晒图费：与设计单位签署的设计合同，一般明确由设计单位提供 8 ~ 10 份施工图纸，此部分费用已包含在设计费中。如果需要施工图纸的单位或部门较多，比如：施工单位、监理单位、建设方设计部门以及工程、成本等部门均需要施工图纸，因设计合同签署时要求设计院提供的设计图纸份数不足，需要另行加晒图纸。另行加晒图纸时，设计院按照加晒图纸数量另行收费，此加晒图纸费用计入此成本科目。

将上述相关的规划设计费进行整理，填入表 4-12 中对应的成本科目。

馨苑项目一期规划设计费计算表　　　　　　　　表 4-12

科目编码	科目名称	计算基数	工程量	单价（元）	总价（万元）
5001.02	**前期工程费**	**建筑面积（m²）**	48928		
5001.02.01	**勘察费**	**建筑面积（m²）**	48928	2.46	12.06
5001.02.02	**规划设计费**	**建筑面积（m²）**	48928	35.92	175.77
5001.02.02.01	规划设计费	建筑面积（m²）			
5001.02.02.01.01	控规编制费	建筑面积（m²）			
5001.02.02.01.02	修建性详规编制费	建筑面积（m²）			
5001.02.02.02	建筑设计费	建筑面积（m²）	48928	24.00	141.89
5001.02.02.02.01	概念设计费	建筑面积（m²）			
5001.02.02.02.02	方案设计费	建筑面积（m²）			
5001.02.02.02.03	扩初、施工图设计费	建筑面积（m²）	48928	25.00	122.32
5001.02.02.02.04	外立面设计费	建筑面积（m²）	48928	4.00	19.57
5001.02.02.03	装修设计费	建筑面积（m²）	48928		
5001.02.02.04	景观设计费	景观面积（m²）	9967.58	16.50	16.45
5001.02.02.05	专项设计费	建筑面积（m²）			
5001.02.02.06	施工图审查	建筑面积（m²）	48928	1.77	8.67
5001.02.02.06.01	施工图审查	建筑面积（m²）	48928	1.50	7.34
5001.02.02.06.02	人防施工图审查	人防面积（m²）	2212	6.00	1.33
5001.02.02.07	日照分析及审查	建筑面积（m²）	42136	1.50	6.32
5001.02.02.08	晒图费	建筑面积（m²）	48928	0.50	2.45
5001.02.02.97	其他	建筑面积（m²）			

4.2.3　可行性研究费等咨询费

主要是指建设项目前期，需要进行建设项目专题研究、编制和评估项目建议书，或者可行性研究报告，以及其他与建设项目前期工作有关的，委托第三方咨询服务单位实施上述咨询服务时，所要支出的费用。

项目建议书主要包括公司简介、项目概况、项目建设内容和规模、投资估算和资金筹措、项目实施进度、项目经济效益分析、项目总体评价等内容，提出项目建设必要性的建议。

1. 5001.02.03.01 可行性研究编制费：可行性研究需要对拟建设项目的技术可行性与经济合理性进行分析和论证。

可行性研究报告主要包括项目概况、投资分析、收益测算、设计建议等内容。可行性研究报告需与项目建议书对应，是对项目建议书的进一步深化。

可行性研究报告的编制，建设方可自行编制，也可委托有相应资质的工程咨询机构编制，属于建设项目前期工作咨询。其收费标准可参考《建设项目前期工作咨询收费暂行规定》，摘录该收费暂行规定附件 1 如表 4-13 所示。

《建设项目前期工作咨询收费暂行规定》[31.] 附件 1. 按建设项目估算投资额分档收费标准：

按建设项目估算投资额分档收费标准表

表 4-13

单位：万元

	3000 万元～1亿元	1亿～5亿元	5亿～10亿元	10亿～50亿元	50亿元以上
一、编制项目建议书	6 ～ 14	14 ～ 37	37 ～ 55	55 ～ 100	100 ～ 125
二、编制可行性研究报告	12 ～ 28	28 ～ 75	75 ～ 110	110 ～ 200	200 ～ 250
三、评估项目建议书	4 ～ 8	8 ～ 12	12 ～ 15	15 ～ 17	17 ～ 20
四、评估可行性研究报告	5 ～ 10	10 ～ 15	15 ～ 20	20 ～ 25	25 ～ 35

注：1. 建设项目估算投资额是指项目建议书或者可行性研究报告的估算投资额。
　　2. 建设项目的具体收费标准，根据估算投资额在相对应的区间内用插入法计算。
　　3. 根据行业特点和各行业内部不同类别工程的复杂程序，计算咨询费用时可分别乘以行业调整系数和工程复杂程度调整系数（见文件附表 2)。

上述收费标准仅作为参考，在市场经济模式下，合同最终签约价格还需经过双方签约主体协商，核算各自的成本，以及接受任务方对己方利润的期望值等综合确定。

2. 5001.02.03.02 市场调查费：指对拟建设项目进行市场调查所花费的成本。

当某一建设项目尚处于构想阶段时，需要通过市场调查来印证构想的可行性。

如果是厂房建设，需要充分地调研拟生产产品的市场占有率、市场需求量、厂址选择对产品原材料运进、成品运出等做全面系统的分析。

对于房地产开发项目，前期的市场调查主要是对拟建设项目产品定位类的市场研究。不同地方、不同的调查公司，收费标准不统一，主要和市场调查的范围、深度、提交调查报告的深度有关。一般在 20 万元左右。

有些开发企业内部有专业团队可自行完成市场调查工作，则开发成本中无须列支此项费用。内部人员工资费用列支在管理费中。

3. 5001.02.03.03 项目建设咨询费：除可行性研究、市场调查外的其他与建设项目前期工作有关的咨询服务所花费的成本。

成本测算时，可参照《建设项目前期工作咨询收费暂行规定》的相关收费标准，并充分结合市场实际。

4. 5001.02.03.04 环境评估费：对拟建设项目开展环境影响评价，取得环境影响评价报告所花费的成本。

5. 5001.02.03.05 土地评估费：一般在项目发生转让、引进新的项目投资人、公司合并或分立等情况下，需要对包括土地在内的资产进行评估。所花费的成本即为评估费。

此处仅指对土地评估所花费的成本。

一般由具备评估资质的专业评估机构实施。

6. 5001.02.03.06 资产评估费：一般情况下，当企业发生合并、分立、清算、投资、转让、置换、偿还债务等经济行为时，需要进行资产评估。

资产评估包括动产、不动产和无形资产等。上述的土地评估亦属于资产评估（土地属于无形资产）。

馨苑项目一期与二期合并编制了可行性研究报告，二期建设规模远超一期，故总的可研费用在一期中仅分摊计算一部分。同时与二期项目共同实施了环境评估，就此发生的两项成本，整理如表 4-14 所示。

馨苑项目一期可行性研究费等咨询费计算表　　　　　表 4-14

科目编码	科目名称	计算基数	工程量	单价（元）	总价（万元）
5001.02	前期工程费	建筑面积（m²）	48928		
5001.02.01	勘察费	建筑面积（m²）	48928	2.46	12.06
5001.02.02	规划设计费	建筑面积（m²）	48928	35.92	175.77
5001.02.03	可行性研究费等咨询费	建筑面积（m²）	48928	1.43	7.00

续表

科目编码	科目名称	计算基数	工程量	单价（元）	总价（万元）
5001.02.03.01	可行性研究编制费	建筑面积（m²）	48928	1.02	5.00
5001.02.03.02	市场调查费	建筑面积（m²）			
5001.02.03.03	项目建设咨询费	建筑面积（m²）			
5001.02.03.04	环境评估费	建筑面积（m²）	48928	0.41	2.00
5001.02.03.05	土地评估费	建筑面积（m²）			
5001.02.03.06	资产评估费	建筑面积（m²）			
5001.02.03.97	其他	建筑面积（m²）			

4.2.4　监理及审价费

主要包括设计、施工监理费及工程造价审价费等成本项。

工程建设监理，通常理解为对工程施工的监理，实际上还应包含设计监理等。

随着 BIM 技术的日渐成熟及推广应用，目前市场上提出了 BIM 监理的需求。但是对于 BIM 监理的收费，国家尚未制订相应的标准。

1. 5001.02.04.01 设计监理：设计监理，是指在设计阶段对设计项目所进行的监理工作，主要目的是保证设计质量、设计时间等。由于设计阶段基本决定了一个建设项目的建安成本的 60% ~ 75%，所有的设计构想一旦转化为施工图纸，建安成本基本就固化了。

设计监理的主要工作就是对设计图纸进行审核，使设计除满足工程质量、功能的要求外，尽可能要求设计院实现限额设计、优化设计，在设计阶段提前管控成本。

目前，一些建设单位已经意识到设计阶段对成本的影响较大，在设计阶段多提出限额设计，但是开展优化设计的还不是很多。

大多数建设项目因没有开展此项工作，故不发生此项费用。

2. 5001.02.04.02 施工监理费：工程施工监理的收费依据主要有两个：

（1）国家发展改革委、建设部关于印发《建设工程监理于相关服务收费管理规定》的通知（发改价格 [2007]670 号）；

（2）国家发展改革委《关于降低部分建设项目收费标准规范收费行为等有关问题的通知》（发改价格 [2011]534 号）。

对依法必须实行监理的建设工程施工阶段，监理收费实行政府指导价；其他工程施工阶段的监理与相关服务收费实行市场调节价。

市场价格通常有两种计费模式，一种是按照建设工程造价的一定比例计取（按照建筑面积每平方米多少钱的收费方法，实质上是将按造价比例收费直接转化成明确的数值）。一种是按照派驻项目的监理人员工资、管理费用、利润、税金的方式来核定监理费用。后一种方式计算监理费用相对烦琐，需要充分结合施工规模、施工时间予以考虑。对于派驻的监理人员，通常包括土建、电气、暖通、给水排水、精装修、园林绿化等各专业监理工程师，需要依据各专业施工的起始点开展工作，并非在项目开始动工之初全部进入施工现场。建设方与监理方通常对于上述包括总监理工程师在内的监理人员的人数、派驻时长等，存在较大分歧，故采用后一种方式计算监理费用的难度略大于前一种方式。

市场上目前多采用第一种方式计费，或按照工程造价的百分比，或按照建筑面积收费。该种计费方式简单明了。

北京、上海、成都、厦门和天津等城市，已明确部分工程项目不再强制要求实行工程监理。

《北京市住房和城乡建设委员会关于进一步改善和优化本市工程监理工作的通知》京建发 [2018] 186 号 [32.]：

一、自主决定监理发包方式，根据国家发改委发布的《必须招标的工程项目规定》（国家发展和改革委员会第 16 号令），监理服务不在必须招标范围内的，由建设单位自主决定发包方式。

二、对于总投资 3000 万元以下的公用事业工程（不含学校、影剧院、体育场馆项目），建设规模 5 万平方米以下成片开发的住宅小区工程，无国有投资成分且不使用银行贷款的房地产开发项目，建设单位有类似项目管理经验和技术人员，能够保证独立承担工程安全质量责任的，可以不实行工程建设监理，实行自我管理模式。鼓励建设单位选择全过程工程咨询服务等创新管理模式。

《成都市城乡建设委员会关于进一步优化成都市工程监理工作有关事项的通知》

成建委 [2018] 859 号 [33.]：

一、符合以下条件的社会投资项目（总建筑面积以投资项目备案为准），原则上不再强制要求进行工程监理：

（一）园区内符合区域规划环评且不涉及危险化学品等需要特殊审批的总建筑面积不大于 20000 平方米的厂房、仓储、研发楼等生产配套设施项目；

（二）总建筑面积不大于 5000 平方米、建筑高度不大于 24 米、功能单一、技术要求简单、地基基础简单的建设项目。

三、符合以上条件建设单位实施自管模式的社会投资项目，在办理施工许可时不再提供监理单位有关资料。

故在估算监理费用时，需要结合当地的政策规定、拟建设项目是否需要实施工程监理等具体情况确定。

3. 5001.02.04.03 工程造价审价费：

（1）工程造价审核费：工程造价通常是指工程的建造价格，其含义有两种。

广义，从投资者的角度而言，工程造价是指建设一项工程预期开支或实际开支的全部投资费用。

狭义，从市场交易的角度而言，工程造价是单指某一项交易价格，比如设备采购交易、建安工程承包交易等，指某一采购项的交易价格。

对建设工程投资者来说，工程造价就是项目投资。对工程承包商、材料设备供应商和设计等单位来说，工程造价是其作为市场供给主体出售商品和劳务价格的总和，或者是特指范围的工程造价，如建筑安装工程造价。

区别工程造价两种含义的目的在于工程造价审核。到底审核的是什么内容？通常情况下，大多数人将之理解为狭义的对建筑安装工程造价的审核。上述对工程造价两种含义的解释，站在建设方（投资者）的角度，工程造价审核包括两个层面：其一是对拟建设项目全部投资费用的审核；其二是对建筑安装工程概算、预算等的专项审核。

在本书 4.2 节前期工程费 .5001.02.03 可行性研究费等咨询费科目下，包含可行性研究编制费。可行性研究报告的重要依据，就是对拟建设项目的投资收益的估算，有投资估算必然存在对其的审核。故若有建设项目需要聘请第三方公司对投资估算进行审核，发生的审核费用可计列在"工程造价审核费"科目下。

最常见的工程造价审核，即狭义的对建安工程造价的审核，国家及各省市制订有相关的收费标准，一般按建安工程造价的百分比收取，具体以各地文件规定为准。

（2）工程结算审核费：此处的工程结算，通常指狭义的工程竣工结算，即工程竣工验收合格后的建筑安装工程结算价格的审核。主要是建设方对承包方上报的工程竣工结算的审核，或建设方委托第三方咨询机构对承包人的竣工结算审核。

政府投资项目，将其定义为审计，但政府投资项目的审计，不仅包括对工程竣工结算的审计，还包括建设过程跟踪审计、财务审计等工作内容。

无论是结算审核费，还是审计费，均可计列在此科目下。关于结算审核或审计的收费标准，以各省省市的文件规定为准。

馨苑项目一期监理及审价费计算表　　　　　　　　　　表 4-15

科目编码	科目名称	计算基数	工程量	单价（元）	总价（万元）
5001.02	前期工程费	建筑面积（m²）	48928		
5001.02.01	勘察费	建筑面积（m²）	48928	2.46	12.06
5001.02.02	规划设计费	建筑面积（m²）	48928	35.92	175.77
5001.02.03	可行性研究费等咨询费	建筑面积（m²）	48928	1.43	7.00
5001.02.04	监理及审价费	建筑面积（m²）	48928	42.97	210.22
5001.02.04.01	设计监理费	建筑面积（m²）	48928	0.72	3.50
5001.02.04.02	施工监理费	建筑面积（m²）	48928	22.00	107.64
5001.02.04.03	工程造价审价费	建筑面积（m²）	48928	13.50	66.05
5001.02.04.04	工程造价咨询费	建筑面积（m²）	48928	6.75	33.03
5001.02.04.97	其他	建筑面积（m²）			

4.2.5　施工准备费

指建设方为满足红线范围内场地达到七通一平（通电、通路、给水、排水、排污、通信、场地平整），使场地具备开工条件所做的各项准备工作需要花费的成本。

1. 5001.02.05.01 场地平整：建设方清理场地附着物，保证施工场地不存在施工障碍，满足施工方进场后布置生产区、生活区的需要，以及进场后可以满足高程交接、测量放线等的基本条件，使场地达到必要的平整所花费的成本。

此项费用依据场地的实际情况估算，不一定发生。

2. 5001.02.05.02 土方外运或回填：建设方清理场地附着物以及场地上的垃圾等，并将其清运出建设场地所花费的成本。或者，原场地高差较大，进行土地土方平衡后需要对场地土方进行挖填，从而产生土方的外运、外购及回填的成本。

需要明确的是，此处的挖填不是指对建筑物基坑的挖填，而仅指场地内局部地面标高高出设计室外标高较多或者低于室外设计标高较多，建设方先行挖填，使室外地坪原始标高达到或接近室外设计标高，保证施工单位进场后可以直接搭建临时设施、组织机械设备进场，为顺利开工做好准备。

3. 5001.02.05.03 清地上地下建（构）筑物等：此种情况，多发生在该宗地原附着有建（构）筑物等，建设方获得土地后需要自行拆除，由此产生的相关的管道、电缆、绿化、建（构）筑物等的清理费用。

绿化搬迁：场地上原有苗木，进行移栽所花费的成本。

电缆搬迁：场地地下有使用中的电力或通信电缆，或者地面上原有电杆、电线电缆等，影响楼位布置或施工的，需要一并移除所花费的成本。

管网搬迁：给水、排水等管道，改线移位所发生的成本。

地下暗浜处理：处理地下不良地质情况所花费的成本。暗浜特指该处地下原来是河道或河塘，后因各种原因，其上有了覆土或者其他覆盖物，从表面上看不出河道或河塘的样子，但是原地下沉积的淤泥仍然存在，必须经过地基处理后才可施工。

清地上地下建（构）筑物：场地上原有建（构）筑物及其基础拆除需要花费的成本。

4. 5001.02.05.04 临时用水：给水，从市政引水点，接入施工现场某处，砌筑水表井，安装水表、阀门等，预留现场施工需要的接入点，以满足现场施工用水及临时生活用水的需求，所花费的成本。其成本高低和施工现场距离最近的市政接入点的距离、施工现场用水量大小有关。

表后敷设至施工现场用水点，所发生的费用，属于总承包单位的施工费用，已包含在建筑安装工程费中。

5. 5001.02.05.05 临时用电：从市政电力接入点，接入施工现场变压器位置，预留现场施工用电的接入点，并安装计量电表，以满足现场施工及临时生活用电的需求，所花费的成本。其成本高低和临时用电的电源位置、供电距离、用电容量相关。

表后敷设至施工现场用电点，所发生的费用，属于总承包单位的施工费用，已包含在建筑安装工程费中。

6.5001.02.05.06 排水系统：在施工现场预留接入口，满足施工现场的临时排水、污水等，砌筑检查井、敷设管道等，将施工现场内的临时污水、雨水排放入市政雨污水接入点所花费的成本。

7.5001.02.05.07 临时道路：指将场外道路铺设到施工现场入口处，满足机械设备、材料运输等进出场地所花费的成本。

从工地入口至各施工单体需要铺设的临时道路，属于总承包单位的施工措施费—临时设施，已包含在建筑安装工程费中。

8.5001.02.05.08 临时供电设备及安装费：为满足施工现场临时用电需求，搭建临时配电房；以及购买变压器、配电柜（箱）等电气设备及安装的费用；购买并敷设电线、电缆、立电杆等所需的费用。该项成本的高低和变压器容量大小等有关。

9.5001.02.05.09 临时设施：建设方沿红线搭建临时围墙或围挡，以及布置临时办公室等所花费的成本。

此临时设施不同于总承包单位投标报价中的临时设施。总承包造价中包含的临时设施，是指施工方搭建的临时生产、生活房屋，以及按照施工平面布置图，从建设方已经提供的场地入口处的临时道路处开始，完成施工现场内到施工工作面的临时道路的铺设。

对于某一处基坑的施工围挡，属于施工单位的临时设施费。

临时围墙（含大门）：建设方沿红线，修建临时围墙及大门，使红线范围内土地形成周界围合所花费的成本。临时围墙多为砌体砌筑而成。

临时围板：除临时围墙外，局部需要采用彩钢板等搭设的临时围护设施所花费的成本。

临时办公室：在场地内布置建设方临时办公室；或者，若施工场地狭窄，现场不能满足临时生活设施的搭设，则需要临时租赁场地建设临时办公室或者直接租赁临时办公室，该项成本也属于临时办公室费用。

临时场地占用费：施工场地狭窄，不能满足施工方生产、生活房屋等临时设施以及建设方临时办公室等布置时，需要另行租赁场地，以满足布置临时生产、生活房屋等要求，由此需要支出的成本。

若在租赁场地布置钢筋加工棚等生产房屋，则总承包单位需要考虑钢筋异地加工、运至施工工作面的费用，将其包含在报价中。

在施工准备费科目下，并非所有的成本项都会发生，需要根据项目所在场地的实际情况，估算拟产生的成本项。

案例馨苑项目中，场地上有原有建（构）筑物及基础拆除、拆除垃圾清运；场地内绿化搬迁、电缆搬迁、管网搬迁；在上述拆除并外运后对场地进行的平整工作，因馨苑项目由一期、二期组成，且一期占地面积较小（一期20亩，二期占地86亩），该拆迁、清运成本是针对整个地块106亩地共同实施的，包括临时用水、临时用电、临时设施等，均与二期共用，故表4-16中填写的相关成本项，已扣减了二期应分摊的部分，仅余一期应分摊的成本。

大家在与同类项目的成本进行比较时，需要剔除本项目中两个项目共用临水、临电、临设等因素，从而使馨苑一期项目此项成本区别于仅单期项目建设时的同科目成本的指标。由此发生成本项见表4-16。

馨苑项目一期施工准备费计算表 表4-16

科目编码	科目名称	计算基数	工程量	单价（元）	总价（万元）
5001.02	**前期工程费**	**建筑面积（m²）**	48928		
5001.02.01	**勘察费**	**建筑面积（m²）**	48928	2.46	12.06
5001.02.02	**规划设计费**	**建筑面积（m²）**	48928	35.92	175.77
5001.02.03	**可行性研究费等咨询费**	**建筑面积（m²）**	48928	1.43	7.00
5001.02.04	**监理及审价费**	**建筑面积（m²）**	48928	42.97	210.22
5001.02.05	**施工准备费**	**建筑面积（m²）**	48928	47.12	230.56
5001.02.05.01	场地平整	场地面积（m²）	13400	5	6.70
5001.02.05.02	土方外运或回填	清远量（m³）	7000	80	56.00
5001.02.05.03	清地上地下建（构）筑物	建筑面积（m²）	48928	16.55	80.96
5001.02.05.03.01	绿化搬迁	场地面积（m²）	13400	2.00	2.68
5001.02.05.03.02	电缆搬迁	建筑面积（m²）	48928	5.00	24.46
5001.02.05.03.03	管网搬迁	建筑面积（m²）	48928	1.00	4.89
5001.02.05.03.04	地下暗浜处理				
5001.02.05.03.05	清地上地下建（构）筑物	建筑面积（m²）	48928	10.00	48.93
5001.02.05.03.97	其他				

续表

科目 编码	科目 名称	计算 基数	工程量	单价 （元）	总价 （万元）
5001.02.05.04	临时用水	建筑面积（m²）	48928	1.00	4.89
5001.02.05.05	临时用电（含设备）	建筑面积（m²）	48928	7.00	34.25
5001.02.05.06	排水系统	道路面积（m²）	450	50	2.25
5001.02.05.07	临时道路	道路面积（m²）	450	400	18.00
5001.02.05.08	临时供电设备及安装费	建筑面积（m²）			
5001.02.05.09	临时设施	建筑面积（m²）	48928	5.62	27.50
5001.02.05.09.01	临设围墙	延米	350	500	17.50
5001.02.05.09.02	临设围板	延米			
5001.02.05.09.03	临设办公室	建筑面积（m²）	200	500	10.00
5001.02.05.09.04	临设场地占用费	场地面积（m²）			
5001.02.05.09.97	其他	建筑面积（m²）			
5001.02.05.97	其他	建筑面积（m²）			

4.2.6　测绘费

测绘，即测量、绘图。测绘费，对场地、房屋等进行测量、绘图等工作需要花费的成本。

5001.02.06 测绘费：

（1）5001.02.06.01 场地测绘及地籍测量：地籍测量是对土地进行确权，它与专业测量不同。地籍测量，就是确定宗地的权属线、位置、形状、数量等地籍要素而进行的对土地测量和面积计算工作（关于地籍要素可查看前文 JX 项目土地证 1 及土地证 2），最后获得重要的成果之一：地籍图。

此项工作主要为土地登记、核发土地证书提供依据。也就是说，在核发土地证之前完成地籍测量，然后核发土地证。

地籍测量的主要工作内容包括地籍平面控制测量、土地界址点测定、地籍图测绘、土地面积计算等。见表 4-17。

某项目地籍测量成果表（部分）　　　　表 4-17

20××年××月××日宗地面积测量成果表

序号	地籍编号	净用地		代征路		绿化带	
		面积	亩数	面积	亩数	面积	亩数
1	WY1-2-1-4	81241.3	121.862				
2	WY1-2-1-5	126823.4	190.235	13069.8	19.605		
3	WY1-2-1-6	27819.5	41.729	12296.9	18.445		
4	WY1-2-1-7	91254	136.881	12190.1	18.286	6911.9	10.368
5	WY1-2-1-8	273068.6	409.603	39228.5	58.842	12898.9	19.348
6	WY1-2-1-9	41594.6	62.392	13146.8	19.72		
7	WY1-2-1-10	73441.2	110.162	7574.8	11.362	7450	11.175
8	WY1-2-1-11	104366.9	156.55	25162.9	37.745	11007.4	16.511
9	WY1-2-1-12	2291.8	3.438	7282.3	10.923	1558.1	2.337
	……						

地籍测量收费标准和图幅比例大小、测量点位的多少有关。

该项费用由土地使用者承担，即获得土地使用权的建设方。

前文已详细解释项目建设用地面积不一定等于土地证上载明的土地面积，因土地证上载明的面积还包含代征地的面积。但是，代征地不属于建设方可使用的土地，项目建设必须在建设用地范围内实施，故需要对实际可使用的项目建设用地面积进行场地测绘。地籍测量是确定土地证中的土地界址，场地测绘是确定项目建设用地界址。场地测绘工作完成后，将测绘成果提供给设计院，设计院在做规划设计时，严格按照项目建设用地范围的界线进行建筑物布置。

地籍测量工作在先，场地测绘工作在后，可由同一家专业测绘公司实施。

（2）5001.02.06.02 红线定界费、规划定线费：红线，一般指各种用地的边界线。

建筑红线：也称建筑控制线，指城市规划管理中，控制城市道路两侧沿街建筑物或构筑物（如外墙、台阶等）靠临街面的界限。任何临街建筑物或构筑物不得超过建筑红线。

红线定界：在房地产开发项目中，多指建筑控制线的界线确定。它与场地测绘的实施方不同，场地测绘由建设方自行委托第三方专业测绘单位实施；红线定界，由城市规划管理部门审核性实施。

规划定线：依据经规划审批的总平面图，核准建筑物数量（通过建筑物定线点定线测量，设置定线桩，定线完成后向建设方现场移交—交桩）、道路红线定线测量、红线退让、建筑间距退让等。

具体是否收费以及收费标准，按照各地的规定执行。

（3）5001.02.06.03 预售面积测绘费：预售面积测绘，又称为分户预售测量，一般在工程主体达到 ±0.00 以后进行预测。由于此时 ±0.00 以上房屋主体尚未施工，故分户预售的测绘和计算依据有：一是《房产测量规范》GB/T 17986.1—2000；二是工程施工图纸。

商品房预售，必须具备一定的条件。

《中华人民共和国房地产管理法》[23.]

第四十五条 商品房预售，应当符合下列条件：

（一）已交付全部土地使用权出让金，取得土地使用权证书；

（二）持有建设工程规划许可证；

（三）按提供预售的商品房计算，投入开发建设的资金达到工程建设总投资的百分之二十五以上，并已经确定施工进度和竣工交付日期；

（四）向县级以上人民政府房产管理部门办理预售登记，取得商品房预售许可证明。

商品房预售人应当按照国家有关规定将预售合同报县级以上人民政府房产管理部门和土地管理部门登记备案。

商品房预售所得款项，必须用于有关的工程建设。

依据上述规定，取得预售许可证明的必要条件之一，便是由专业机构对预售面积进行测量，然后对房地产开发单位颁发预售许可证，只有取得预售许可证的房屋才可进行预售。

房地产开发项目中的商品住宅、商铺等在销售前，根据国家规定，由房地产主管机构认定具有测绘资质的房屋测量机构，主要依据施工图纸、实地考察和国家测量规范等对期房预售提供参考预售面积，它是房地产开发公司进行合法销售的面积依据。

其收费标准和房屋的类别有关。按照表 4-18 分丘分户测量收费标准以及表 4-19 分层分户测量收费标准，减半收取预测面积的测量费用。

（4）5001.02.06.04 竣工面积测绘费：竣工面积测绘，是指商品房竣工验收后，经相关主管部门审核合格，建设方依据国家规定，委托具有专业测绘资质的房屋测量机构，参考图纸、预测数据及国家测绘规范的规定对楼宇进行实地勘测、绘图、计算后得出的面积，此面积也是办理产权证的依据。

该内容包含两个层面的测绘，其一是产权初始登记（即办理"大证"）时的分丘分户测量，以"幢"为单位，测算、图示丘内相关建筑物的建筑面积、丘内总建筑面积、土地面积及其他规定内容。

所谓丘，是指地表上一块划定有边界空间的地块。也就是本书 3.3 节规划指标中提到的宗地、地块。

申请人应提交的资料如下：

① 宗地成果表、土地证及建筑用地规划许可证；

② 验线单或定点图；

③ 建筑施工许可证；

④ 建筑工程规划许可证；

⑤ 建审图；

⑥ 其他必要的相关文件。

某市产权初始登记测量收费标准见表 4-18。

分丘分户测量收费标准 表 4-18

类型		单位	Ⅰ类	Ⅱ类	Ⅲ类
土地面积	1:1000	元/m²	0.246	0.306	0.385
	1:500	元/m²	0.273	0.340	0.426
建筑面积		元/m²	1.30		
说明			Ⅰ类：房屋建筑占图面 35% 以内，排列整齐的城镇和工矿区 Ⅱ类：房屋建筑占图面 35%～50%，排列不太整齐的城镇和工矿区 Ⅲ类：房屋建筑占图面 50% 上，排列杂乱的地区		

产权初始登记测量不仅包含可售房屋，也包含不可售房屋的测量。因为，虽然配电房、人防地下室等不可销售，但其产权属于该项目的开发企业，需要登记在该开方商名下。故产权初始登记包含当期开发的所有房屋面积。

馨苑项目产权初始登记的分丘分户测量费用（暂按 1:500 比例）：

①土地面积测量 13400m² × 0.273 元/m²=0.37 万元；

②房屋面积测量 48928m² × 1.30 元/m²=6.36 万元；

③成果资料费 20 套 ×65 元 / 套 =0.13 万元。

成果资料费套数计算：暂按 4 套 / 幢，共 5 幢单体。A、B、C 楼各 1 幢共 3 幢，配电室 1 幢，独立地下车库 1 幢。人防地下室设置于 A、B、C 楼各单体地下，在出具 A、B、C 楼测量成果时，在成果表上将人防地下室面积单独载明，但是人防地下室不单独出具成果测量表。

其二是产权转移登记（即办理"小证"）时的分层分户测量。以"幢"为单位，测算幢内各产权单元的建筑面积。

申请人应提交资料如下：

① 分丘平面图；

② 标准层施（竣）工图；

③ 有证房屋应提交《房屋所有权证》。

测量收费标准见表 4-19。

分层分户测量收费标准 表 4-19

类型	单位	I 类	II 类	III 类
建筑面积	元 /m²	1.30	2.00	2.70
说明	I 类：住宅用房 II 类：商业楼用房 III 类：多功能综合楼用房			

测绘成果图资料费，未包含在上述费用中，需要另行收费，1：500 的 65 元 / 套，1：1000 的 92 元 / 套。

在成本测算时，因资料费未单列成本科目，可将该费用包含在预售面积测算费及竣工面积测绘费中，将二者的单价增加资料费后予以适当地提高即可。在本案例计算时，采取增加计算行（非成本科目行）的方式，为大家清晰地展示计算过程。

馨苑项目产权转移登记的分层分户测量费用（暂按 1：500 比例）：

①房屋面积测量 46596m² × 1.30 元 /m²=6.06 万元；

②成果资料费 16 套 ×65 元 / 套 =0.10 万元。

在分丘分户测量时，需要对全部房屋面积 48928m² 进行测量；在分层分户测量时，仅需要对产权转移的房屋（A、B、C 楼地上可售部分的建筑面积、独立地下车库的建筑面积）面积 46596m² 进行测量。见表 4-20。

馨苑项目一期测绘费计算表   表 4-20

科目编码	科目名称	计算基数	工程量	单价（元）	总价（万元）
5001.02	前期工程费	建筑面积（m²）	48928		
5001.02.01	勘察费	建筑面积（m²）	48928	2.46	12.06
5001.02.02	规划设计费	建筑面积（m²）	48928	35.92	175.77
5001.02.03	可行性研究费等咨询费	建筑面积（m²）	48928	1.43	7.00
5001.02.04	监理及审价费	建筑面积（m²）	48928	42.97	210.22
5001.02.05	施工准备费	建筑面积（m²）	48928	47.12	230.56
5001.02.06	测绘费	建筑面积（m²）	48928	4.30	21.03
5001.02.06.01	场地测绘及地籍测量	土地面积（m²）	13400	5	0.67
5001.02.06.02	红线定界费规划定线费	建筑面积（m²）	48928	0.15	0.73
5001.02.06.03	预售面积测算费	建筑面积（m²）	48928	1.35	6.61
5001.02.06.04	竣工面积测绘费	建筑面积（m²）	48928	2.66	13.02
分丘分户测量	土地面积测绘	土地面积（m²）	13400	0.273	0.37
分丘分户测量	房屋面积测绘	建筑面积（m²）	48928	1.30	6.36
分丘分户测量	成果资料费	套数	20	65.00	0.13
分层分户测量	房屋面积测绘	建筑面积（m²）	46596	1.30	6.06
分层分户测量	成果资料费	套数	16	65.00	0.10
5001.02.06.97	其他	建筑面积（m²）	48928		

4.2.7 监测及试桩、桩基等测试费

5001.02.07 监测及试桩、桩基等测试费：

（1）5001.02.07.01 管线监测费：施工场地或周边有地下管线通过时，施工过程中需要对管线进行监测（如某项目宗地内有黑河引水管线通过，规划设计时需要沿管线两侧退让足够的距离，并且在施工过程中全程对引水管线进行监测），随时根据监测资料调整施工程序或方案，以防止管线发生位移、沉降等，确保建筑物周边管线的安全。

馨苑项目未发生此项成本。

检测，主要包括桩基础、复合地基、换填地基，以及其他地基的检测。

对上述各项地基检测所花费的成本，计入对应的检测成本科目中。

（2）5001.02.07.02 灰土垫层检测：地基处理采用灰土、砂石、素土、水泥土等换填，需要对换填完成后的地基进行静载荷试验及密实度检测所发生的费用。每 1000 m² 以内检测 3 点，超过 1000 m² 后，每增加 300 m²，增加一个检测点；不足 300 m² 的，按 300 m² 计。每单体换填地基的检测点不少于 3 个。

馨苑项目地下车库采用灰土换填，在前文计算基坑钻探面积时，是以灰土垫层的尺寸为依据计算的。在目标成本测算时，前后数据要保持统一性，比如基坑开挖底面积、基坑钻探面积、灰土垫层面积，都采用的是同一数据，即基坑开挖底面积。这一数据采用原则适用于目标成本编制的全过程。必须保证数据的前后一致及闭合。

同理，灰土垫层检测点数和垫层面积相关，前文已计算灰土垫层面积 6185.76m²，按照上述检测点位布置原则计算：1000m² 以外，每 300 m² 检测 1 点。

（6185.76−1000）÷300=18 点

1000m² 内检测 3 点，共计 18+3=21 点。

市场价格 2000 ～ 3000 元 / 点。

（3）5001.02.07.03 桩基工程检测（含复合地基）：

桩基础：根据不同的分类方法有不同的种类，可分为灌注桩和预制桩；也可分为摩擦桩、端承桩、摩擦端承桩、端承摩擦桩等。

灌注桩的检测一般包含：承载力（包含静载、高应变）、完整性、成孔质量检测三个主要的大项。

预制桩与灌注桩相比不需要成孔质量检测。

桩基承载力的检测在试桩阶段一律采用静载实验（根据实验方法可包含锚桩法、堆载法、自平衡法，或多重相结合的方法等）。

工程桩检测阶段需要根据地基基础设计等级及桩型确定，甲级的、端承桩的需采用静载实验检测，其余适用高应变检测条件的可采用高应变。对于大直径或承载力过大采用静载检测困难时，可采用深层平板、自平衡等方法来检测。

静载试验的检测数量应为总桩数的 1% 且不少于 3 根，总桩数少于 50 根时可为 2 根。高应变检测数量为总桩数的 5%。这里所说的总桩数指单位工程中同一类型的桩的总数量，不同桩型或设计参数的桩需要单独计算。

复合地基：根据复合地基中置换体（桩）的性质，可分为刚性桩复合地基（CFG、旋喷桩等）和柔性桩复合地基（灰土挤密桩、振冲桩等）。刚性桩复合地基检测包括单桩承载力、复合地基承载力和桩身完整性。柔性桩复合地基检测包括复合地基承载力、桩身质量（压实程度或密实程度）、桩间土密实程度等。

刚性桩复合地基静载检测数量为单桩＋复合为1%，但各不少于3个。低应变检测数量为桩数量的20%。

柔性桩复合地基静载检测数量可按总桩数或地基处理面积计算，但通常情况下按照地基处理面积计算的数量较少。按规定，一般500 m² 以内检测3点，超过500 m² 后，每增加300 m² 增加一个检测点，不足300 m² 的，按300 m² 计算。桩身检测按等级不同，取总桩数的1%～1.5%的数量进行检测。

桩基础检测费：锚桩静载根据承载力计算，6000～30000元/根，通常在7000～12000元/根。堆载静载的价格差异较大，一般可按35～50元/t计算，检测数量少的时候该费用要增加。低应变检测约30～60元/根，测孔500元左右，高应变2000～5000元/根，刚性桩复合地基检测静载一般6000～12000元/根，柔性桩复合地基与换填地基检测费用接近，约2000～3000元/根。

分析桩基检测费用可以发现，要计算桩基检测费，先要知道有多少根桩。相同的楼栋，若采用不同的灌注桩、预制桩、CFG桩，则桩数量的设置相差较大。

馨苑项目A、B、C楼均采用CFG桩复合地基，在湿陷性黄土地区，CFG桩桩径多采用400mm，有效桩长一般在15m左右。但是，桩的数量在方案阶段尚缺失，但是目标成本测算时又必须有这个基础数据。可以总结分析之前类似项目桩基布置的数量，分析该数量与建筑物面积或者底面积的关系，估算出桩的数量，满足目标成本测算的要求。

各楼桩基及检测数量估算如下（表4-21）：

① 桩基数量 = 各楼地下面积 ×CFG桩系数；

② 静载试验数量 =CFG桩数量 ×1%，每单体不小于3根；

③ 低应变检测数量 =CFG桩数量 ×20%。

馨苑项目一期桩基及检测数量估算表　　　　　　　表4-21

楼栋	地下面积 m²	CFG桩系数	CFG桩数量	静载试验 1%	低应变 20%
A楼	504	0.5 根 /m²	252	4	51
B楼	592	0.5 根 /m²	296	4	60
C楼	1116	0.8 根 /m²	894	10	180
合计			1442	18	291

（4）5001.02.07.04试桩费：

试桩：在工程桩施工前，根据地质勘查报告，先进行初步的桩型选择并施工完成后，对试桩进行检测，根据试桩检测报告调整工程桩的桩径、有效桩长、承载力等设计参数。由此发生的相关成本，计入试桩费用中。

（5）5001.02.07.05 沉降观测：沉降观测，指对建筑物的高程变化所做的测量。一般层数在两层以上的建筑物需要进行沉降观测。

需要在场地设置水准基点，在建筑物上设置沉降观测点。场地水准基点由观测单位设置，达到通视良好的条件。建筑物上的沉降观测点由主体结构施工单位按照主体施工图预埋。

民用建筑：从施工至 ±0.00 开始观测，每增高一层观测一次，按建筑物总层数进行观测，加起算点（±0.00）的观测 1 次。每单体观测次数 =1+ 层数

工业建筑：按不同施工阶段（回填基坑、安装柱子和屋架、砌墙主体、设备安装等）分别进行观测。

主体封顶后，每季度观测一次，期限一年，每单体观测次数 =4 次。

第二年每半年观测一次，期限一年，每单体观测次数 =2 次。

通过观测，建筑物已达到稳定即告完成。

对于砂土地基、黏性土地基、软土地基等，要求的观测期限不同。一般砂土地基观测时间最短，为两年。

在观测过程中，当建筑物沉降出现异常情况时，需要及时向建设方提供口头或文字资料，以便及时进行处理，根据需要可增加观测次数。

沉降观测完成后，需要测绘建筑物竣工平面图，比例尺为 1∶1000，或 1∶500，该平面图主要是准确显示所观测建筑物与四周固定建筑物和现状道路的关系。

馨苑项目沉降观测计算：

A 楼：16 层，共计观测 23 次。

±0.00 开始观测，每增高 1 层观测 1 次，加 ±0.00 起算点共观测 1+16=17 次；

主体封顶后，观测 1 次 / 季度，期限 1 年，共 4 次；

第二年，每半年 1 次，期限 1 年，共 2 次。

B 楼：16 层，观测次数同 A 楼，计 23 次。

C 楼：24 层，共计观测 31 次。

±0.00 开始观测，每增高 1 层观测 1 次，加 ±0.00 起算点共观测 1+24=25 次；

其余阶段观测次数同 A 楼。

三栋楼观测次数总计：23+23+31=77 次

沉降观测合同签署时，一般将价格转换为按照观测次数计算的方式，易于双方核算，故成本估算时采用和合同签署时相同的计价模式估算成本。

观测费用和每次同时观测的单体数量、现场地形起伏、通视条件是否良好有关，一般 500 ~ 800 元 / 次。若地形起伏较大，通视条件差，观测时需要多次转测，则该价格需要视实际情况予以调整。

（6）5001.02.07.06 避雷测试费：指避雷随工检测及竣工检测。随工检测，从地下室筏板（或基础）开始绑扎钢筋时开始检测，对基础防雷、中间楼层防雷、天面防雷、等电位连接以及电源避雷器等均需要进行随工检查或检测。

具体检测通常包含以下部位或内容：

①完成桩基础，开始绑扎承台、地梁钢筋时；

②完成地梁浇注，开始绑扎柱钢筋时；

③完成柱的浇注，开始首层板筋绑扎时；

④每次均压环施工或焊接完均压环时；

⑤焊接完天面避雷网格、天面避雷带、避雷针时；

⑥完成对大楼金属门窗、玻璃幕墙等大的金属物体的等电位处理时；

⑦完成对低压配电、供水系统等设施及金属物体安装时。

每一阶段检测完成，填写《防雷装置施工质量随工跟踪检测表》。

该项费用按照建筑面积收费，约 1.0 元 /m²。将各项检测及测试费用整理完成见表 4-22。

馨苑项目一期监测、检测费计算表   表 4-22

科目 编码	科目 名称	计算基数	工程量	单价 （元）	总价 （万元）
5001.02	前期工程费	建筑面积（m²）	48928		
5001.02.01	勘察费	建筑面积（m²）	48928	2.46	12.06
5001.02.02	规划设计费	建筑面积（m²）	48928	35.92	175.77
5001.02.03	可行性研究费等咨询费	建筑面积（m²）	48928	1.43	7.00
5001.02.04	监理及审价费	建筑面积（m²）	48928	42.97	210.22
5001.02.05	施工准备费	建筑面积（m²）	48928	47.12	230.56
5001.02.06	测绘费	建筑面积（m²）	48928	4.34	21.25
5001.02.07	监测及试桩桩基测试费	建筑面积（m²）	48928	9.20	45.00
5001.02.07.01	管线监测费	建筑面积（m²）	48928		
5001.02.07.02	灰土垫层检测	检测点数	21	2500	5.25

续表

科目 编码	科目 名称	计算基数	工程量	单价 （元）	总价 （万元）
5001.02.07.03	桩基工程检测	建筑面积（m²）	48928	4.63	19.46
计算行	静载式样	根数	18	10000	18.00
计算行	低应变检测	根数	291	50	1.46
5001.02.07.04	试桩费	根数	49	2200	10.78
5001.02.07.05	沉降观测	观测次数	77	600	4.62
5001.02.07.06	避雷测试	建筑面积（m²）	48928	1.00	4.89
5001.02.07.97	其他	建筑面积（m²）	48928		

4.2.8　项目招标投标费用

项目招标投标费用指通过招标选择设计、勘察、施工、监理等单位所花费的相应成本，同时包括招标代理费。

1. 5001.02.08.01 ～ 04 设计、勘察、施工、监理：除招标代理费外，设计、勘察、施工、监理单位招标花费的成本。

《中华人民共和国招标投标法》（2017 修订版）[34.]

第三条 在中华人民共和国境内进行下列工程建设项目包括项目的勘察、设计、施工、监理以及与工程建设有关的重要设备、材料等的采购，必须进行招标：

（一）大型基础设施、公用事业等关系社会公共利益、公众安全的项目；

（二）全部或者部分使用国有资金投资或者国家融资的项目；

（三）使用国际组织或者外国政府贷款、援助资金的项目。

政府投资项目或国有项目，施工、监理等单位招标均需通过政府有形市场，需要缴纳相关的费用。

2. 5001.02.08.05 招标代理费：指建设方委托第三方招标代理机构，实施设计、勘察、施工、监理以及材料设备采购招标时，需要支付给第三方招标代理机构的拟招标项目招标代理全过程所需的全部费用。

招标代理费用的价格各地标准不一，有按工程造价的一定比例收费的，也有按照单项收取固定费用的。具体和代理的工作范围有关。本次暂按单项费用计列，主要是施工、监理招标代理费。见表 4-23。

馨苑项目一期招投标费计算表

表 4-23

科目编码	科目名称	计算基数	工程量	单价（元）	总价（万元）
5001.02	前期工程费	建筑面积（m²）	48928		
5001.02.01	勘察费	建筑面积（m²）	48928	2.46	12.06
5001.02.02	规划设计费	建筑面积（m²）	48928	35.92	175.77
5001.02.03	可行性研究费等咨询费	建筑面积（m²）	48928	1.43	7.00
5001.02.04	监理及审价费	建筑面积（m²）	48928	42.97	210.22
5001.02.05	施工准备费	建筑面积（m²）	48928	47.12	230.56
5001.02.06	测绘费	建筑面积（m²）	48928	4.34	21.25
5001.02.07	监测及试桩桩基测试费	建筑面积（m²）	48928	9.20	45.00
5001.02.08	项目招标投标费用	建筑面积（m²）	48928	3.07	15.00
5001.02.08.01	设计	建筑面积（m²）			
5001.02.08.02	勘察	建筑面积（m²）			
5001.02.08.03	施工	建筑面积（m²）	48928	0.61	3.00
5001.02.08.04	监理	建筑面积（m²）	48928	0.41	2.00
5001.02.08.05	招标代理费	建筑面积（m²）	48928	2.04	10.00
5001.02.08.97	其他	建筑面积（m²）			

4.2.9 质监费及各项验收费

1. 5001.02.09.01 质监费：指质量监督费，已取消。

2. 5001.02.09.02 环境检测费：指室内环境空气质量检测。主要检查项目包括甲醛、氨、苯、氡、TVOC（总挥发性有机化合物）五项有害气体检测。

检测数量：按照房屋总房间数量的 5% 抽检，每房间检测 5 个点。若每户型均为两室两厅一卫一厨，则每户型形成围合空间的房间数量共 5 间（两厅属于一个围合空间），此种户型下，检测数量 = 总户数 ×5%×5 点 = 总户数 ×25%。

在同一期建设项目中，若各楼户型差异较大（比如三室、四室等），则需要按照各楼的户型分别计算房间数量，然后按照房间总数量的 5% 计算环境检测的点数。

馨苑项目各楼户型相当，为简化计算，暂按总户数的 25% 计算检测数量。检

测数量 =344 户 ×25%=86 点。

室内环境空气质量检测尚无国家统一收费标准，涉及具体的建设项目，可查看当地省、市物价局对于室内环境空气质量检测有无制定相关收费标准，可参照执行。

馨苑项目执行当地市场价格，约 800 元 / 点。

3. 5001.02.09.03 电梯检测费：指电梯安装调试完成，通过当地负责特种设备安全监督管理部门的检测及验收的费用。

通常在签署电梯设备及安装合同时，已将该费用包含在电梯安装合同价中，故一般不再单列此成本项。除非建设方另行委托专业检测机构对电梯进行检测。

4. 5001.02.09.04 规划验收测定费：规划验收，法取得建设工程规划许可证的建设工程，已竣工并完成竣工测量，可以申请规划验收，验收通过颁发规划合格证。

该费用是否收取，查看建设项目所在地的具体规定。

5. 5001.02.09.05 二次供水水箱清洗和消毒卫生保洁：

二次供水：是指对来自集中式供水的饮用水进行储存、加压，通过管道再输送至用户的供水方式。多数高层建筑设有屋顶水箱，将水输送至屋顶水箱后，再用水箱的水完成对住户的供水。

在水箱及管道安装调试完成后，需要对水箱及管道进行冲洗、消毒等，以保证出水水质满足生活饮用水标准。

通常在签署水箱采购及安装合同时，已在合同中约定，水箱安装完成后必须予以清洗，达到生活使用标准，该费用也已包含在水箱采购及安装的价格中，和电梯检测费用类似。为了与后期合同执行阶段成本科目保持一致，通常不再单列此成本项。

6. 5001.02.09.06 二次供水水质测试：在完成二次供水水箱清洗和消毒等工作后，需要对二次供水的水质送至专业检测机构，进行水质合格性检测。

类似于水箱清洗，通常不再单列此成本项。除非建设方另行送检。

本次在计算时，暂将上述各项检测费单列（表 4-24）。

馨苑项目一期质监费及各项验收费计算表　　　　表 4-24

科目编码	科目名称	计算基数	工程量	单价（元）	总价（万元）
5001.02	前期工程费	建筑面积（m²）	48928		
5001.02.01	勘察费	建筑面积（m²）	48928	2.46	12.06

续表

科目编码	科目名称	计算基数	工程量	单价（元）	总价（万元）
5001.02.02	规划设计费	建筑面积（m²）	48928	35.92	175.77
5001.02.03	可行性研究费等咨询费	建筑面积（m²）	48928	1.43	7.00
5001.02.04	监理及审价费	建筑面积（m²）	48928	42.97	210.22
5001.02.05	施工准备费	建筑面积（m²）	48928	47.12	230.56
5001.02.06	测绘费	建筑面积（m²）	48928	4.34	21.25
5001.02.07	监测及试桩桩基测试费	建筑面积（m²）	48928	9.20	45.00
5001.02.08	项目招标投标费用	建筑面积（m²）	48928	3.07	15.00
5001.02.09	质监费及各项验收费	建筑面积（m²）	48928	5.01	24.49
5001.02.09.01	质监费（已取消）	建筑面积（m²）	48928		
5001.02.09.02	环境检测费	检测点数	86	800	6.88
5001.02.09.03	电梯检测费	建筑面积（m²）	48928	1.00	4.89
5001.02.09.04	规划验收测定费	建筑面积（m²）	48928	2.00	9.79
5001.02.09.05	二次供水水箱清洗消毒	建筑面积（m²）	48928	0.50	2.45
5001.02.09.06	二次供水水质测试	建筑面积（m²）	48928	0.10	0.49
5001.02.09.97	其他	建筑面积（m²）	48928		

4.2.10　其他规费

5001.02.10 其他规费：指需要缴纳给政府相关部门的报批报建费用。各地收费标准不同，具体缴纳标准以各地的文件规定为准。

1. 5001.02.10.01 人防易地建设费：根据《中华人民共和国人民防空法》的规定，落实建设人防工程经费由社会负担的义务。国家规定新建、扩建、改建 10 层（含）以上或基础埋置深度 3m 以上的民用建筑，按照地面首层建筑面积修建 6 级（含）以上防空地下室；新建多层（10 层以下）居民住宅楼，地上总面积 2000m² 以上项目，按照地面首层建筑面积修建 6B 级防空地下室；新建多层（10 层以下）非住宅楼，地上总面积 2000 m² 以上项目，一类设防区按照地上总建筑面积 5% 修建 6 级（含）以上防空地下室，三类设防区按照地上总建筑面积的 3% 修建 6 级（含）以上防空地下室。

确因地质条件限制不能同步配套修建防空地下室，项目地上总建筑面积在1000 m² 以上建设项目，经人防主管部门审批同意后，缴纳人防工程易地建设费，由政府统一易地建设。

《西安市"结建"人防工程建设审批管理规定》
（西安市人民防空办公室　2018 年 9 月 13 日）[35.]

第十二条 易地建设费收费标准

一类设防区 6 级防空地下室的易地建设费收费标准为应建人防面积每平方米 1500元（10 层以下非住宅类按地上总建筑面积 8% 计算应建人防面积）；6B 级防空地下室的易地建设费收费标准按地面建筑面积的 8% 计算，每平方米收费标准为 900 元。

三类设防区 6 级防空地下室的易地建设费收费标准为应建人防面积每平方米 1000元（10 层以下非住宅类按地上总建筑面积 5% 计算应建人防面积）；6B 级防空地下室的易地建设费收费标准按地面总建筑面积的 5% 计算，每平方米收费标准为 600 元。

2.5001.02.10.02 劳保统筹费：

《陕西省建筑业劳保费用行业统筹管理实施细则》
（陕建发〔2016〕290 号）[36.]

劳保统筹费是指施工企业为从业人员（含农民工）缴纳社会养老保险费和支付离休人员离休费用、六十年代精简职工生活补助费、遗属生活困难补助费、困难职工生活补助及统筹机构工作经费等规定在劳保费用中列支的其他费用。

部分省份和陕西省一样，规定该项劳保费用实行行业统筹管理，统一向建设单位收取，统一向施工企业返还拨付的政策。凡实行该政策的省份，政府工作主管部门在建设方办理相关手续时要求建设方将此部分费用提前代缴。故施工方报价及签约时要在税后扣减养老保险统筹费。

也有省份规定，建设方不代缴该费用，直接包含在工程造价中，凡此种规定的省份，养老保险统筹费用不在 5001.02.10.02 劳保统筹费科目中计列，直接包含在建安工程费中。

3.5001.02.10.03 散装水泥专项基金：原以建筑面积按 1.5 元 /m² 向代征部门预缴，预缴散装水泥专项资金的单位，在工程竣工之日起 30 日内，凭有关部门批准的工程结算以及购进水泥原始凭证等资料经市散装水泥办公室和同级材质部门核实无误后办理预缴散装水泥专项资金清算手续，多退少补。

《关于取消、停征和整合部分政府性基金项目等有关问题的通知》
（财税 [2016] 11 号，自 2016 年 2 月 1 日起执行）[37.]

四、将散装水泥专项资金并入新型墙体材料专项基金。停止向水泥生产企业征收散装水泥专项资金。将预拌混凝土、预拌砂浆、水泥预制件列入新型墙体材料目录，纳入新型墙体材料专项基金支持范围，继续推动散装水泥生产使用。

财税 [2016]11 号的规定，不是"取消"散装水泥专项基金，而是将其并入新型墙体材料专项基金中。

4. 5001.02.10.04 新型墙体材料专项费用：原以建筑面积按 10 元 /m^2 向代征部门预缴，在工程竣工后申请清算，程序同散装水泥专项基金。

财政部《关于取消、调整部分政府性基金有关政策的通知》
（财税 [2017] 18 号，自 2017 年 4 月 1 日起执行）[38.]

一、取消城市公用事业附加和新型墙体材料专项基金。以前年度欠缴或预缴的上述政府性基金，相关执收单位应当足额征收或及时清算，并按照财政部门规定的渠道全额上缴国库或多退少补。

结合财税 [2017]18 号文规定，散装水泥专项基金与新型墙体材料专项费用同时取消。

5. 5001.02.09.05 住宅及公建建设配套费：城市配套费，用于城市规划区范围内的城市道路、桥涵、供水、排水（排污、排洪）、公共交通、道路照明、环卫绿化、垃圾处理、消防设施及天然气、集中供热等城市市政公用设施建设。

各省市关于城市配套费的缴纳标准差异较大。一般按建筑面积，每平方米缴纳多少钱收取。不宜按建筑面积计收的，按总造价的百分比收取。该费用由建设方统一向项目所在地代征部门缴纳，代征部门统一收取后，再向不同的市政配套建设单位按比例拨付。

城市配套费中天然气、集中供热、消防基础设施建设费所占比例分别为 10%、12%

和 3%，其余部分全部用于其他市政公用设施建设（注：陕西省西安市标准）。

6. 5001.02.10.06 廉租房易地建设费：根据规定新开发的商品房小区必须按住宅面积的 5% 配建保障性住房即廉租房与公租房，如不在本小区内配建，必须按应建面积缴纳廉租房易地建设费。

廉租房的定义：廉租房是指政府以租金补贴或实物配租的方式，向符合城镇居民最低生活保障标准且住房困难的家庭提供社会保障性质的住房。根据住房和城乡建设部、财政部、国家发展和改革委员会联合印发的《关于公共租赁住房和廉租住房并轨运行的通知》的规定，从 2014 年起各地公共租赁住房和廉租住房并轨运行，并轨后统称为公共租赁住房。

《西安市商品住房项目配建公共租赁住房实施细则》

（2018 年 12 月 12 日发布） [39.]

按照不低于宗地住宅建筑面积 15% 的比例，实物配建公租房，其中，5% 将无偿移交政府，10% 政府回购。

各地关于公租房配建比例及易地建设费缴纳标准不一，编制目标成本时执行各地的规定。馨苑项目未配建公租房，按照住宅面积的 5%（42016×5%=2100.8m²）向政府相关部门缴纳易地建设费，暂定易地建设费 2800 元 /m²。见表 4-25。

馨苑项目一期其他规费计算表　　　　　　　　表 4-25

科目编码	科目名称	计算基数	工程量	单价（元）	总价（万元）
5001.02	前期工程费	建筑面积（m²）	48928	582.70	2851.01
5001.02.01	勘察费	建筑面积（m²）	48928	2.46	12.06
5001.02.02	规划设计费	建筑面积（m²）	48928	35.92	175.77
5001.02.03	可行性研究费等咨询费	建筑面积（m²）	48928	1.43	7.00
5001.02.04	监理及审价费	建筑面积（m²）	48928	42.97	210.22
5001.02.05	施工准备费	建筑面积（m²）	48928	47.12	230.56
5001.02.06	测绘费	建筑面积（m²）	48928	4.30	21.03
5001.02.07	监测及试桩桩基测试费	建筑面积（m²）	48928	9.20	45.00

续表

科目 编码	科目 名称	计算 基数	工程量	单价 （元）	总价 （万元）
5001.02.08	**项目招标投标费**	**建筑面积（m²）**	48928	3.07	15.00
5001.02.09	**质监费及各项验收费**	**建筑面积（m²）**	48928	5.01	24.49
5001.02.10	**其他规费**	**建筑面积（m²）**	48928	431.22	2109.88
5001.02.10.01	人防易地建设费	人防面积（m²）			
5001.02.10.02	劳保统筹费	建筑面积（m²）	48928	71.00	347.39
5001.02.10.03	散装水泥专项基金	建筑面积（m²）	48928		
5001.02.10.04	新型墙体材料专项费用	建筑面积（m²）	48928		
5001.02.10.05	住宅及公建建设配套费	建筑面积（m²）	48928	240	1174.27
5001.02.10.06	廉租房易地建设费	建筑面积（m²）	2100.8	2800	588.22
5001.02.10.97	其他	建筑面积（m²）	48928		

至此，计算完成了 5001.02 前期工程费下的全部成本项。

有部分省市规定需缴纳白蚁防治费、河道保护费，目前该两项费用已取消或停征。

《财政部 国家发展改革委关于清理规范一批行政事业性收费有关政策的通知》（财税 [2017] 20 号）[40.]

一、自 2017 年 4 月 1 日起，取消或停征 41 项中央设立的行政事业性收费（具体项目见附件），

附件：

取消或停征的行政事业性收费项目（共 41 项）

一、取消或停征的涉企行政事业性收费（共 35 项）

……

住房城乡建设部门

6. 白蚁防治费

（二）停征的涉企行政事业性收费（共 23 项）

水利部门

8. 河道工程修建维护管理费

前期工程费中，除勘察、设计、施工准备费外，其余多为项目报批报建时需要缴纳的相关政府规费或手续费等，具有非常强的地域性特征，具体的缴纳项目与缴纳标准一定要详细查询项目所在地的规定。

特别是对于项目中配建公租房的规定，各省市要求配建的比例、政府回购的价格，或者无偿移交政府的面积比例等，都需要和当地具有管辖权的部门沟通确定。

报批报建费用，除各地规定的差异性外，各地每年对其缴纳政策也经常处于调整变动中，故在编制此科目项下的各成本项时，一定要根据项目的建设时间查询最新的规定。

4.3　基础设施费

基础设施费主要包括供水、供电、燃气、供热、雨污水、有线电视、通信工程、环卫设施、环境工程等相关工程实施需要花费的成本。

在 5001.02.10.05 前期工程费—住宅及公建建设配套费科目中，240 元 /m² 中包含基础设施费中供水、供电、燃气、供热、雨污水等红线外的市政配套费，未包含的部分在基础设施费对应的科目中计列。

各地市政配套费的缴纳标准不同，包含的配套范围也不同，需要执行项目所在地规定。

部分省份规定，该市政配套费包含红线外全部配套费用，建设方仅需施工其红线内基础设施工程并承担其费用。部分省份规定，该市政配套费仅为红线外市政配套费的一部分，建设方尚需分别就水、暖、电、气等配套再分别向相关部分另行缴纳费用。比如，供电开闭所接入拟建设项目变压器所发生的工程费用，由建设方另行承担，该费用计入基础设施费供电工程中。

1. 供水：

包含建筑单体散水以外，生活给水及消防水。室外总体中的给水管线、水表井、阀门，以及室外消防管道、消火栓等消防设施，凡室外总体设计图纸上关于上水部分的成本，均在此计列。

同时，也包含与市政在红线外的碰口费。该碰口费部分省份需要单独缴纳时，单独计列此费用。

5001.03.01 供水：

（1）5001.03.01.01 水配套费：指红线外给水、消防水发生的各项配套及增容费用。暂且考虑住宅配套费中已包含，不再单列。

（2）5001.03.01.02供水管线设施费：指红线以内、建筑单体散水以外的给水工程的全部成本，包含室外给水管线、检查井、水表井、管沟等的材料及施工费用。

从红线外市政预留供水口检查井（或水表井），敷设管道至各建筑单体散水以外预留的给水检查井，同单体施工时已预留至散水外的上水管道接口。

估算该项成本时，需要充分结合建筑密度、供水管线到各单体的距离、总户数等综合分析，一般按照建筑面积指标估算。

（3）5001.03.01.03消防管网：红线以内、建筑单体散水以外的消防管线、室外消火栓设施等的材料、设备及施工费用。

管道敷设计算范围同给水管线。

（4）5001.03.01.04开口费：红线以外，市政预留给水、消防水的接口，需要缴纳此费用。关于此项收费，各省市规定不一，有的省份在配套中已包含，不再单独收取此项费用；有些省份单独收取。若收取的话，通常在2万～5万元/接口。

2. 供电：

（1）5001.03.02.01供电配套费：红线外市政配套费240元/m^2中，包含电力供应单位对拟建设项目预留的用电容量，但不包含从已预留用电容量的开闭所敷设高压线缆至拟建设项目变配电室的工程费用，以及从变配电室低压接入各单体的工程费用。该高、低压部分的工程施工，一般由建设方另行委托施工单位（高压、低压分别委托，或者全部交由一家施工单位），此部分成本全部计入高低压线路工程成本科目中。

部分省份规定，由供电单位直接从红线外开闭所位置，敷设线路至红线内变配电室，完成低压转换后接入各单体楼内第一个配电柜位置，并完成各层入户箱的电表供应。建设单位直接向供电单位缴纳费用（不含电缆沟），供电单位负责实施上述工程。将此部分费用计入供电配套费。

（2）5001.03.02.02高低压线路工程：若供电单位未直接从红线外施工至红线内，由建设单位自行委托施工单位施工时，则高低压线路及电缆沟等费用均在此计列。

若供电局已实施高低压线路工程部分，此科目下仅计列电缆沟等供电局范围以外的工程相关费用。

（3）5001.03.02.03配电室：配电室内的设备及安装，如发电机等。

（4）5001.03.02.04开闭所：开闭所内的设备及安装。一般只有工程规模较大，用电容量较大时，如JX项目，规划土地面积103.8公顷，规划建筑面积229万平方米，则需要在项目所在土地上划定一个区域，单独就此项目建设开闭所。开闭所建设费用（土建、设备、安装等）全部由建设方承担。小规模建设项目不发生此费用，直接使用电力供应单位在拟建设项目区域内已预留容量的开闭所。

3. 燃气：

（1）5001.03.03.01 燃气配套费：住宅小区为满足居民日常生活用气，需要缴纳的相关费用。商业中设计有餐饮，需要使用燃气时，按照非居民用气标准，按用气量核算，另行缴纳此费用。在住宅及公建建设配套中已包含此费用，不再单列。

（2）5001.03.03.02 调压站：建设调压站的条件同开闭所，只有工程规模较大，小区用气量较大时，需要在项目所在土地上划定一个区域，单独就此项目建设调压站。建设费用（土建、设备、安装等）全部由建设方承担。

（3）5001.03.03.03 管道系统：红线内燃气管道敷设花费的全部成本。燃气管道与供水管道不同，并非仅施工至各单体散水以外。需由有资质的单位，从市政外燃气接口直接施工至楼内入户，全部敷设完成。费用可按户数收取。

4. 供热：

（1）5001.03.04.01 供热配套费：在住宅及公建建设配套中已包含部分供热配套费用。若拟建项目附近无原预留供热点且距离市政热源较远，需要对拟建项目处新敷设供热管道并预留接入点时，供热单位会就该新敷设管道要求建设方承担全部或部分费用，该费用亦计入供热配套费。

（2）5001.03.04.02 热交换站：红线内发生的热交换设备及安装费用。采用市政热源时，将市政来源的热水通过热交换设备，转换为出水口温度满足红线内供热需要的温度。

（3）5001.03.04.03 管道系统：红线内，从市政预留在红线外的供热检查井，敷设管道接入热交换站内设备，此谓一次侧管道；通过热交换设备转换后，从热交换站设备出水口敷设管道至各单体单元入口处检查井，此谓二次侧管道。管道系统成本科目下包含一次侧及二次侧管道，以及热力管沟工程施工等全部成本。

（4）5001.03.04.04 锅炉房：小区内未采用市政集中热源，而是自建锅炉房向小区内住户集中供暖时，需要采购的锅炉设备及安装费用等。

（5）5001.03.04.05 开口费：同供水开口费。

5. 雨污水：

（1）5001.03.05.01 雨水管线费：将红线内雨水收集，敷设管道接入红线外市政预留的雨水检查井内。包括雨水口、雨水检查井、雨水管道等相关的全部成本。

（2）5001.03.05.02 污水管线费：将红线内各单体排出的污水收集，敷设管道接入红线外市政预留的污水检查井内。包括化粪池、污水检查井、污水管道等相关的全部成本。

（3）5001.03.05.03 中水系统：对小区内的雨污水进行收集，集中处理后二次利用，处理后可二次利用的水称为中水，中水一般多用于绿化浇灌。中水系统包括中水管线、处理设备等费用。

6. 有线电视：按户数及每户的终端数量计费。

7. 通信工程：目前基本由各通信公司免费敷设到户。

8. 环卫设施：主要指住宅小区红线内建设的垃圾中转站或垃圾房等，视小区建设规模而定，不一定发生。

9. 环境工程：红线内，建筑单体散水以外，除室外总体工程外，体现居住舒适度的车行道路、绿化、园路、标识等全部成本。

（1）5001.03.09.01 小品、硬地广场、散步道：景观工程中硬质地面铺装或建构筑物部分，包括亭台楼阁、假山、连廊、雕塑小品、铺装地面或广场、汀步、水景等除绿化建设费外的景观成本。

（2）5001.03.09.02 绿化建设费：场地堆土及造型、种植草皮、乔木、灌木、花卉等各类植物所花费的成本。

（3）5001.03.09.03 车行道路：红线内，供消防车及小区车辆出入、使用的道路。

（4）5001.03.09.04 围墙及围栏：建设小区永久围墙及围栏所花费的成本。

（5）5001.03.09.05 大门及门卫室：建设小区出入口大门及门卫室所花费的成本。

（6）5001.03.09.06 导视系统：包括交通标识与小区标识。

交通标识：小区出入口及园区内地面上设立的道路指示牌、限行、限速、限高牌、道路转弯镜等交通标志。地下车库内的交通标识不在此处包含。

小区标识：楼栋标识牌、单元标识牌以及草地、苗木、水景等园区内温馨提示牌等。

二者本质上都属于同一种类型，主要是提醒、标记等作用，在设计时为统一风格，通常委托同一家单位对交通标识、小区标识一同完成设计工作，制作、安装亦然。

（7）5001.03.09.07 环境水电：指景观工程中的浇灌用水、水系用水、室外照明、景观灯、草坪灯、背景音乐及广播系统等相关的工程费用。

（8）5001.03.09.08 泛光照明：有些项目要求室外必须有泛光照明，也可合并在环境水电中。

不宜对所有发生的成本项都以增列成本科目的方式计算，若有需要时可另列详细的附表，予以展开详细成本计算。具体视所在项目的成本科目设置确定。

（9）5001.03.09.09 邮政设施：在小区内集中设置，或于各单体内单独设置的信报箱，以方便住户收发之用。

10. 城市绿地：只有宗地上有代征绿化带时，发生此成本项。

各项配套费收取时，各地政策规定存在差异性，有以全部建筑面积收取的，亦有以地上建筑面积收取的，此处暂且全部按照建筑面积计算。将馨苑项目基础设施费整理列表如表 4-26 所示。

馨苑项目一期基础设施费计算表

表 4-26

科目 编码	科目 名称	计算 基数	工程量	单价 （元）	总价 （万元）
5001.03	**基础设施费**	**建筑面积（m²）**	48928	539.02	2638.31
5001.03.01	**供水**	**建筑面积（m²）**	48928	22.02	107.75
5001.03.01.01	水配套费	建筑面积（m²）	48928		
5001.03.01.02	供水管线设施费	建筑面积（m²）	48928	15.00	73.39
5001.03.01.03	消防管网	建筑面积（m²）	48928	6.00	29.36
5001.03.01.04	开口费	建筑面积（m²）	48928	1.02	5.00
5001.03.01.97	其他	建筑面积（m²）	48928		
5001.03.02	**供电**	**建筑面积（m²）**	48928	108.70	531.85
5001.03.02.01	供电配套费	建筑面积（m²）	48928	95.00	464.82
5001.03.02.02	高低压线路工程	建筑面积（m²）	48928	7.50	36.70
5001.03.02.03	配电室	建筑面积（m²）	48928	6.20	30.34
5001.03.02.04	开闭所	建筑面积（m²）	48928		
5001.03.02.97	其他	建筑面积（m²）	48928		
5001.03.03	**燃气**	**建筑面积（m²）**	48928	20.24	99.05
5001.03.03.01	燃气配套费	建筑面积（m²）	48928		
5001.03.03.02	调压站	建筑面积（m²）	48928		
5001.03.03.03	管道系统	建筑面积（m²）	48928	9.00	37.81
5001.03.03.97	其他	总户数	344	1780	61.23
5001.03.04	**供热**	**建筑面积（m²）**	48928	33.65	164.66
5001.03.04.01	供热配套费	建筑面积（m²）	48928		
5001.03.04.02	热交换站	建筑面积（m²）	42016	28.00	117.64
5001.03.04.03	管道系统	建筑面积（m²）	42016	10.00	42.02

续表

科目 编码	科目 名称	计算 基数	工程量	单价 （元）	总价 （万元）
5001.03.04.04	锅炉房	建筑面积（m²）	48928		
5001.03.04.05	开口费	建筑面积（m²）	42016	1.19	5.00
5001.03.04.97	其他	建筑面积（m²）	48928		
5001.03.05	**雨污水**	**建筑面积（m²）**	48928	34.53	168.96
5001.03.05.01	雨水管线费	建筑面积（m²）	48928	15.00	73.39
5001.03.05.02	污水管线费	建筑面积（m²）	48928	18.00	88.07
5001.03.05.03	中水系统	建筑面积（m²）	48928		
5001.03.05.04	碰口费	建筑面积（m²）	48928	1.53	7.50
5001.03.05.97	其他	建筑面积（m²）	48928		
5001.03.06	**有线电视工程**	**总户数**	344	500	17.20
5001.03.07	**通信工程**	**建筑面积（m²）**	48928		
5001.03.08	**环卫设施**	**建筑面积（m²）**	48928	2.33	11.40
5001.03.08.01	垃圾房	座	1	10万元	10.00
5001.03.08.02	垃圾筒	个数	28	500	1.40
5001.03.08.97	其他	建筑面积（m²）			
5001.03.09	**环境工程**	**景观面积（m²）**	9968	465.50	464.00
5001.03.09.01	小品硬地广场散步道	硬景面积（m²）	3987.03	400	159.48
5001.03.09.02	绿化建设费	软景面积（m²）	5980.55	200	119.61
5001.03.09.03	车行道路	道路面积（m²）	1340	500	67.00
5001.03.09.04	围墙及围栏	延米	467	1000	46.70
5001.03.09.05	大门及门卫室	座	1	25万元	25.00
5001.03.09.06	导视系统	景观面积（m²）	9968	7.50	7.48
5001.03.09.07	环境水电	景观面积（m²）	9968	22.00	21.93
5001.03.09.08	泛光照明	景观面积（m²）	9968	6.50	6.48
5001.03.09.09	信报箱	总户数	344	300	10.32
5001.03.09.10	其他				

科目 编码	科目 名称	计算 基数	工程量	单价 （元）	总价 （万元）
5001.03.10	代征绿地工程费	绿地面积（m²）			
5001.03..97	其他	建筑面积（m²）	48928		

上述基础设施费的计算，只是给大家提供一种计算思路与方法。建设场地大小、建筑密度、建筑物性质等，对上述指标均有影响，具体测算时需要结合具体项目。特别是目前新出台的海绵城市建设相关规定，其对雨污水的二次收集利用，提出了更高的标准与要求，故基础设施费测算时，一定要结合项目所在区域的建设规定综合考虑，做到成本不漏算、不少算。

接下来就是开发成本中占比较大的建筑安装工程费的计算。在计算建筑安装工程费时，它与前面各项成本的计算有什么不同，又有哪些需要特别注意的事项呢？特别是按照目标成本的"量""价"分离的原则，在方案设计阶段，没有施工图的情况下，如何合理的预估工程量，成为目标成本编制时的难点。

4.4　建筑安装工程费

建筑安装工程费是建设项目中除土地成本外，占比较大的成本项，通常也是建设项目中成本管控的重点。

在目标成本与收益测算时，成本人员手中仅有的资料就是建筑方案设计总平面图。很多人在此阶段测算成本时，通常会询问某某工程多少钱每平方米，而却忽视了，即使设计完全相同的两栋楼，建设在不同的地点，其建安成本因地质情况及地基处理方式的不同，本身就会引起成本的差异。同时，该两栋楼建设期不同，材料价格存在差异，即使两栋楼采用完全相同的品牌、相同规格型号的材料，也会由于两个建设方，在签署各自的材料设备采购合同时，每批次采购量不同、付款比例及付款方式不同带来材料设备价格上的差异，由此导致即使完全相同的两栋楼，也不会出现一模一样的建安成本。

就如这个世界上不存在两片完全相同的树叶一样，各个楼栋也不存在完全相同的建安成本，即建安成本不存在复制性。所以在估算建安成本时，重点是如何较为准确地估算工程量，掌握市场上人工、材料、设备价格，以"量"与"价"估算建安成本。而非笼统地仅以指标每平方米多少钱来概括，这样的平米指标概括准确性较差。

需要区别产品类别，将多层、小高层及高层住宅与地下车库分别估算建安成本，或者将写字楼、商业分别计算工程量后，再估算建安成本。

按照方案设计估算工程量不同于施工图预算中的计算工程量，施工图预算是依据设计图纸准确计算，且依据各地的计算规则、定额规定等。依据方案图估算工程量，则需要依据经验、参考同类型产品的常规设计参数，人为地设定一些用于计算的基础数据。此设定数据不是毫无依据的猜想，而是模拟或者说参照部分设计参数，不依据定额组价，采用完全的市场价格方式。

针对馨苑项目，区分小高层（A、B楼）、高层（C楼）、地下车库分别计算，将各自的建安成本计算完成后，汇总至"目标成本"中的"建筑安装工程费"科目下。

4.4.1 建筑工程

建筑单体散水以内，按照施工图进行施工，使建筑物满足使用要求或达到交房标准的全部建筑范围的工程成本。

5001.04.01.01 基础工程：包含土方的挖、运、填；基坑支护；地基处理；桩基础；基坑降水等内容。

土方工程：土方工程中，如何较为准确地估算开挖的工程量是计算的关键点。对于土方开挖的工程量，按照施工图计算时一般都有基坑开挖图，开挖图上会详细标明基坑的长、宽尺寸以及开挖深度，在不考虑放坡时，开挖体积 $V=$ 长 × 宽 × 深度。开挖深度 $H=$ 室外原始地坪标高 – 基坑开挖底标高。

室外原始地坪标高<室外设计地坪标高时，说明室外整体需要进行回填，以达到设计标高，此时挖方量将减小。反之，若室外原始地坪标高>室外设计地坪标高时，挖方量将增加。

在施工图预算阶段，室外原始地坪标高已知，计算土方工程量是依据原始地坪标高及基坑开挖图计算。在目标成本对应的方案设计阶段，若暂无室外地坪原始标高准确数值时，暂按室外设计标高计算土方挖填工程量。

室外地坪标高仅决定基坑开挖的起点，在没有基坑开挖图时，合理估算开挖的深度与平面的长宽尺寸，才能较为准确地估算土方工程量。

决定开挖深度的因素包括：地下室层高、筏板厚度、垫层厚度等，非楼座下地下车库的开挖深度还应考虑车库顶覆土厚度。

开挖深度 $H=$ 地下室层高 + 筏板厚度 + 垫层厚度（含褥垫层）– 室内外高差。

暂且给定一组数据计算如下：地下室层高 4.5m；筏板厚度 800mm；垫层厚度

100mm；室内外高差 0.450m。

H_1=4.5+0.8+0.1−0.45=4.95 m。

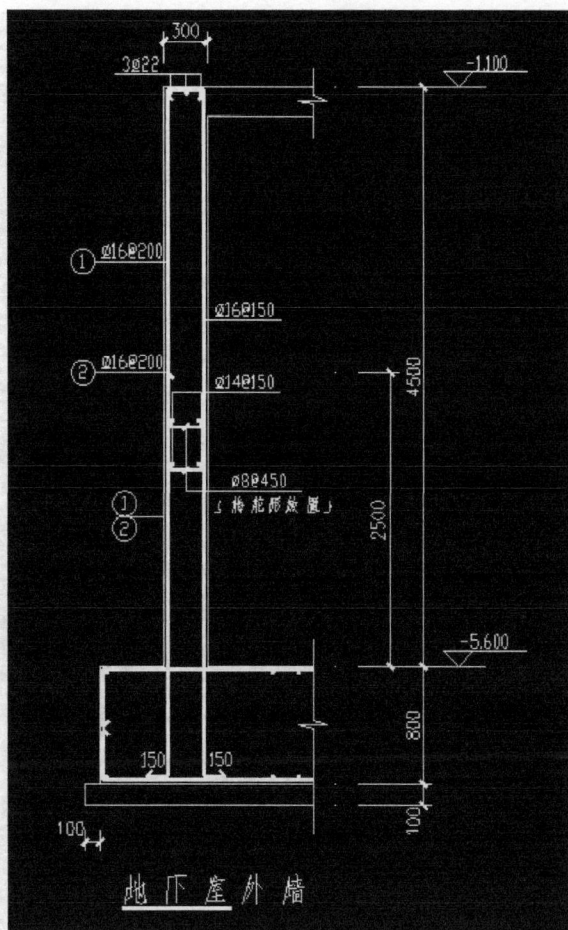

图 4-15　馨苑项目一期 C 楼地下室高度

对比图 4-15C 楼的地下室实际高度，计算开挖深度：

H_2= 室外地坪标高（−0.45）− 垫层底标高（−6.50）=6.05 m。

或 H_3= ±0.00 至地下室顶板顶面的高度 1.10+4.5+0.8+0.1−0.45=6.05 m。

对比 H_1、H_2、H_3 发现，H_1 与 H_2、H_3 计算高度不一致的原因，主要在于未考虑 ±0.00 至地下室顶板顶面的高度，通常情况下，地下室顶板顶面的标高等于 ±0.00 标高（在此不考虑建筑、结构的标高差），在地下室设有管道层或设备层、结构转换层时，在计算开挖深度时，需要一并考虑该管道层或转换层的高度。

馨苑项目从 ±0.00 到地下室顶板顶面的高度 1.10m 为管道层，施工完成后采用轻质集料回填。详见图 4-16。

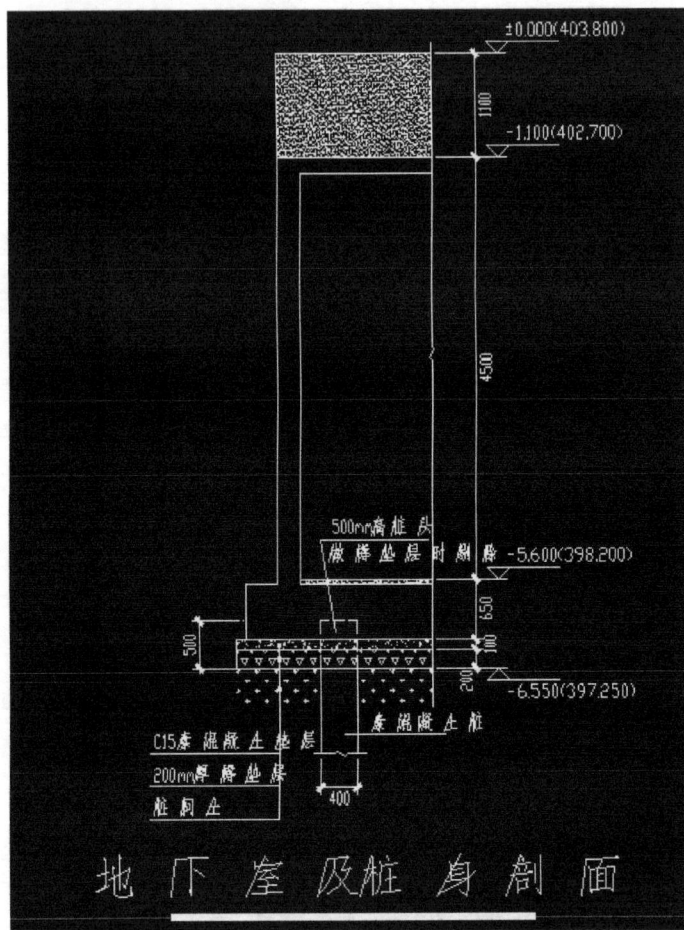

图 4-16　馨苑项目一期 A/B 楼地下室高度

按照图 4-16A、B 楼地下室高度计算开挖深度：

H_4= ±0.00 至地下室顶板顶面的高度 1.10+4.5+0.65+0.1+0.2−0.45=6.10m。

对比 H_2、H_3 与 H_4 发现，C 楼与 A、B 楼筏板厚度不同，前者为 800mm 厚，后者为 650mm 厚，同时在计算 C 楼的开挖深度 H_2、H_3 时，未计算褥垫层的高度 200mm，故修正 C 楼的开挖深度如下：$H_{2修}$、$H_{3修}$=6.05+0.2=6.25 m。

通过上述数据分析，总结出计算基坑土方开挖深度时需要综合考虑的因素：±0.00 至地下室顶板高度、地下室层高、筏板厚度、垫层（含褥垫层）厚度、室内外高差。

地下室高度估算＝停车净高 2200mm+ 通风道高度 300 mm+ 桥架高度 100 mm+ 喷淋高度 200 mm+ 梁高 800 mm+ 地面找坡及排水沟 100 mm+ 预留高度 100 mm=3.8m。

单层车库层高最小不得小于 3.8m。

北方地区需要采暖，供暖管道从地下室通过时，还需要增加供暖管道安装所需要的高度。

筏板厚度，通常在 500～1000mm 之间；混凝土垫层厚度 100～150mm。见图 4-17。

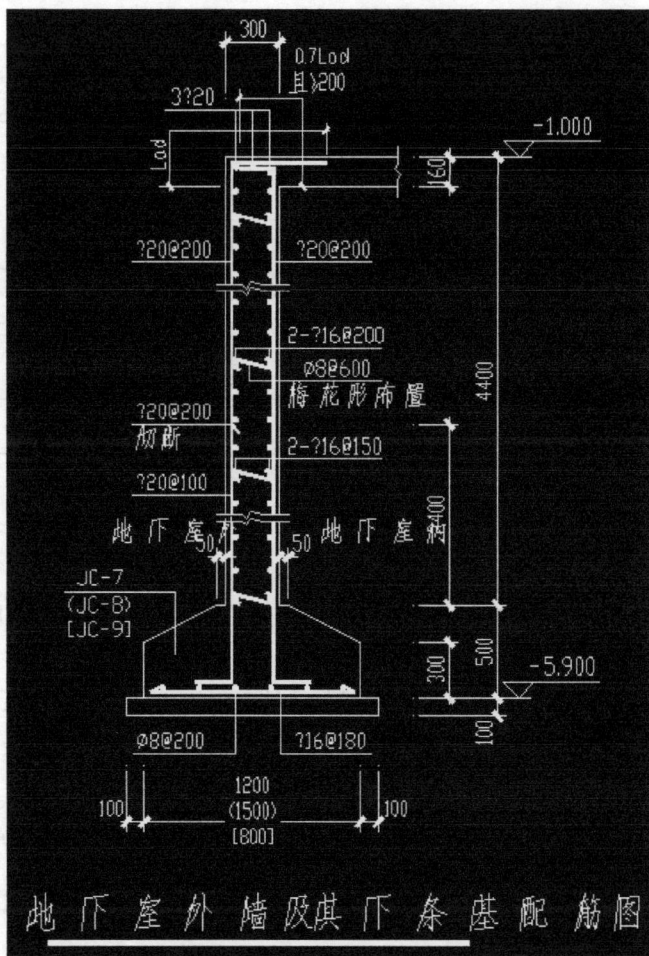

图 4-17　馨苑项目一期地下车库高度

地下车库开挖深度 H_5=6+0.5−0.45=6.05m。

上式中的 0.5m 指混凝土垫层下采用 500mm 厚 3 : 7 灰土换填地基处理。

根据这些基础数据，就可以估算出开挖的深度。考虑到目标成本是成本控制的上限，在估算深度时最好不要贴着上述基础数据的下限计算，否则，目标成本将小于执行成本，导致执行成本阶段合同线上审核将无法通过。实际上表示目标成本估算不足。

在本书 4.2 节前期工程费中测算基坑钻探成本时，已计算完成各楼的基坑底面积，在成本测算时，前后有关联的数据一定要保持一致。在计算土方工程量时，直接沿用。

馨苑项目一期土方开挖工程量计算表 表 4-27

楼号	基坑底面积 （m²）	开挖深度 （m）	开挖量 （m³）	建筑面积 （m²）	系数（m³/m²） 开挖量 / 面积	基础 形式
A 楼	924.44	6.10	5639.08	8041	0.70	桩基筏板
B 楼	965.20	6.10	5887.72	9459	0.62	桩基筏板
C 楼	2182.77	6.25	13642.31	26728	0.51	桩基筏板
小计			25169.12	44228	0.57	
车库	6185.76	6.05	37423.85	4580	8.17	外墙条基 框柱独基
合计			62592.96	48808	1.28	

在表 4-27 的土方开挖工程量计算中，暂且考虑各楼单独开挖，且未考虑放坡坡度系数。放坡系数与基坑深度、土质条件、基坑周边是否有相邻的已有建筑物、能否允许放坡等有关，故需要依据项目具体情况计算放坡后的土方开挖工程量。

在表 4-27 中，通过土方开挖工程量与建筑面积相比，得出一个系数。住宅与独立地下车库的每平方米挖土量系数差异较大，在估算土方工程量时，需要分别计算。

由于馨苑项目一期各楼栋及地下车库的开挖深度均超过 5m，属于深基坑。对于深基坑需要考虑支护。

基坑支护的定义：

《建筑基坑支护技术规程》JGJ 120—2012

为保护地下主体结构施工和基坑周边环境的安全，对基坑采用的临时性支挡、加固、保护与地下水控制的措施。

常见的基坑支护形式主要有土钉墙、地下连续墙、桩支撑等，其中以土钉墙最为常见。

馨苑项目采用土钉墙支护，计算基坑支护工程量时，仍然沿用本书 4.2 节前期工程费中测算基坑钻探时的长、宽尺寸，支护深度同土方开挖深度。

基坑支护面积 =（基坑长 + 基坑宽）×2× 深度

整理汇总计算各楼基坑支护的工程量如表 4-28 所示。

馨苑项目一期基坑支护工程量计算表

表 4-28

楼号	基坑长（m）	基坑宽（m）	深度（m）	支护面积（m²）	建筑面积（m²）	系数（m²/m²）支护面积 / 建筑面积	支护形式
A 楼	48.4	19.1	6.10	823.50	8041	0.10	土钉墙
B 楼	50.8	19.0	6.10	851.56	9459	0.09	土钉墙
C 楼	92.1	23.7	6.25	1447.50	26728	0.05	土钉墙
小计				3122.56	44228	0.07	
车库	52.6	117.6	6.05	2059.42	4580	0.45	土钉墙
合计				5181.98	48808	0.11	

应用土方开挖工程量、基础尺寸，计算基坑周边土方回填工程量：

$V_{填} = V_{挖}$ － 基础垫层体积 － 筏板体积 － 从室外地坪至筏板顶面高度范围内地下室外墙围合的体积 － 其他应扣减体积。

土方的挖填、基坑支护、降水工程等工程数量，需要根据方案设计图进行估算，不能按照含量系数直接计算工程量。

在估算建安工程成本时，对于桩基、钢筋、混凝土、门窗、砌体、粉刷等，均可通过含量系数（m³/ m²、m²/ m²、m/ m²、个 / m² 等）的计算方式得出。但是，这个含量系数必须是对同类型项目数据至少已总结分析三个及以上，且各项目分析得出的含量系数未出现较大偏离时，方可使用。

4.4.2 安装工程

根据项目类型，分别计算。因安装工程采用不同的材料设备品牌，对价格影响较大，故在成本估算前，需要明确材料设备的品牌选用范围。对于不同的业态，比如商业综合体、住宅、酒店、公寓、车库等，安装工程指标差距较大，在做成本测算时，需要充分考虑工程本身的特点。

4.4.3 电梯工程

影响电梯工程成本的因素，主要包括电梯品牌、提升速度、轿厢尺寸、轿厢装潢标准，以及曳引装置、光幕、门机变频器、变频器、操纵箱、缓冲器等的选用品牌与技术参数等。

在编制目标成本时，需要将电梯设备与电梯安装分别列项，主要基于这两个合同一个属于设备采购合同，适用增值税税率 13%；一个属于设备安装合同，适用增值税税率 3%。设备厂家与安装单位非同一家单位。

4.4.4 精装修工程

主要包括公共部位、住宅、会所、公寓等精装修，由于很多住宅类多为毛坯交付 (公共部位装修完成)，为了便于成本分析与比较，将精装修费用单独列项，同时，也是为了对应税务的核算要求。

将工程量按尺寸估算与按系数计算两种方法，计算完成后填入 "馨苑项目目标成本与收益测算表 (1. 车库售价 12 万元税负计算)—小高层建安、高层建安、车库建安" 中，并填写相对应的市场单价，估算 A、B、C 楼及地下车库的建安工程费，详见表 4-29 ～表 4-31。

小高层（A、B 楼）建安成本费用表	高层（C 楼）建安成本费用表	车库建安成本费用表
表 4-29	表 4-30	表 4-31

小高层建安成本费用表　　　高层建安成本费用表　　　车库建安成本费用表

在计算建筑安装工程费时，将 A 楼、B 楼的建安成本合并列表计算；C 楼及地下车库的建安成本分别单独列表计算。

哪些类型的产品可以将单体的建安成本合并计算？哪些需要单独核算？在上述计算建筑安装工程费时，合并或区分不同类型产品进行核算成本的原因，主要依据两个方面：一方面是土地增值税及企业所得税核算的规定；另一方面是该建设项目中拟销售产品的需要。

《中华人民共和国土地增值税暂行条例》[16.]

第八条　有下列情形之一的，免征土地增值税：

（一）纳税人建造普通标准住宅出售，增值额未超过扣除项目金额 20% 的；

（二）因国家建设需要依法征收、收回的房地产。

什么是"普通标准住宅"？

财政部《国家税务总局关于土地增值税若干问题的通知》
（财税 [2006] 21 号）[41.]

一、关于纳税人建造普通标准住宅出售和居民个人转让普通住宅的征免税问题

《中华人民共和国土地增值税暂行条例》第八条中"普通标准住宅"和《财政部、国家税务总局关于调整房地产市场若干税收政策的通知》（财税字 [1999]210 号）第三条中"普通住宅"的认定，一律按各省、自治区、直辖市人民政府根据《国务院办公厅转发建设部等部门关于做好稳定住房价格工作意见的通知》（国办发 [2005]26 号）制定并对社会公布的"中小套型、中低价位普通住房"的标准执行。纳税人既建造普通住宅，又建造其他商品房的，应分别核算土地增值额。

"普通标准住宅"仅以面积区分吗？

《国务院办公厅转发建设部等部门关于做好稳定住房价格工作意见的通知》
（国办发 [2005] 26 号）[42.]

五、明确享受优惠政策普通住房标准，合理引导住房建设与消费

为了合理引导住房建设与消费，大力发展省地型住房，在规划审批、土地供应以及

信贷、税收等方面，对中小套型、中低价位普通住房给予优惠政策支持。享受优惠政策的住房原则上应同时满足以下条件：住宅小区建筑容积率在 1.0 以上、单套建筑面积在 120 平方米以下、实际成交价格低于同级别土地上住房平均交易价格 1.2 倍以下。各省、自治区、直辖市要根据实际情况，制定本地区享受优惠政策普通住房的具体标准。允许单套建筑面积和价格标准适当浮动，但向上浮动的比例不得超过上述标准的 20%。

上浮 20% 后单套面积：$120m^2 \times （1+20\%）=144m^2$。

成交价格浮动后：1.2 倍 $\times （1+20\%）=1.44$ 倍。

考虑 20% 的上浮因素，在规定的成交价格范围内，单套面积小于 $144\ m^2$ 时均可按普通标准住宅核算土地增值税。

在进行成本与收益的测算时，必须按上述规定，除写字楼、商业外，对于住宅产品也不能合并计算成本，需要将住宅产品先行区分为普通标准住宅与非普通标准住宅。

A、B、C 楼的单套面积为：

A 楼：地上建筑面积 7537 m^2/64 户 = 户均 117.77 m^2 < 144 m^2；

B 楼：地上建筑面积 8867 m^2/64 户 = 户均 138.55 m^2 < 144 m^2

C 楼：地上建筑面积 25612 m^2/216 户 = 户均 118.57 m^2 < 144 m^2。

由此判断，A、B、C 楼均属于国家相关政策规定内的普通标准住宅，在计算土地增值税时，可作为同一种产品进行核算。

对于同属于普通住宅的 A、B 楼及 C 楼，为何将 A、B 楼合并计算，C 楼单列计算成本？

A、B 楼均为地上 16 层，两个单元，一梯两户，三室两厅户型；C 楼地上 24 层，三个单元，一梯三户，每单元有四室两厅户型与三室两厅户型。

显然，A、B 楼及 C 楼需要确定不同的销售价格，对于需要分开确定售价的产品，就需要分开核算成本。地下车库与住宅必须分别核算成本，故地下车库需作为单独的产品单列。

因馨苑项目涉及的单体较少，产品类型较单一，在此区别计算的原因，也是需要将国家政策涉及的各个层面的规定能够详细地解释清楚，这样大家在工作中遇见有各种产品类型的项目时，就可以按照相关政策规定自行区分产品类型并核算成本。

成本与收益的测算，因为土地增值税、企业所得税等相关财税政策的规定，需要将不同类型产品的收益与成本匹配进行计算，比如，车库的收入与车库的成本相比较；普通标准住宅的收入与之对应的成本相比较。能够在计算税费时达到收入与成本对应的基础，需要在估算成本时就按财税政策将不同产品区分开，保证收益及税费测算的准确性。

将各单体的建安成本分别计算完成后，汇总至"馨苑项目一期开发建设目标成本与收益测算表"的 5001.04 建筑安装工程费科目中，整理如表 4-32 所示。

馨苑项目一期建筑安装工程费计算表

表 4-32

科目编码	科目名称	计算基数	工程量	单价（元）	总价（万元）
5001.04	**建筑安装工程费**	建筑面积 m²	48928	2715.79	13287.84
5001.04.01	**建筑工程**	建筑面积 m²	48928	2251.25	11014.94
5001.04.01.01	基础工程	建筑面积 m²	48928	241.12	1179.75
5001.04.01.02	主体工程	建筑面积 m²	48928	1962.88	9603.98
5001.04.01.97	其他建筑工程	建筑面积 m²	48928	47.25	231.20
5001.04.02	**安装工程**	建筑面积 m²	48928	345.95	1692.67
5001.04.02.01	空调通风排烟	建筑面积 m²	48928	13.75	67.28
5001.04.02.02	电气照明	建筑面积 m²	48928	121.74	595.67
5001.04.02.03	消防工程	建筑面积 m²	48928	35.02	171.35
5001.04.02.04	给水排水	建筑面积 m²	48928	66.33	324.56
5001.04.02.05	弱电系统	建筑面积 m²	48928	36.47	178.42
5001.04.02.06	燃气	建筑面积 m²	48928		
5001.04.02.07	供暖	建筑面积 m²	48928	48.83	238.90
5001.04.02.97	其他	建筑面积 m²	48928	23.81	116.49
5001.04.03	**电梯工程**	建筑面积 m²	48928	91.84	449.36
5001.04.03.01	电梯设备费	台数	14	27.05 万元	378.64
5001.04.03.02	电梯安装费	台数	14	5.05 万元	70.72
5001.04.03.03	电梯装修费	台数	14		
5001.04.03.97	其他	台数			
5001.04.04	**精装修费**	建筑面积 m²	48928	26.75	130.87

科目编码	科目名称	计算基数	工程量	单价（元）	总价（万元）
5001.04.04.01	大堂及公共区域	装修面积 m²	4947	264.57	130.87
5001.04.04.02	住宅	装修面积 m²			
5001.04.04.03	办公	装修面积 m²			
5001.04.04.04	商业	装修面积 m²			
5001.04.04.05	会所	装修面积 m²			
5001.04.04.97	其他	装修面积 m²			
5001.04.97	**其他**	**建筑面积 m²**	48928		

开发成本中占比较大的建筑安装工程费计算完成（详细计算过程见"鑫苑项目目标成本与收益测算表"中的小高层、高层、地下车库建安成本计算表）。通过对建筑安装工程费的计算，需要用到一部分设计的常见参数，比如钢筋含量、混凝土含量、窗地比等，多层、小高层、高层、车库、商业、办公等不同的建筑类型，以及不同的结构形式，比如砖混、框架、剪力墙、装配式等，其钢筋、混凝土、窗地比含量均不同。在估算不同类型的建筑安装工程成本时，需要结合建筑所在区域的地质条件、地域特点、结构形式、用途或者功能的不同，分别估算建筑产品的工程量。

估算工程量涉及两方面，一方面是工程量的准确性，另一方面是工程量的全面性。二者缺一不可，凡是工程量估算不足，或者漏项较多，都会导致成本估算的准确性偏离度较高，必然使收益的测算结果失真。

估算价格时需要充分考虑建设当期的人工、材料、设备、机械等的市场价，同时对于材料价格的市场涨跌走势有一定的判断，预计未来材料价格上涨时，预估涨幅并在估算价格时予以适当上调。

估算价格的准确性取决于对市场相关价格的熟悉程度，以及已经积累的同类建设项目指标。每一个项目实施完成，都需要对该项目中涉及的不同建筑类型进行总结，建立详细的数据库，以供后续项目使用。建立数据库时，先区分产品类型、结构形式，然后分解指标。切忌全部按照建筑面积核算指标的方法。需要将各项数据拆解，比如钢筋、混凝土指标可以按照建筑面积核算；外门窗按照地上建筑面积核算（考虑全地下室时，地下不设外墙门窗）；进户门、单元门、电梯等数量和建筑面积没有关联关系，和单元数量、户数有关系，将这些和建筑面积没有关联关系的单项内容，分解成每平方米多少个，对于后续拟建设项目来说，没有参考性。

和建筑面积相关的指标主要包括砌体、抹灰、防水等，但是，若要仔细核算的话，砌体、抹灰的指标除了和建筑面积相关外，和户型的大小也有非常大的关系，每户 140m² 的两室两厅和每户 90m² 的两室两厅，其砌体含量、抹灰含量差异较大。同样，每户一个卫生间和每户两个卫生间或更多，卫生间墙地面防水工程量、给水排水工程量也一样存在差异。

所以在建立已完项目指标库时，除了注明建筑类型、结构形式等，住宅产品，户型或户均面积也对各项指标含量造成影响。故指标库需要对建筑产品予以详细说明，由此积累的数据库才是有效的，可供后续项目使用。

4.5　公共配套设施费

公共配套设施费，包括不能有偿转让的开发小区内公共配套设施发生的成本支出。

红线内，为整个小区服务的公共配套设施，都可计入此成本科目下。

在本书 4.4 节建筑安装工程费中，已经计算了 A、B、C 楼下的人防地下室成本，以及地下车库的成本。在本书第 2 章建设项目成本的构成中，公共配套设施费科目下同样包含人防地下室及地下停车库的成本。

财会 [2013]17 号文第二十六条，对于可计入公共配套设施费中向可售产品分摊成本的，特别明确该公共配套设施是"独立的"（详见本书 2.2 节）。

不论计列在建筑安装工程费科目下，还是计列在公共配套设施费科目下，人防地下室所发生的成本均属于公共配套成本。此处计列在建安工程费科目下的原因，主要在于馨苑项目的人防地下室为非"独立的"地下室，均附设于各单体建筑下，无论在招标、签约、施工阶段，该地下人防工程不能作为一个独立的单体实施，且其上部单体的管线通常需要通过地下室敷设至楼层。总承包单位在主体及安装施工时，是连同其地上建筑共同施工的，特别是安装工程，其各个专业计算工程量时，按照各个独立的系统计算，每一个系统是从最底层敷设到最顶层。

若需要将敷设于各单体下的地下人防成本单列计算，需要人为地、强制性地将 A 楼（其余各楼相同）沿某个面横切，比如，对于建筑结构从地下室顶板面区分，地下室顶板面以上的建筑结构成本并入地面以上的住宅成本；以下的建筑结构成本并入地下人防地下室成本。对于安装部分，将电气、消防等各专业的线缆、预埋管等全部沿地下室顶板面切断，其上安装成本并入上部建筑的成本中，其下安装成本计入地下人防的成本中。

这种人为强制性拆分成本的准确性较差，同时也不符合财会 [2013]17 号文的规定。因为，虽然电气部分线缆、控制箱柜等敷设或安装于地下室，但其主要是为上部建筑服务的，故将该部分成本全部计入地下人防成本中，造成人为增大地下部分成本的结果。

同理，地基处理、基础等是为承担整个建筑单体的荷载而设计并建造的，将该部分成本全部计入地下部分的成本，同样造成地下部分成本的人为增大。

将独立人防地下室成本计入公共配套设施费科目下的主要原因，在于公共配套费科目下的各成本项均属于不销售，为整个小区服务或无偿移交政府的各类设施。将公共配套设施费成本单列成本科目最本质的原因，在于其发生的所有成本均需要分摊至可以销售的产品成本上。因为公共配套设施是为了这些可以销售的产品服务的，比如小区内的室外儿童游乐设施、健身设施、露天网球场、室外独立公厕等。

人防地下室并不是只为本小区服务的，可以理解为无偿赠予政府的公共配套设施。

无论是为本小区服务，还是无偿赠予政府的公共配套设施，按照企业所得税核算办法的规定，都可以将其成本分摊至可销售的产品成本上。

要了解人防地下室成本分摊的原则，需要先知晓人防修建的标准，以馨苑项目所在地的规定为例。

《西安市城乡规划管理技术规定》（西安市规划局 2015 年 2 月）
第二十章 人防工程 [30.]

4.49（1）新建 10 层（含）以上或者基础埋深 3m（含）以上的民用建筑，按照地面首层建筑面积修建 6 级（含）以上防空地下室；（2）新建多层（10 层以下）居民住宅楼，按照地面首层建筑面积修建 6B 级防空地下室；（3）新建多层（10 层以下）非住宅楼，按照地上总建筑面积的 4% 修建 6 级（含）以上防空地下室。

人防地下室与首层建筑面积比较表   表 4-33

楼号	地下人防面积（m²）	地上建筑面积（m²）	层数	平均单层面积（m²）
A 号楼	504	7537	16	471

续表

楼号	地下人防面积 （m²）	地上建筑面积 （m²）	层数	平均单层面积 （m²）
B 号楼	592	8867	16	554
C 号楼	1116	25612	24	1067
合计	2212	42016		2092

通过表 4-33 的计算与对比，馨苑项目人防地下室是按照规划要求的地面首层建筑面积配建的。通过比较是想说明一个问题：A、B、C 楼全部按照相同的原则配建人防地下室，如果将各楼下的人防地下室成本与地上人为划分后，计入"公共配套设施费"科目中，在对成本进行分摊时，分摊后各楼应计算的人防地下室建筑面积没有变化，即人防地下室成本没有变化。在将人防地下室成本与其上单体建筑共同计算时，可售面积相应地扣减各楼下的人防地下室面积，也就意味着将人防地下室成本计入建筑安装工程费中与计列在公共配套设施费中，分摊结果将完全一致。

对于独立的人防地下室成本需要单列，按财会 [2013]17 号文的规定计入公共配套设施费下，然后向所有可销售、并应配建人防地下室的产品分摊成本。

可以计列在公共配套设施费科目下的成本项，一般均为独立建造、成本可以清晰区分的建（构）筑物，比如独立的地下人防车库、独立的配电室、独立的物业用房等。凡是非独立建造的，主体结构的建安费用均随同其所在的建筑一同核算，计入建筑安装工程费成本科目中，设备费单列，计入基础设施费相应的科目中，比如配电室设置在地下车库中，则配电室的建筑安装工程费用随同地下车库一并计算，柴油发电机设备费用则计入基础设施费 5001.03.02 供电科目下。

馨苑项目一期中，独立的公共配套设施仅有配电房，此处需要将配电房的全部建安成本计入。见表 4-34。

馨苑项目一期公共配套设施费计算表　　　　　　　　表 4-34

科目 编码	科目 名称	计算 基数	工程量	单价 （元）	总价 （万元）
5001.05	**公共配套设施费**	**建筑面积（m²）**	48928	7.36	36.00
5001.05.01	物业管理用房	专项面积（m²）			
5001.05.02	学校 / 幼儿园	专项面积（m²）			

续表

科目 编码	科目 名称	计算 基数	工程量	单价 （元）	总价 （万元）
5001.05.03	会所/活动中心/运动场地	专项面积（m²）			
5001.05.04	儿童乐园/室外健身设施	专项面积（m²）			
5001.05.05	独立公厕	专项面积（m²）			
5001.05.06	设备用房	专项面积（m²）	120	3000	36.00
5001.05.07	独立地下室	专项面积（m²）			
5001.05.97	其他	专项面积（m²）			

商业、住宅、厂房等，对于不同的建设项目，公共配套设施随需要服务的产品对象而不同，需要根据具体的建设项目对其下的成本项予以适当调整。

4.6 物业管理费

馨苑项目一期、二期共用物业管理公司，但一期、二期同时交付，故不发生物业补贴款。一期、二期共用物业公司时，相较于一期、二期总建筑面积计算的平均物业开办费低于单期交付房屋时的平均物业开办费。

为了便于计算，本案例将物业开办费以建筑面积为基数计算。同时，在此处考虑一期A、B、C三栋楼及地下车库同时交付使用，故对于一期来说，也仅发生物业开办费。暂按5元/m²计入。见表4-35。

馨苑项目一期物业管理费计算表　　　　　　　　　　表4-35

科目 编码	科目 名称	计算 基数	工程量	单价 （元）	总价 （万元）
5001.06	**物业管理费**	**建筑面积（m²）**	48928	5.00	24.46
5001.06.01	物业开办费	建筑面积（m²）	48928	5.00	24.46
5001.06.02	物业补贴款	建筑面积（m²）			
5001.06.97	其他	建筑面积（m²）			

由于物业开办费，各地出台的相关政策较少，在进行成本测算时，通常采取预估物业开办所需要的实际成本的方法。物业开办前期需要投入的人员工资及福

利；购买的办公用品、各种保洁用品、用具；开荒保洁及日常维护的费用等。办公场地一般由建设方免费提供，故不需要考虑办公场地费用。

若房屋分期交付，需要考虑物业补贴款。物业补贴款的计算方法详见本书 2.2 节建设项目成本的构成。

4.7　不可预见费

不可预见费，又称预备费。在对建设项目进行投资与收益测算时，除了土地费用基本确定外，其余前期工程费、基础设施费、建筑安装工程费、公共配套设施费、物业管理费等，均是参照当期的有关收费规定、人工材料设备机械的市场价格，以及同类项目的类似建造指标，对拟建设项目成本的预计估算。此预估成本，有可能因为政策变动、工料机市场价格的波动，或拟建设项目在建设过程中不良地质情况、突发意外等各种原因导致原预估成本的不足。故需要对这些可能发生的风险及原预估不足的部分适当予以预留风险空间，该为预防风险或成本有可能预估不足另外增加的成本费用即为不可预见费。

因与土地相关的成本一般都属于明确且固定的成本，故不可预见费，一般不考虑土地成本的变动因素，仅对除土地成本外的其他各项成本予以风险预留，以前期工程费至开发间接费之和为基数，计取前述各项费用之和的 3% ～ 5%。

本项目暂按前期工程费、基础设施费、建筑安装工程费、公共配套设施费、物业管理费之和的 5% 计算。

前期工程费 2851.01 万元 + 基础设施费 1564.86 万元 + 建筑安装工程费 13287.84 万元 + 公共配套设施费 36 万元 + 物业管理费 24.46 万元 =17764.17 万元。

17764.17×5%=888.21 万元。

888.21 万元 ×10000÷48928m² =181.53 元 /m²。

此处特意列明不可预见费的计算过程，是为了说明不可预见费必须先计算总价，然后由总价反算出单价。

在成本测算的计算过程中，并非全部采用"工程量 × 单价 = 总价"的单一方向计算方法。对于按照比例计算，或者是属于最上一级科目的总价，必须按照各项基数的总价之和的比例计算，或者由最下级科目逐级汇总到上一级科目的总价中，然后由总价反算出单价。即使各下级科目均采用同一基数计算的单价，也不允许采用单价汇总的方式。

这种计算方法，也可以避免错误累加。不可预见费计算整理如表 4-36 所示。

馨苑项目一期不可预见费计算表　　　　　表 4-36

科目编码	科目名称	计算基数	工程量	单价（元）	总价（万元）
5001.07	不可预见费	建筑面积（m²）	48928	181.53	888.21

（前期工程费＋基础设施费＋建筑安装工程费＋公共配套设施费＋物业管理费）×5%

　　至此，开发成本下的所有成本项已全部计算完成。对已经计算完成的开发成本整理汇总如表 4-37 所示。实际在编制成本与收益测算时，全部在 Excel 表格里操作。此处为了给大家讲解详细的操作过程，将所有的表格计算进行逐步分解。在表格里操作时，需要注意的是，对于相关数据的计算关系、链接关系一定要固化，这样，在每编制一个新的项目的成本与收益时，不需要再重新设立公式关系，只需要填写基础的数据就可以。也可以借此避免因数据过多，在反复建立链接关系的过程中出现错误。

　　一些集团化的地产开发公司，将成本测算表进行固化后，只允许修改与填写基础数据，涉及计算的，均不允许对表格进行修改，就是为了避免修改表格引起计算错误。庞杂的数据，若各项目工作人员随意修改，将对审核工作带来极大的不便。

馨苑项目一期开发成本汇总表　　　　　表 4-37

科目编码	科目名称	计算基数	工程量	单价（元）	总价（万元）
	开发成本合计	建筑面积（m²）	48928	4244.17	20765.90
5001.01	土地获得成本	建筑面积（m²）	48928	431.96	2113.52
5001.02	前期工程费	建筑面积（m²）	48928	582.70	2851.01
5001.03	基础设施费	建筑面积（m²）	48928	319.83	1564.86
5001.04	建筑安装工程费	建筑面积（m²）	48928	2715.79	13287.84
5001.05	公共配套设施费	建筑面积（m²）	48928	7.36	36.00
5001.06	物业管理费	建筑面积（m²）	48928	5.00	24.46
5001.07	不可预见费	建筑面积（m²）	48928	181.53	888.21

　　开发成本计算，基本遵循"量""价"分离的原则；开发费用，多采用比例或系数计算方法。这是开发成本计算与开发费用估算最大的不同。

　　在开发成本的计算过程中，基础工程量的计算，要注意它与预算编制时工程量的不同。施工图预算编制时，其工程量计算基于完整的施工图纸，所有的工程量可依据图纸准确计算，同时图纸对于材料、设备的选用基本都有说明，在组价时也可以做到有据可依。

在成本估算时，缺少施工图作为计算工程量的支撑，对于材料、设备也缺少详细的说明。所以，工程量只能称为估算，但即使估算，也要做到有理有据。此时，估算各项工程量，除了日常工作经验积累之外，尚应粗略知晓设计的基本参数，否则计算工程量时很容易导致无从下手。

对于价格，建安工程的价格完全脱离定额，是按照完全市场化的单价计算，除建安工程费之外，其他科目下各成本项的价格，也是采取市场化的价格方式，但其他科目成本项的价格与建安费用科目下各成本项的价格不同。建安成本项下的价格即使采用市场价格，大家在日常中接触较多，比较熟悉，或者容易找到参照。其他科目下的成本项，需要多阅读类似的合同，或者通过在洽商合同时与对方详细沟通细节，可以逐步掌握除建安费用外其他各成本项的构成。

4.8　开发费用

房地产开发费用，是指与房地产开发项目有关的销售费用、管理费用、财务费用。

上述各项开发费用中均包含有间接费用与期间费用。

1. 开发间接费

《中华人民共和国土地增值税暂行条例实施细则》[1.]

第七条（二）开发间接费用，是指直接组织、管理开发项目发生的费用，包括工资、职工福利费、折旧费、修理费、办公费、水电费、劳动保护费、周转房摊销等。

《企业产品成本核算制度（试行）》的通知（财会 [2013] 17 号）[2.]

开发间接费，指企业为直接组织和管理开发项目所发生的，且不能将其直接归属于成本核算对象的工程监理费、造价审核费、结算审核费、工程保险费等。为业主代扣代缴的公共维修基金等不得计入产品成本。

对比财会 [2013]17 号文与土地增值税暂行条例实施细则，发现二者对归属于开发间接费用的划分不一致。需要明确的是，房地产开发项目编制成本与收益测算时，依据的是税务的核算原则。

《中华人民共和国企业所得税年度纳税申报表（A 类，2017 版）》
填报说明（国家税务总局公告 2017 年第 54 号）[43.]

A100000 填报说明"企业在计算应纳所得税额及应纳所得税时，企业会计处理与税收规定不一致的，应当按照税收规定计算。税收规定不明确的，在没有明确规定之前，暂按国家统一会计制度计算"。

成本测算以税务核算口径为准。对于开发间接费具体包含的内容，各省市关于土地增值税清算及企业所得税核算的政策规定不完全相同，具体执行各省市的规定。

举例说明。

海南省《关于印发土地增值税清算有关业务问答的通知》
琼地税函 [2015] 917 号 [44.]（注：实行营改增后，地税均已与国税合并）

六、如何界定开发间接费用？

房地产开发间接费用应按照《中华人民共和国土地增值税暂行条例实施细则》（财法字 [1995]6 号）第七条第二款第七项的规定界定，"关于直接组织、管理开发项目发生的费用"可按如下标准把握：

"直接组织、管理开发项目发生的费用"是指施工现场为组织、管理开发产品而实际发生的费用，对不属于为施工现场服务的部门，如行政管理部门、财务部门、销售部门等发生的费用不得列入。差旅费、会议费等费用也不得列入。

一般房地产开发公司中"为组织、管理开发产品"而投入的管理施工现场的人员主要为工程部负责人、各专业工程师、资料员等。按照土地增值税暂行条例实施细则规定及参照琼地函 [2015]917 号文的解释，工程部相关人员的工资、福利费、租赁办公场地或场所所发生的租赁费用、日常办公费用、水电费用等均计入开发间接费用中。

按照税务核算原则，已将工程监理费、造价审核费及结算审核费计入开发成本—前期工程费—监理及审价费成本项中。

特别提醒：对建设项目进行投资与收益测算时，对于成本科目的归集与计算需要采用税务核算口径，不能采用会计记账口径。主要是为了使该测算符合增值税、土地增值税、企业所得税等税务规定，由此保证测算出的投资与收益结果趋近于该项目建设完成后的税费清算结果，保证投资数据真实，保证收益数据可靠。无论会计按何种形式记账，税费清算时仍然遵从税务规定，重新梳理开发成本与开发费用。

2. 工程保险费

《建设工程施工合同》（示范文本）GF—2017—0201 通用条款

18.1 工程保险

除专用合同条款另有约定外，发包人应投保建筑工程一切险或安装工程一切险；发包人委托承包人投保的，因投保产生的保险费和其他相关费用由发包人承担。

建筑工程一切险、安装工程一切险"保障了因自然灾害及意外事故导致的物质损失，以及意外事故导致的第三者损失，其中涵盖了部分技术风险和人为风险，可为确保建筑工程项目的安全进展发挥重要作用"（来源于中国太平保险公司官方网站）。

建筑工程一切险（安装工程一切险），采用除外列明方式，为建筑工程项目物质损失部分（为机器设备的安装和调试）提供一切险保障，包括但不限于：火灾、爆炸 洪水、风暴、暴雨、雷击、飓风、暴风、地震、海啸。除此之外，还可承担业主或承包商依法承担的、由建筑作业所造成的对第三者财产损坏或人员伤亡的赔偿（来源于中国太平保险公司官方网站）。

建筑工程一切险（安装工程一切险）承保因除外责任以外的自然灾害或意外事故造成的在建工程物质损失，以及与建筑工程直接相关的（与所承保工程直接相关的）意外事故所造成的工地内或邻近地区内的第三者人身伤亡或财产损失（人身伤亡、疾病或财产损失）（来源于中国太平保险公司官方网站）。

建筑工程一切险，视建筑产品性质不同，如学校、住宅、商业等，以及保险的范围、期限，以建筑工程费为基数，各个保险公司的保险费率一般约在 1.4‰～6.0‰之间。

安装工程一切险，以安装工程费为基数，保险费率一般约在 3.0‰～6.0‰之间。

建筑工程一切险与安装工程一切险,本质上都属于财产保险。此二者一般都由建设方购买。

若某建设项目购买建筑工程一切险或安装工程一切险,则其已包含第三者责任险。一般建设项目较少购买这两个保险,故需要另行购买第三者责任险。

建设方对己方人员购买的第三者责任险计入其管理费用;施工方就其拟承建项目购买的第三者责任险计入其对建设方的报价中,即已包含在建筑安装工程费中。

按照税务核算原则,工程保险费不应计入开发成本,应计入管理费用中。计入开发成本与计入管理费用的主要区别在于,在计算土地增值税时,开发成本可以加计扣除,管理费用(开发费用)不能加计扣除。关于加计扣除,在后续计算土地增值税时将详细解释。

3. 期间费用

期间费用,是指企业本期发生的,不能直接或间接归入开发成本,而是直接计入当期损益的各项费用,包括销售费用、管理费用、财务费用等。换言之,在销售费用、管理费用、财务费用中分别含有期间费用。

期间费用是指不能直接归属于某个特定产品成本的费用。它是随着时间推移而发生的与当期产品的管理和产品销售直接相关,而与产品的产量、产品的制造过程无直接关系,即容易确定其发生的期间,而难以判别其所应归属的产品,因而是不能列入产品制造(开发)成本,而在发生的当期从损益中扣除。

例如:建筑安装工程费具体归属于 A 号楼、B 号楼或者其他的任何楼栋,是非常明确的,比如,A 楼的桩基归属于 A 楼建安工程费、B 楼的桩基归属于 B 楼的建安工程费。但是,管理费用、销售费用、财务费用中,其中各自有一部分费用是不能明确地归属到 A 号楼、B 号楼或者其他任何楼栋(即:不能直接归属于某个特定产品),这部分费用都和时间相关,一般随着时间的延长而增加(即:随着时间的推移而发生。比如管理费用,随着工期的延长而增加),故将此部分不能明确归属于某个产品的费用归入期间费用。

4. 销售费用

销售费用,主要包括开发间接销售费用、期间销售费用。

(1)广告费:也称为销售推广费,主要指与销售相关的媒体广告费(包括报纸广告、路牌广告、电视广告、短信及微信推送等)、广告制作费、展位费及展台搭建的费用、户外发布费、楼书印刷费、各种画面喷绘等发生的费用。

若单期开发、单期销售的项目，其广告费仅为当期服务，其成本归属是明确的，仅属于当期；若多期开发，考虑到开发项目的连续性，一般首期项目广告费投入较多，首期项目在宣传推广时，会将整个地块的项目全部予以宣传，重点推广一期；后续各期项目推广时，由于一期的广告带动效应，广告费用投入将相对减少，在此种情况下，首期的广告费用不能全部计入一期，需要将为了整盘考虑所发生的推广费用向各期分摊。

（2）代销佣金：房地产开发公司将房屋销售委托第三方公司进行销售，并将销售收入的一定比例支付给第三方公司作为报酬。

（3）自销奖金提成：房地产开发公司自行聘用人员进行销售，将销售收入的一定比例支付给自有销售人员的费用。

（4）外展处及售楼中心：

外展处：所谓外展处，就是为了增加房屋销售量，于项目所建造房屋之外，另行租赁房屋，或租赁场地进行建造，设置的商品房屋推广与销售场所。是售楼中心的另一种表现形式。外展处租赁、装修费用全部计入销售费用中。

售楼中心：一般设置于项目所在地块上，也可单独建造临时售楼中心，在房屋销售完成后或已销售房屋占比全部应销售房屋达到某一比例时予以拆除；也可使用项目上已建造完成的房屋，作为售楼中心使用，完成销售使命后将该房屋予以销售。

馨苑项目的售楼中心设置于项目二期已建造完成的房屋中，后期实现销售，故成本及收入均计入二期项目中。

装修费用计 $636m^2 \times 1560$ 元 $/ m^2 =99.22$ 万元。

一期不计列此费用，全部计入二期项目中。

售楼中心的成本计列方式与外展处不同。

若售楼中心在项目所在地块之外，另行租赁房屋，所发生的房屋租赁费、装修费，在核算土地增值税时，计入销售费用中。

若售楼中心在项目所在地块上，临时搭建房屋，使用一段时间，在完成销售任务后予以拆除，则搭建房屋及装修的费用，在核算土地增值税时，全部计入销售费用中。

若售楼中心使用项目所在地块上已有的建筑物进行装修后使用，在使用期限完成后连同装修一并销售，则该售楼中心的建造费用及装修费用，在核算土地增值税时，全部计入开发成本中。

若售楼中心使用项目所在地块上已有的建筑物进行装修后使用，在使用期限完成后将装修拆除，该作为售楼中心使用的房屋继续销售，则该作为售楼中心使用的房屋建安成本，在核算土地增值税时，全部计入开发成本中。装修费用在核算土地增值税时，全部计入销售费用中。

若售楼中心租赁或建造、装修费用，多期共用时，除计入开发成本时，其成本归属除随同销售的所在期外，凡计入销售费用的，需要分摊至各期。

（5）样板房装修费：

样板房设置有几种形式：一种是在项目所在地块上，搭建临时设施，户型与拟销售的房屋户型一致，进行装修后作为样板间使用，在房屋销售完成到某个阶段后予以拆除；另一种是，直接布置在已建造完成的楼栋内。

无论是在临时设施内，还是在永久性房屋内，对样板间进行装修、购买的家具家电等费用均属于样板房装修费。

馨苑项目一期设立精装修样板房两套，一套中式，一套欧式。设置于已建成的住宅内。

（6）示范区物业管理费：示范区主要包括入口接待处、现场售楼中心、示范景观区、样板房、从售楼中心至样板房的通道等，对于此范围内进行日常管理、清扫、维护等花费的成本，称为示范区物业管理费。

（7）合同交易费：预售合同或正式销售合同交易时需要缴纳的交易手续费用，由房地产开发公司承担。目前均实行网签合同，则为网签合同费用。该费用各地收取标准不一，具体以各地规定为准。

销售费用中的广告费和佣金，通常按照销售收入的一定比例计取，各房地产开发公司一般将广告费、代销佣金或自销奖金提成的费用，控制在销售收入的2.5% ～ 3.5% 之间。

需要先计算销售收入，然后再计算销售费用。为了方便计算，暂定高层及小高层可售面积的售价均为 10000 元 /m²。

通常，车库销售的佣金比例与住宅不同，此处，暂定统一比例计算。

广告费按照销售收入的 1.7% 计算，总价 =43660×1.7%=742.22 万元，可售面积单价 =742.22×10000/42016=176.65 元 /m²。

代销佣金按照销售收入的 1.3% 计算，计算方法同广告费。

销售费用及销售 / 收入计算整理如表 4-38 所示。

馨苑项目一期销售费用计算表　　　　表 4-38

科目 编码	科目 名称	计算 基数	工程量	单价 （元）	总价 （万元）
5001.08	**销售费用**	**建筑面积（m²）**	48928	292.19	1429.64
5001.08.01	**开发间接销售费用**	**建筑面积（m²）**	48928	292.19	1429.64
5001.08.01.01	广告费	可售面积（m²）	42016	176.65	742.22
5001.08.01.02	代销佣金	可售面积（m²）	42016	135.09	567.58
5001.08.01.03	自销奖金提成	可售面积（m²）			
5001.08.01.04	外展处及售楼中心	装修面积（m²）			
5001.08.01.05	样板房装修费	可售面积（m²）	42016	27.53	115.65
	中式样板房	装修面积（m²）	120	4500	54.00
	欧式样板房	装修面积（m²）	137	4500	61.65
5001.08.01.06	示范区物业管理费	可售面积（m²）			
5001.08.01.07	合同交易费	可售面积（m²）	46596	0.90	4.19
5001.08.01.97	其他	可售面积（m²）			
5001.08.02	**期间销售费用**	**建筑面积（m²）**			
5001.08.97	**其他**	**建筑面积（m²）**			
	销售收入	**可售面积（m²）**	46596	9369.90	43660
	住宅（高层）	**建筑面积（m²）**	25612	1 万元	25612
	住宅（小高层）	**建筑面积（m²）**	16404	1 万元	16404
	独立车库	**车位数**	137	12 万元	1644

注：可售面积 46596m² 包含独立车库面积 4580m²。

5. 管理费用

管理费用，主要包括职工工资、福利费、补贴、差旅费、社保费、办公费（如饮用水、邮政、传真、网费等）、办公室租赁及保洁绿化费、通信费、车辆日常使用维保费、招聘及培训费、董事会费、会务费、律师咨询服务费、财务审计费、固定资产购置或折旧费等，以及车船使用税、印花税（目前规定：在核算增值税、土地增值税时该两项税额计入"税金及附加"核算）等。

管理费用分为开发间接管理费用、期间管理费用。

管理费用通常按照除土地获得成本外的开发成本的 2% ～ 3% 预估。即，管理费用 =（前期工程费 + 基础设施费 + 建筑安装工程费 + 公共配套设施费 + 物业管理费 + 不可预见费）×（2% ～ 3%）。

对于应计入开发间接费用中的施工现场管理人员费用，除和当期建设项目的规模、派驻项目现场的人员数量、办公室场地费用有关外，还和该现场管理人员同时管理的项目数量有关。因为在多期滚动开发中，项目管理人员通常是对各个项目同时进行管理，故需要将该项费用向不同期的项目进行分摊。

该项费用占整个管理费用的比例，很难有非常确切的范围。在此，为了在后续的增值税计算时容易理解，暂且将开发间接管理费用按照除土地获得成本外的开发成本的 0.5% 预估，期间管理费用按照 2% 预估。

开发间接管理费用本质上也属于管理费用（管理费用包含间接管理费用、期间管理费用），将其从管理费中分离出来单独列项的原因，是在计算土地增值税时，开发间接费用可以计入开发成本，进行加计扣除。但管理费用中的期间费用不能加计扣除。

前期工程费 2851.01 万元 + 基础设施费 1564.86 万元 + 建筑安装工程费 13287.84 万元 + 公共配套设施费 36 万元 + 物业管理费 24.46 万元 + 不可预见费 888.21 万元 =18652.38 万元。

开发间接管理费用 =18652.38×0.5%=93.26 万元。

期间管理费用 =18652.38×2%=373.05 万元。

管理费用计算结果整理汇总如表 4-39 所示。

馨苑项目一期管理费用计算表   表 4-39

科目编码	科目名称	计算基数	工程量	单价（元）	总价（万元）
5001.09	管理费用	建筑面积（m²）	48928	95.31	466.31
5001.09.01	开发间接管理费用	建筑面积（m²）	48928	19.06	93.26
5001.09.02	期间管理费用	建筑面积（m²）	48928	76.24	373.05
5001.09.97	其他	建筑面积（m²）			

6. 财务费用

财务费用是指企业为筹集生产经营所需资金而发生的各项筹资费用，包括利息支出、汇兑损益以及相关的手续费、其他财务费用等。

其中，利息支出是财务费用中占比较大的费用项。利息支出和借款额度、借款时间等相关。借款额度和项目的自有资金多寡、项目销售节奏、销售方式、资金回笼速度等有关。一般在项目投资收益测算完成后，按照工程计划进度节点编制资金计划，按照销售计划及预期售价编制回款计划，根据用款计划与回款计划之间的缺口额度、缺口时间，综合考虑融资额度及期限。

此处暂定贷款额度为除土地获得成本外的开发成本的 40%，即拟贷款金额 =（前期工程费 + 基础设施费 + 建筑安装工程费 + 公共配套设施费 + 物业管理费 + 不可预见费）×40%=18652.38×40%=7460.95 万元。

贷款基准利率暂定 4.95%，不同时期、不同项目，贷款利率在基准利率的基础上实行浮动，暂且按照上浮 30% 计算。

7460.95 万元并不是一次全额贷款，而是分次贷款，每次贷款的额度与贷款期限不同，需要结合项目的现金流进行详细计算，避免贷款额度不够或者贷款额大于实际需要额度，产生过多的利息负担。

本案例中，暂按 7460.95 万元平均贷款期限一年半计算贷款利息。

贷款利息 =7460.95× 贷款基准利率 4.95%×（1+ 上浮比例 30%）× 贷款期限 1.5 年 =720.17 万元。

财务费用计算如表 4-40 所示。

馨苑项目一期财务费用计算表　　　　　　　　　　表 4-40

科目编码	科目名称	计算基数	工程量	单价（元）	总价（万元）
5001.10	管理费用	建筑面积（m²）	48928	147.19	720.17
5001.10.01	开发间接财务费用	建筑面积（m²）			
5001.10.02	期间财务费用	建筑面积（m²）	48928	147.19	720.17
5001.10.97	其他	建筑面积（m²）			

至此，计算完成全部开发费用。将开发费用整理汇总如表 4-41 所示。

馨苑项目一期开发费用汇总表　　　　　　　　　　表 4-41

科目编码	科目名称	计算基数	工程量	单价（元）	总价（万元）
	开发费用	建筑面积（m²）	48928	536.32	2624.08
5001.08	销售费用	建筑面积（m²）	48928	292.19	1429.64

续表

科目 编码	科目 名称	计算 基数	工程量	单价 （元）	总价 （万元）
5001.09	管理费用	建筑面积（m²）	48928	95.94	469.44
5001.10	财务费用	建筑面积（m²）	48928	148.18	725.00

除税负外，开发成本、开发费用已全部计算完成。在计算上述费用时，均按照"量""价"分离的原则计算的含税总价，汇总如表4-42所示。

馨苑项目一期开发成本开发费用汇总表　　　　表 4-42

科目名称	计算基数	工程量	单价（元）	含税总价（万元）
合计	建筑面积（m²）	48928	4778.86	23382.02
开发成本	建筑面积（m²）	48928	4244.17	20765.90
开发费用	建筑面积（m²）	48928	534.69	2616.12

注：表4-42中详细数据来源："馨苑项目目标成本与收益测算表（1.车位售价12万元税负计算）"。

　　房地产开发项目中，基于销售考虑，更为关注的是可售面积的每平方米造价，故需要将已经计算完成的含税总价，计算出建筑面积指标及可售面积指标。

　　增值税、土地增值税等税负的计算均需要以上述的开发成本、开发费用为基础进行计算。故开发成本、开发费用计算的准确性直接影响税负的核算。

　　同时，在计算这些相关税费之前，需要先将开发成本及开发费用中包含的进项税额予以剥离，即实行"价""税"分离。将含税销售收入中包含的销项税额予以剥离。剥离各成本项下的进项税额与含税销售收入中的销项税额，是计算增值税、土地增值税等的基础。

　　增值税模式不同于营业税的最主要区别在于，在营业税模式下计算土地增值税时，不需要对各成本项中包含的营业税进行剥离，扣除开发成本时，扣减的为包含各成本项营业税税额在内的成本。增值税模式下，扣除开发成本时，扣除的是各成本项的"价"—即不含税成本，所以必须对各成本项剥离进项税额。

4.9　建筑面积及可售面积指标计算

　　建筑面积，在未特别注明的情况下，均指全部建筑面积。

可售面积，指能够取得销售收入，并办理产权移交（指转移产权给各实际购房人）的房屋面积。比如，开发并用于销售的住宅、写字楼、商铺、独立车库等。

人防地下室可出租，但不能出售，不能办理产权转移，其面积不能计入可售面积中。

学校、幼儿园，在建设完成后无偿移交政府的，不能取得销售收入，其成本可计入公共配套设施费中，其建筑面积不属于可售面积。

会所，在建设完成后供全体业主免费使用，不取得销售收入，不发生产权转移的，其成本可计入公共配套设施费中，其建筑面积不属于可售面积。

学校、幼儿园、会所，在建设完成后，作为商品房屋单独销售，取得销售收入，并办理产权转移的，其成本不得计入公共配套设施费中，与住宅、商铺等性质等同，需要单独计列成本，并将其建筑面积计入可售面积中。

小区内，服务于全体业主的物业管理用房、设备用房等，不计算可售面积。

按照上述原则，馨苑项目可售面积包括：高层住宅 25612m²、小高层住宅 16404 m²、独立车库 4580 m²，合计 46596 m²。

不可售面积包括：人防地下室 2212 m²、配电房 120 m²，合计 2332 m²。

需要将已经计算完成的开发成本、开发费用换算为两个面积指标：以总建筑面积 48928 m² 计算的指标、以可售面积 46596 m² 计算的指标。

计算方法为：

①分别用最末级成本项的"含税总价"÷ 总建筑面积 = 建筑面积指标；

②分别用最末级成本项的"含税总价"÷ 可售面积 = 可售面积指标。

示例：已知地质勘查费用 8.35 万元。

8.35 万元 × 10000 ÷ 建筑面积 48928 m²=1.71 元 /m²；

8.35 万元 × 10000 ÷ 可售面积 46596 m²=1.79 元 /m²。

其余各成本项的指标计算方法均同。

在完成进项税额剥离后，计算建筑面积及可售面积指标的方法相同。计算增值税、土地增值税时，采用的是剥离进项税额后的总价与指标。

可售面积小于建筑面积，故可售面积指标较建筑面积指标高。

按照上述示例的计算方法，将各成本项逐项计算出建筑面积指标与可售面积指标。

此处，仅对二级科目成本项的指标整理对比如表 4-43 所示。

建筑面积、可售面积指标表　　　　表 4-43

科目名称	含税总价（万元）	建筑面积指标（元 /m²）	可售面积指标（元 /m²）
开发成本	20765.90	4244.17	4456.58
土地获得成本	2113.52	431.96	453.58
前期工程费	2851.01	582.70	611.86
基础设施费	1564.86	319.83	335.84
建筑安装工程费	13287.84	2715.79	2851.71
公共配套设施费	36.00	7.36	7.73
物业管理费	24.46	5.00	5.25
不可预见费	888.21	181.53	190.62
开发费用	2616.12	534.69	561.45
销售费用	1429.64	292.19	306.82
管理费用	466.31	95.31	100.08
财务费用	720.17	147.19	154.56
总计	23382.02	4778.86	5018.03

　　详细的最末级科目指标计算及上一级科目的汇总，详见"馨苑项目目标成本与收益测算表（1. 车位售价 12 万元税负计算）"。

　　对于房地产开发企业而言，制订房屋销售价格的依据是可售面积的指标。在计算开发费用中的销售费用时，由于销售费用与销售收入的关联性，故暂先假定一个房屋销售价格为基数计算。在实际进行成本与收益测算时，可售面积指标是同步计算的，在确定销售价格前，需要参考已经计算出的可售面积指标来确定销售价格。

　　从上述指标可知，住宅、车库的平均可售面积指标为 5018.03 元 /m²，它表明，房屋售价不得低于此价格，低于此价格销售，则表示"收"不抵"支"。该指标为综合指标，暂未考虑住宅与车库的成本差异，以及销售方式、销售价格的不同。

　　那 5018.03 元 /m² 是否就是成本价？答案是否定的！因为该指标尚未考虑各项应缴税负，实际销售时还需要考虑应缴的各项税费，在将税负成本一并计算后，可售面积指标将会进一步提高。

上述指标可以理解为销售价格的下限。

每期建设项目中，通常有商业、住宅、车库等不同建筑类型的产品，需要分别核算不同产品的成本及可售面积指标，以便正确地针对产品成本制定销售政策，确定不同产品的销售价格。

在兼顾土地增值税、企业所得税核算的要求下，更需要分别核算不同产品的成本、收益，以及各自应缴纳的税费。

4.10　成本的拆分与分摊

说明：以"馨苑项目目标成本与收益测算表（1.车位售价12万元税负计算）"——目标成本中的数据为依据，进行成本的分摊计算。

在计算应缴税费时，住宅、商业、写字楼、地下车库是否可以将成本混同计算，销售收入合并计算？

按照土地增值税、企业所得税的清算与征收规定，都需要分别核算成本与收入，这就涉及成本的拆分与分摊。

成本的拆分：指涉及多期项目时，对共同发生的成本按照某一原则分别拆分至各期项目上，拆分须对应最末级科目。

成本的分摊：指在每一期项目中，涉及多种类型的产品，需要将某些共同发生的成本分摊至每一种类型的产品上。

也有房地产企业将上述成本的拆分与分摊统称为成本分摊。但无论如何命名，拆分与分摊的原则都必须符合土地增值税、企业所得税处理办法中对房地产开发企业的规定。

成本拆分和分摊涉及两个方面：一是对目标成本的拆分与分摊；二是对合同的拆分与分摊。

二者的拆分及分摊原则一致。合同必须与成本的分摊完全对应。本章节仅计算成本的拆分与分摊。

合同的拆分与分摊属于成本执行阶段成本动态管控时需要完成的工作，若实际工作中房地产开发企业采用成本管理软件，实施线上成本管控，则成本的拆分与分摊规则确定后，合同录入后会自动对应所在成本项已设置好的成本拆分与分摊规则，实现合同的拆分与分摊。

成本经拆分和分摊后，产生以下三个层次的成本指标：

第一层次：项目总成本、项目平均可售面积指标；

第二层次：分期项目各期总成本、各期平均可售面积指标；

第三层次：各期项目中各类型产品的分别成本和各自的可售面积指标。

具体对应到馨苑项目中，则仅存在第二层次和第三层次的成本指标。在本书
4.9 节建筑面积与可售面积指标中，已经计算出馨苑项目当期的总成本、当期的
平均可售面积指标。

在本书 3.3 节规划指标中，JX 项目因涉及 2000 多亩地，需要对总的土地成本、
公共配套设施费等拆分至各期项目成本中，然后再分摊至各期项目的不同产品中。

只有考虑了成本的拆分与分摊后，测算的各项税费才趋近真实。

成本拆分与分摊的基本原则：谁受益，谁承担。

需要分摊的成本是明确的，还有更重要的一项需要确定：谁是成本分摊的承
担者？

成本分摊后的承担者确定：总结为最简单的分摊原则就是，凡需要分开单独
核算土地增值税、企业所得税的，就需要单列为一个可售产品类型，除承担明确
属于自身所花费的成本外，尚需与其他可售产品共同分摊共同成本。

核算土地增值税的依据：

《中华人民共和国土地增值税暂行条例》[16.]

第二条　转让国有土地使用权、地上的建筑物及其附着物（以下简称转让房地产）
并取得收入的单位和个人，为土地增值税的纳税义务人（以下简称纳税人），应当依照本
条例缴纳土地增值税。

《国家税务总局关于印发〈土地增值税清算管理规程〉的通知》
（国税发〔2009〕91 号）[45.]

房地产开发企业将开发的部分房地产转为企业自用或用于出租等商业用途时，如果
产权未发生转移，不征收土地增值税，在税款清算时不列收入，不扣除相应的成本和费用。

按照土地增值税暂行条例及国税发〔2009〕91 号文精神，凡是用于销售，且
发生产权转移的，需要征收土地增值税。

判断土地增值税是否征收的前提，不是是否取得收入，比如租赁收入，而是
是否发生产权转移。这是界定土地增值税是否征收的基础条件。以赠予方式，未
取得收入，但发生产权转移的，同样需要缴纳土地增值税。

馨苑项目中小高层住宅地上部分、高层住宅地上部分、独立地下车库，都用于销售，且需要给购房人办理产权证，发生产权转移，故需要列明收入，核算并缴纳土地增值税。

若缴纳土地增值税，需要核算对应的收入、成本和费用。所谓对应的收入、成本和费用，是指不同的产品各自核算。故小高层住宅地上部分、高层住宅地上部分、独立地下车库，就属于成本分摊后的承担者，需要分别列明收入与成本。

住宅与车库，属于两个完全不同的产品类型，需要将住宅与车库分别列项计算。

但无论是小高层，还是高层，它们都属于住宅，那么对同属于住宅的产品，是否可以将二者的成本混同计算，并混同核算土地增值税、企业所得税？

《国家税务总局关于房地产开发企业土地增值税清算管理有关问题的通知》（国税发 [2006] 187 号）[46.]

一、土地增值税的清算单位

土地增值税以国家有关部门审批的房地产开发项目为单位进行清算，对于分期开发的项目，以分期项目为单位清算。

开发项目中同时包含普通住宅和非普通住宅的，应分别计算增值额。

馨苑项目中的住宅到底属于普通住宅还是非普通住宅？二者的划分标准是什么？

《国务院办公厅转发建设部等部门关于做好稳定住房价格工作意见的通知》（国办发 [2005] 26 号）[42.]

五、普通住宅应同时满足以下条件：住宅小区建筑容积率在 1.0 以上、单套建筑面积在 120m² 以下、实际成交价格低于同级别土地上住房平均交易价格 1.2 倍以下。各省、自治区、直辖市要根据实际情况，制定本地区享受优惠政策普通住房的具体标准。允许单套建筑面积和价格标准适当浮动，但向上浮动的比例不得超过上述标准的 20%。

面积浮动：120×1.2=144m²。

价格浮动：1.2×1.2=1.44 倍。

馨苑项目住宅面积：

A 楼：地上面积 7537 m² ÷ 64 户 = 户均 117.76 m²。

B 楼：地上面积 8867 m² ÷ 64 户 = 户均 138.55 m²。

C 楼：地上面积 25612 m² ÷ 216 户 = 户均 118.57 m²。

A、B、C 楼户均面积均小于 144 m²，故全部按照普通住宅的标准核算土地增值税，可将馨苑项目中的高层与小高层住宅合并为同类产品，计算成本、收入、土地增值税。

馨苑项目核算土地增值税时，只需要单列两个产品类型：其一为普通住宅；其二为独立车库。

已知需要单独核算成本与收入的产品类型，接下来就需要计算成本的拆分与分摊。针对馨苑项目，仅就当期计算成本分摊。在成本分摊时，除成本归属非常明确的成本项外，比如建安成本可以明确到 A 楼、B 楼、C 楼或者车库。这种可归属明确的成本项分摊计算时比较容易。成本分摊的难点，主要在于那些不易区分成本归属的成本项。比如，土地成本、管理费用等。针对这些不易明确归属的成本项，就需要制订成本分摊的原则。

无论哪个房地产开发企业，其成本分摊的原则均是基于国家土地增值税、企业所得税核算的要求制定的。只有按照国家税法或其他财税政策的规定先行测算，才能保证项目在实施完成后，国家税务部门对该项目的税费清算结果与之前的测算结果保持一致。控制税费测算的偏差，才能保证测算结果中的利润率与实际完成项目税费清算后的利润率基本相当。也就是说，成本与收益测算的准确性必须要有保证。

成本分摊原则，基于土地增值税与企业所得税清算或核算规定。

《国家税务总局关于房地产开发企业土地增值税清算管理有关问题的通知》（国税发 [2006] 187 号）[46]

四、土地增值税的扣除项目

（五）属于多个房地产项目共同的成本费用，应按清算项目可售建筑面积占多个项目可售总建筑面积的比例或其他合理的方法，计算确定清算项目的扣除金额。

《房地产开发经营业务企业所得税处理办法》（国税发 [2009] 31 号）[3.]

第二十九条 企业开发、建造的开发产品应按制造成本法进行计量与核算。其中，应计入开发产品成本中的费用属于直接成本和能够分清成本对象的间接成本，直接计入成本对象，共同成本和不能分清负担对象的间接成本，应按受益的原则和配比的原则分配至各成本对象。

（一）占地面积法—指按已动工开发成本对象占地面积占开发用地总面积的比例进行分配。

2. 分期开发的，首先按本期全部成本对象占地面积占开发用地总面积的比例进行分配，然后再按某一成本对象占地面积占期内全部成本对象占地总面积的比例进行分配。

期内全部成本对象应负担的占地面积为期内开发用地占地面积减除应由各期成本对象共同负担的占地面积。

（二）建筑面积法—指按已动工开发成本对象建筑面积占开发用地总建筑面积的比例进行分配。

2. 分期开发的，首先按期内成本对象建筑面积占开发用地计划建筑面积的比例进行分配，然后再按某一成本对象建筑面积占期内成本对象总建筑面积的比例进行分配。

直接成本法—指按期内某一成本对象的直接开发成本占期内全部成本对象直接开发成本的比例进行分配。

（四）预算造价法—指按期内某一成本对象预算造价占期内全部成本对象预算造价的比例进行分配。

第三十条 企业下列成本应按以下方法进行分配：

（一）土地成本——般按占地面积法进行分配。如果确需结合其他方法进行分配的，应商税务机关同意。

按照上述国税发 [2009]31 号文的规定，土地成本不能按照建筑面积或可售面积分摊，而需要根据各单体的占地面积分摊土地成本。

首先需要明确：土地成本，仅向可计算容积率的建筑面积分摊。容积率 = 地上建筑面积 ÷ 土地面积。

地下建筑面积，无论是独立车库、人防地下室、自行车棚等，均不分摊土地成本。

地上建筑面积，馨苑项目中有住宅 42016 m²，配电房 120 m²，共计 42136 m²。但配电房本身属于公共配套设施，不可售，其成本尚需分摊至各可售产品中。如果将土地成本先向配电房分摊，然后需要将分摊有土地成本的配电房全部成本二次分摊至各可售产品中，这样计算比较烦琐。故考虑配电房的配套属性，将土地成本不再向配电房分摊，而全部分摊至可售住宅产品中。

将馨苑项目划分为普通住宅与独立车库两种产品类型，土地成本分摊方式如表 4-44 所示。

表 4-44

区分普通住宅与独立车库两种产品类型分摊土地成本

科目代码	科目名称	计算基数	工程量	单价（元）	含税总价（万元）	普通住宅（可售面积）			独立车库（可售面积）		
						工程量	单价（元）	含税总价（万元）	工程量	单价（元）	含税总价（万元）
5001.01	土地获得成本	建筑面积 m²	48928	431.96	2113.52	42016	503.03	2113.52	4580		
5001.01.01	国有土地使用权出让金	土地面积亩	20.10	100万元	2010.00	20.10	100万元	2010.00	0		
5001.01.02	土地征用及拆迁安置补偿费	土地面积亩									
5001.010.3	项目转让价款	土地面积亩									
5001.01.04	土地契税	土地面积亩	20.10	3万元	60.30	20.10	3万元	60.30	0		
5001.01.05	城镇土地使用税	土地面积 m²	13400	30	40.20	13400	30	40.20	0		
5001.01.97	其他	土地面积亩	20.10	0.15万元	3.02	20.10	0.15万元	3.02	0		

由于馨苑项目仅有普通住宅和车库两种产品类型核算，土地成本全部归属于住宅，实际上未出现按照占地面积分配土地成本的问题。若实际某项目规划有商铺、非普通住宅的情况下，就需要将土地面积划归不同的产品。

仍以馨苑项目为例，假定 A、B、C 楼属于三个不同的产品类型，按照 A、B、C 楼各自的占地面积与当期项目建设用地面积的比例进行分配。

各楼的占地面积详见表 3-2 馨苑项目一期 A、B、C 楼地下室与底层建筑面积比较表。

A 楼占地面积：471.06 m^2；B 楼占地面积：554.19 m^2；C 楼占地面积：1067.17 m^2；合计：2092.42 m^2。

土地面积 13400 m^2。

A 楼应分摊土地成本的比例：471.06÷2092.42=22.51%；

或 A 楼应分摊的土地面积：22.51%×13400=3016.70 m^2。

B 楼应分摊土地成本的比例：554.19÷2092.42=26.49%；

或 B 楼应分摊的土地面积：26.49%×13400=3549.07 m^2。

C 楼应分摊土地成本的比例：1067.17÷2092.42=51.00%；

或 C 楼应分摊的土地面积：51.00%×13400=6834.23 m^2。

上述 22.51%+26.49%+51.00%=100%。

3016.7+3549.07+6834.23=13400 m^2。

A 楼分摊的各项土地成本计算示例：

土地出让金 =2010 万元 ×22.51%=452.51 万元；

或应分摊的土地面积 =3016.70 m^2/666.667=4.53 亩；

4.53 亩 ×100 万元 =452.51 万元。

土地契税 =60.30 万元 ×22.51%=13.58 万元；

或 4.53 亩 ×3 万元 =13.58 万元。

城镇土地使用税 =3016.70 m^2×30 元 / m^2=9.05 万元。

其他土地成本 =3.02 万元 ×22.51%=0.68 万元。

B 楼、C 楼土地成本分摊的计算方法同 A 楼。

将 A、B、C 楼区分为三种不同类型的产品，土地成本分摊后计算如表 4-45 所示。

表 4-45

区分 A、B、C 楼及独立车库四种产品类型分摊土地成本

科目代码	科目名称	计算基数	工程量	单价（元）	含税总价（万元）	工程量	单价（元）	含税总价（万元）	工程量	单价（元）	含税总价（万元）	工程量	单价（元）	含税总价（万元）
						A楼（可售面积）			B楼（可售面积）			C楼（可售面积）		
5001.01	土地获得成本	建筑面积m²	48928	431.96	2113.52	7537	631.30	475.81	8867	631.00	559.51	25612	420.87	1077.93
5001.01.01	国有土地使用权出让金	土地面积亩	20.10	100万元	2010.00	4.53	100万元	452.51	5.32	100万元	532.36	10.25	100万元	1025.13
5001.01.02	土地征用及拆迁安置补偿费	土地面积亩												
5001.010.3	项目转让价款	土地面积亩												
5001.01.04	土地契税	土地面积亩	20.10	3万元	60.30	4.53	3万元	13.58	5.32	3万元	15.97	10.25	3万元	30.75
5001.01.05	城镇土地使用税	土地面积m²	13400	30	40.20	3016.7	30	9.050	3459.07	30	10.38	6834.23	30	20.50
5001.01.97	其他	土地面积亩	20.10	0.15万元	3.02	4.53	0.15万元	0.68	5.32	0.15万元	0.80	10.25	0.15万元	1.54

注：因独立车库不分摊土地成本，数据列较多，无法全部显示，故暂未单列独立车库。

在表 4-45 中，A、B 楼的土地成本分摊后，两者的土地成本每平方米可售面积的指标相当，均为 631 元 / m²；而 C 楼土地成本折算到可售面积后，每平方米土地成本指标远低于 A、B 楼。这也就解释了，在同样面积的土地上，容积率越高，地上可售建筑面积越大，可售面积指标中的土地成本指标将逐渐减小。对于房地产企业土地增值税清算，各地存在的争议一直比较多，故各地政策对于分摊的规定不一定相同，在计算土地增值税时，一定要咨询当地税务机关，执行当地的土地增值税清算规定。否则，测算的结果将与最终税务机关对项目的税费清算结果出现较大的偏差，导致成本及收益测算的结果失去参考的价值，或导致投资偏差。

以陕西省西安市为例，其对土地成本的分摊与国税发 [2009]31 号文的精神就不尽相同。

西安市地方税务局 关于明确土地增值税若干政策问题通知

（西地税发 [2010] 235 号）[47.]

十三、同一清算项目不同房地产类型共同的成本、费用分摊问题

对于同一清算项目中不同房地产类型共同的成本包括土地使用权成本，房地产开发成本、费用的分摊计算，暂按照以下原则处理：

1. 同一清算项目中不同类型房地产分普通住宅和非普通住宅分别计算增值额、增值率，缴纳土地增值税；

2. 对不同房地产类型共同的成本、费用包括土地使用权成本、开发费用等，**一律按照建筑面积占比进行分摊，分别核算增值额、增值率；**

3. 对不同房地产类型所属的土地使用权成本，如能提供确切证明材料（如决算报告、图纸等）且能明确区分的，可单独按其实际占地计算土地使用权成本。

西地税发 [2010]235 号与国税发 [2006]187 号文对于成本、费用分摊的规定不同，前者规定全部按照建筑面积占比分摊；后者规定按可售建筑面积占比分摊。建筑面积≠可售建筑面积。

按照建筑面积分摊，有可能出现某建筑物所分摊的土地面积小于建筑物占地面积的情况，所以这种分摊方法的合理性有待商榷。但是，这是一种比较简单的土地成本分摊方法，操作简单易行。

在表 4-45 中，A、B、C 楼的土地成本是按《房地产开发经营业务企业所得

税处理办法》国税发 [2009]31 号文的第三十条规定"占地面积法进行分配"的。再将 A、B、C 楼的土地成本按照陕西省西安市税务局西地税发 [2010]235 号文规定的"建筑面积占比"分摊方法计算一次，然后比较二者有何异同。

需要强调的是，在西地税发 [2010]235 号文中的"建筑面积"中，未明确指的是全部建筑面积还是地上建筑面积，在此考虑到地下建筑物建筑面积不计算容积率，不参与土地成本分摊的特殊性，我们将此处的"建筑面积"暂且理解为"地上建筑面积"。

按照"建筑面积占比"分摊土地成本计算如下：

A 楼地上建筑面积：7537 m^2；B 楼地上建筑面积：8867 m^2；C 楼地上建筑面积：25612 m^2；合计：42016 m^2。

A 楼应分摊土地成本的比例：7537÷42016=17.94%；

或 A 楼应分摊的土地面积：17.94%×13400=2403.75 m^2。

B 楼应分摊土地成本的比例：8867÷42016=21.10%；

或 B 楼应分摊的土地面积：21.10%×13400=2827.92 m^2。

C 楼应分摊土地成本的比例：25612÷42016=60.96%；

或 C 楼应分摊的土地面积：60.96%×13400=8168.34 m^2。

上述 17.94%+21.10%+60.96%=100%；

2403.75+2827.92+8168.34=13400 m^2。

A 楼分摊的各项土地成本计算：

土地出让金 =2010 万元 ×17.94%=360.56 万元；

土地契税 =60.30 万元 ×17.94%=10.82 万元；

城镇土地使用税 =2403.75 m^2×30 元 / m^2=7.21 万元。

其他土地成本 =3.02 万元 ×17.94%=0.54 万元。

将 B、C 楼土地成本分摊额按照 A 楼的计算方法一并计算。

将 A、B、C 楼的土地成本，按照建筑面积占比分摊计算完成后如表 4-46 所示。

在表 4-46 中，A、B、C 楼的土地成本指标均相等，为 503.03 元 / m^2。

表 4-46

A、B、C楼按建筑面积占比法分摊土地成本计算表

科目代码	科目名称	计算基数	工程量	单价(元)	含税总价(万元)	A楼(建筑面积)			B楼(建筑面积)			C楼(建筑面积)		
						工程量	单价(元)	含税总价(万元)	工程量	单价(元)	含税总价(万元)	工程量	单价(元)	含税总价(万元)
5001.01	土地获得成本	建筑面积 m²	48928	431.96	2113.52	7537	503.03	379.13	8867	503.03	446.03	25612	503.03	1288.35
5001.01.01	国有土地使用权出让金	土地面积 亩	20.10	100万元	2010.00	3.61	100万元	360.56	4.24	100万元	424.19	12.25	100万元	1225.25
5001.01.02	土地征用及拆迁安置补偿费	土地面积 亩												
5001.010.3	项目转让价款	土地面积 亩												
5001.01.04	土地契税	土地面积 亩	20.10	3万元	60.30	3.61	3万元	10.82	4.24	3万元	12.73	12.25	3万元	36.76
5001.01.05	城镇土地使用税	土地面积 m²	13400	30	40.20	2403.75	30	7.21	2827.92	30	8.48	8168.34	30	24.51
5001.01.97	其他	土地面积 亩	20.10	0.15万元	3.02	3.61	0.15万元	0.54	4.24	0.15万元	0.64	12.25	0.15万元	1.84

对比表 4-45、表 4-46 中各楼的土地成本指标。

A、B、C 楼土地成本不同分摊法计算结果比较　　　表 4-47

土地成本指标	A 楼 （元 /m²）	B 楼 （元 /m²）	C 楼 （元 /m²）
按占地面积法	631.30	631.00	420.87
按建筑面积占比法	503.03	503.03	503.03

表 4-47 中，按照占地面积法计算的土地成本相较于按照建筑面积占比法计算时，同样的占地面积上，地上建筑面积越小，每平方米可售面积分摊的土地成本越大，比如 A、B 楼；反之，地上建筑面积越大，其分摊的土地成本越小。然而，按照建筑面积分摊方法计算后，则无论该占地面积上建有多大面积，土地成本一律相同。

显然，后一种方法不符合土地出让金的定价原则，因为土地出让金除和地块所在区域、建筑物性质（工业用、商业用、住宅用）等相关外，还和其容积率相关。容积率越高，同样一块土地上，可建设的地上建筑面积越多，意味着可销售的面积增大，获利空间增加，故相对来说其出让金更高。

按照建筑面积占比法分摊土地成本的计算方法，恰恰抹杀了土地的增值属性。

但是按照建筑面积占比法计算土地成本时，非常容易计算，且不容易引起分歧，从实用性来讲，对于非专业人员也可以直接计算。所以，作为税务局的规定来说，大家全部执行同一标准即可。

关于土地成本的分摊原则，需要查阅项目所在地税务局的详细规定，也可直接到当地税务部门进行咨询。在进行项目成本测算前一定要了解清楚，按照当地税务规定进行土地成本的分摊，其他各项成本的分摊规定与原则亦同。

除土地成本外，前期工程费、基础设施费、建筑安装工程费等的成本分摊原则，首先是能够分清成本承担对象的，直接计入成本对象。比如建筑安装工程费，就非常容易区分。其次对于不易区分成本承担对象的，按照受益原则和配比原则承担。

所谓受益原则，就是谁受益，谁承担。比如，车库内设置的限高、限速标识等，就完全归属于地下车库成本。

所谓配比原则，就是不能适用占地面积法，又很难区分受益对象。比如，管理费用，就很难区分到底归属哪个产品类型。

成本分摊的基本原则，其一，按土地面积分摊；其二，按建筑面积分摊；其三，按可售面积分摊。

景观设计和土地成本一样，需要按土地面积分摊。

不可销售的人防地下室、地下自行车棚等，其成本应纳入商品房成本，不得向独立地下车库分摊。

按照可售面积分摊示例。

（1）设计费分摊方法 1：

住宅可售面积 42016 m^2，独立地下车库可售面积 4580 m^2，可售面积合计 46596 m^2。

住宅可售面积占比：42016 ÷ 46596=90.17%；

车库可售面积占比：4580 ÷ 46596=9.83%。

施工图设计费 122.32 万元 "按照可售面积分摊" 计算：

住宅分摊：122.32 × 90.17%=110.297 万元；

车库分摊：122.32 × 9.83%=12.023 万元。

设计费 122.32 万元的组成：

住宅地上 42016 m^2 × 25 元 / m^2=105.04 万元；

住宅地下人防 2212 m^2 × 25 元 / m^2=5.53 万元；

配电室 120 m^2 × 25 元 / m^2=0.3 万元；

独立车库 4580 m^2 × 25 元 / m^2=11.45 万元。

因人防地下室建造于住宅之下，未独立建造，且考虑其战备属性，主要是为居住在房屋中的人员服务，无论是否建造独立车库，人防地下室应配备的面积指标都不会改变，它仅和地面上的建筑相关。其成本应全部计入其上商品房成本中。

将上述按照建筑面积计算的设计费与按照可售面积分摊后的设计费进行比较：

住宅地上地下设计费合计 105.04+5.53=110.57 万元；

分摊后住宅设计成本 110.30 万元＜住宅设计费 110.57 万元。

通过比较发现，按照上述分摊方式计算出的住宅含分摊成本后，设计成本竟然小于分摊前，那显然这种分摊方法计算出来的各产品成本是不符合 "谁受益，谁承担" 原则的。因为在上述分摊计算时，未将人防地下室成本直接归属于其上商品房成本中。

（2）设计费分摊方法 2：

配电室设计费 0.3 万元 + 人防地下室设计费 5.53 万元 =5.83 万元。

5.83×90.17%=5.26 万元；

5.83×9.83%=0.57 万元。

分摊后住宅设计成本 =105.04+5.26=110.297 万元；

分摊后车库设计成本 =11.45+0.57=12.023 万元。

比较方法 1 和方法 2，发现二者实质上将本应归属于商品房的人防地下室设计费均分摊给独立地下车库。显然，方法 1 和方法 2 计算出来的分摊结果都是错误的。那是否可以将人防地下室面积与其上商品房面积合计计算，与独立车库共同分摊成本呢？

（3）设计费分摊方法 3：

住宅及人防地下室面积 =42016+2212=44228 m²；

住宅及人防地下室、独立车库面积 =44228+4580=48808 m²。

住宅及人防地下室面积占比：44228÷48808=90.62%；

车库可售面积占比：4580÷48808=9.38%。

施工图设计费 122.32 万元分摊：

住宅分摊：122.32×90.62%=110.8418 万元；

车库分摊：122.32×9.38%=11.4782 万元。

方法 3 的错误在于将人防地下室面积当作可售面积，承担了配电室的设计成本。人防地下室本身就属于不可售面积，故其不能再承担其他不可售面积需要分摊的成本。

再换一种思路，需要将人防地下室的设计费用先彻底地归属于商品房屋，仅对属于公建配套的配电房的设计成本进行分摊。

（4）设计费分摊方法 4：

0.3×90.17%=0.27 万元；

0.3×9.83%=0.03 万元。

分摊后住宅设计成本 =105.04+5.53+0.27=110.8405 万元；

分摊后车库设计成本 =11.45+0.03=11.4795 万元；

合计：110.84+11.48=122.32 万元。

用方法 3 和方法 4 分别计算的分摊后的住宅、车库的设计成本数据差异很小，主要原因在于需要分摊的配电室设计费金额较小，如果需要分摊的成本金额较大，则方法 3 与方法 4 计算出来的结果差异较大。故不能说方法 3 与方法 4 在本案例中计算出的数值差异较小，就采用方法 3 的分摊方法。

假定需分摊部分的建筑面积为 6000 m²，比较方法 3 与方法 4 分摊结果的差异：

住宅地上 42016 m² × 25 元 / m²=105.04 万元；

住宅地下人防 2212 m² × 25 元 / m²=5.53 万元；

需分摊 6000 m² × 25 元 / m²=15.00 万元；

独立车库 4580 m² × 25 元 / m²=11.45 万元；

设计费合计 137.02 万元。

采用方法 3 计算分摊：

分摊后住宅设计成本 =137.02 × 90.62%=135.946 万元；

分摊后车库设计成本 =137.02 × 9.38%=12.852 万元。

采用方法 4 计算分摊：

分摊后住宅设计成本 =105.04+5.53+15 × 90.17%=124.096 万元；

分摊后车库设计成本 =11.45+15 × 9.83%=12.925 万元。

将需要分摊部分的成本放大后，可以发现方法 3 与方法 4 计算的结果是不一样的。

在各成本项的分摊计算中，凡"按照可售面积分摊"的，计算方法均同"设计费分摊方法 4"。

特别提醒：针对具体项目的成本分摊原则，请查询当地政策规定或咨询当地税务机关，执行当地政策；同时，各房地产开发公司一般会结合当地税收政策制订本公司的成本分摊原则，该分摊原则是成本与财务经沟通后制订的，在一个集团内部的项目全部要执行。在成本测算时，成本人员需要按各自公司的规定进行成本的拆分与分摊，否则，其测算结果将与财务最终结果不一致，有可能出现较大的收益偏差。

对于公共配套设施费的分摊，除符合房地产开发企业土地增值税处理办法外，尚应符合企业所得税处理办法的规定。

《房地产开发经营业务企业所得税处理办法》
（国税发 [2009] 31 号）³·

第十七条　企业在开发区内建造的会所、物业管理场所、电站、热力站、水厂、文体场馆、幼儿园等配套设施，按以下规定进行处理：

（一）属于非营利性且产权属于全体业主的，或无偿赠与地方政府、公用事业单位的，可将其视为公共配套设施，其建造费用按公共配套设施费的有关规定进行处理。

（二）属于营利性的，或产权归企业所有的，或未明确产权归属的，或无偿赠与地方政府、公用事业单位以外其他单位的，应当单独核算其成本。除企业自用应按建造固定资产进行处理外，其他一律按建造开发产品进行处理。

其他各项成本的分摊原则，一是符合国家政策规定，二是符合当地规定。以西安市为例。

西安市地方税务局《关于明确土地增值税若干政策问题通知》

（西地税发 [2010] 235 号）[47.]

二、清算项目的确定问题

清算项目以规划部门审批的《建设工程规划许可证》或房屋管理部门颁发的《商品房预售许可证》中所列建设项目为准。

四、住宅和非住宅的确认问题

判断房产属住宅或非住宅，以《商品房预售许可证》和房产证记载的房产用途为准。

五、普通住宅的征免税问题

纳税人开发的房地产项目，由多栋单体建筑组成，有的单体建筑属普通住宅，有的属其他商品房的，包括商住楼、综合楼等单体建筑中既有普通住宅，又有其他商品房的，必须分别按照"普通住宅""非普通住宅"两类核算土地增值额计算土地增值税。

纳税人对普通住宅和其他商品房未分别进行财务核算的，可根据平均成本分摊法分别核算普通住宅和其他商品房的土地增值额，即根据平均每平方米建筑面积的扣除项目金额乘以相应的房产建筑面积，分别确定普通住宅和其他商品房的扣除项目金额分别计算土地增值税。

十七、车位、车库、车棚成本的核算问题

车位、车库、车棚成本的核算，暂按照以下原则处理：

1. 对有产权且能够转让的车位、车库等，其核算作为转让不动产同其他不动产一样计算土地增值税；

十九、同时开发多个房地产项目共同发生的开发费用分摊问题

同时开发多个房地产项目共同发生的管理费用、财务费用、销售费用暂按以下原则处理：

1. 同时开发多个项目共同发生的财务费用，企业必须按照资金用途、资金流向等明确证据在开发项目间按项目进行准确归集，核算清楚；

2. 同时开发多个房地产项目共同发生的管理费用和销售费用，应明确核算，准确分摊，对不能准确、合理分摊的，应按清算项目建筑面积占多个项目总建筑面积的比例计算确定。

对于人防地下室，虽然不可销售，但实际中很多房地产开发企业对其进行出租，出租收入按规定需要缴纳房产税。

对于人防地下室的出租收入，是否需要缴纳土地增值税，各地政策规定不一。

按照国税发〔2009〕91 号文的规定，用于出租，但其产权未发生转移时，不征收土地增值税，在税款清算时其出租收入也不计算，该出租产品发生的成本和费用在计算土地增值时也不扣除。就意味着该出租产品的成本、收入均需要单列。

西安市规定，人防地下室不允许销售，不计算土地增值税，其成本、费用可向可售产品中分摊。但是该规定对于出租收入如何处理未予明确。该规定和国税发〔2009〕91 号文的规定不同。实际上西安市规定是将人防地下室完全作为公共配套设施进行处理的，如果作为公共配套性质，则不能予以出租，或者该出租收入供全体业主享有。

《房产测量常见问题解答》
西安市房产测量事务所（2005 年 3 月）

"地下人防建筑相当于某种市政公用建筑，其功能具有社会开放性，虽然目前大部分人防建筑采用平战结合设计，平时具备其他一定的使用功能和经济价值，但其产权是不允许交易、转让的"。

以上内容主要解释了在当期中成本如何向不同的产品分摊，若项目所在地为较大面积的地块，需要分多期开发与建设，则涉及成本拆分事宜。

对多期项目的成本拆分时，各期成本能明确归属的，直接归属于各期项目，成本拆分主要涉及的多为土地成本、公共配套设施成本。

土地成本，按照各期建设用地面积占全部建设用地面积的比例，进行分摊。具体的拆分方法在本书 4.1 节土地成本计算时已经做了详细解释。

公共配套设施成本，按照各期可售面积占宗地全部可售面积的比例拆分。

拆分与分摊的关系：先将宗地上需要拆分的成本分别由各期承担，然后再将当期的成本向不同产品分摊。

在计算成本的拆分与分摊时，需要特别注意售楼中心、样板房的建筑安装工程费及精装修费的性质。凡属于某期项目独有的，其成本全部归属于当期项目，不分摊；凡属于多期项目共用的，其成本可拆分至各期，分摊至不同产品。

成本分摊的主要目的，是为了按照税务规定核算土地增值税、企业所得税等。售楼中心、样板房的相关成本，除考虑其成本分摊外，尚需考虑其后期销售与否。

在核算土地增值税时，售楼中心、样板房的建筑安装工程费用、精装修费用到底计入开发成本，还是计入开发费用，取决于其是否利用当期建筑物设置，以及该当期建筑物最后是否实现销售取得销售收入，并发生产权转移。

成本的拆分与分摊需要结合后续的税负计算来看，否则不容易理解。

成本拆分与分摊的详细计算过程及计算结果见"馨苑项目目标成本与收益测算表（1.车位售价12万元税负计算）—目标成本"。

4.11　不含税成本及进项税额的计算

计算进项税额的主要目的，是为了计算增值税等各项税负。建筑业、房地产业自2016年5月1日起实行增值税政策，至此，全国范围内各行业均全面实行增值税征收政策，营业税彻底退出历史舞台。

为了更好地理解房地产业及建筑业的增值税，需要简单地回顾并了解一下营业税。

营业税的计税依据为计税营业额。营业税属于价内税，所谓价内税是指商品价值或价格内包含应纳税的此项税金，因而作为计税依据的营业额为纳税人提供应税劳务、转让无形资产或者销售不动产时向对方收取的全部价款和价外费用（包括基金、集资款、手续费、代收代垫款项及其他各种性质的价外费用），价外费用均应依法并入营业额计算应纳税额。

原营业税纳税人、征税范围、计税依据及税率如表4-48所示。

原建筑业、房地产业营业税税率表　　　　　表 4-48

税目	征收范围	税率
建筑业	建筑、安装、修缮、装饰及其他工程作业	3%
销售不动产	销售建筑物及其他土地附着物	5%

营业税计征模式下，不需要将各成本项中包含的营业税额进行剥离，各成本项均为含税成本。

营改增政策施行的基础文件为《关于全面推开营业税改征增值税试点的通知》（财税 [2016]36 号）文及其 4 个附件。

增值税是以商品（含应税劳务）在流转过程中产生的增值额作为计税依据而征收的一种流转税。从计税原理上说，增值税是对商品生产、流通、劳务服务中多个环节的新增价值或商品的附加值征收的一种流转税，实行价外税，也就是由消费者负担，有增值才征税没增值不征税。

关于增值税的纳税人，增值税暂行条例有明确规定。

《中华人民共和国增值税暂行条例》
（国务院令第 691 号，2017 年版）[6.]

第一条　在中华人民共和国境内销售货物或者加工、修理修配劳务（以下简称劳务），销售服务、无形资产、不动产以及进口货物的单位和个人，为增值税的纳税人，应当依照本条例缴纳增值税。

第四条　除本条例第十一条规定（小规模纳税人的应税销售行为）外，纳税人销售货物、劳务、服务、无形资产、不动产（以下统称应税销售行为），应纳税额为当期销项税额抵扣当期进项税额后的余额。应纳税额计算公式：

应纳税额 = 当期销项税额 − 当期进项税额

按照增值税暂行条例的规定，要计算增值税即"应纳税额"时，需要先分别计算"销项税额"及"进项税额"。房地产开发项目的销项税额相对容易计算。进项税额计算时，因涉及众多的成本项，不同成本项对应的合同类别不同，适用的增值税税率不同，故需要针对每一末级成本项分别计算进项税额。

在计算进项税额之前，需要先了解计算方法，然后核实每一成本项对应的增值税税率，以保证准确计算进项税额。

《营业税改征增值税试点实施办法》（财税 [2016] 36 号文附件 1）[7.]

第二十三条 一般计税方法的销售额不包括销项税额，纳税人采用销售额和销项税额合并定价方法的，按照下列公式计算销售额：

销售额 = 含税销售额 ÷（1+ 税率）

第二十二条 销项税额，是指纳税人发生应税行为按照销售额和增值税税率计算并收取的增值税额。销项税额计算公式：

销项税额 = 销售额 × 税率

结合第二十二、二十三条规定，则销项税额 = 含税销售额 ÷（1+ 税率）× 税率。

同一项销售服务行为，对于提供服务的销售方而言，增值税专用发票上载明的金额为销售额，即收入，发票上载明的税额为销项税额；对于接受服务的采购方而言，发票上载明的金额为采购人的支出，即成本，发票上载明的税额为进项税额。

对于建设项目成本，分离"价""税"，即指将开发成本、开发费用价格中所包含的税额全部分离出来。这些税额因属于建设方"采购服务"所发生，故对于建设方而言，均属于进项税额。

不同销售服务的类别，以财税 [2016]36 号文附件 1 的注释为准。为了方便计算，将不同的销售别与税率的对应关系整理成表 4-49，方便在计算进项税额时迅速查找适用税率，直接应用。

增值税税率变化表　　　　表 4-49

纳税人	应税行为	2016/5/1前增值税税率	2016/5/1增值税税率	2017/7/1增值税税率	2018/5/1增值税税率	2019/4/1增值税税率
小规模纳税人	包括原增值税纳税人和营改增纳税人，从事货物销售，提供增值税加工、修理修配劳务，以及营改增各项应税服务	征收率3%	征收率3%	征收率3%	征收率3%	征收率3%
原增值税一般纳税人	销售或者进口货物（另有列举的货物除外）；提供加工、修理修配劳务	17%	17%	17%	16%	13%

续表

纳税人	应税行为	2016/5/1前增值税税率	2016/5/1增值税税率	2017/7/1增值税税率	2018/5/1增值税税率	2019/4/1增值税税率
原增值税一般纳税人	粮食、食用植物油、鲜奶	13%	13%	11%	10%	9%
	自来水、暖气、冷气、热气、煤气、石油液化气、天然气、沼气、居民用煤炭制品					
	图书、报纸、杂志					
	饲料、化肥、农药、农机（整机）、农膜					
	国务院规定的其他货物					
	农产品（指各种动、植物初级产品）；音像制品；电子出版物；二甲醚；食用盐					
	出口货物（出口退税）	0%	0%	0%	0%	0%

营业税及增值税税率变化及对比表 4-50。

表 4-50 中，载明的销售服务类别及增值税税率，是进行进项税额计算的基础。

开发成本及开发费用进行"价""税"分离时，分离出的"价"即为不含税成本，"税"即为进项税额。需要注意，不是所有的成本项都可以分离出税额。因为有一部分成本项是免征增值税的。

同时符合以下条件代为收取的政府性基金或者行政事业性收费免征增值税。

营业税及增值税税率变化及对比表　表 4-50

营业税及增值税税率变化及对比表

1. 由国务院或者财政部批准设立的政府性基金，由国务院或者省级人民政府及其财政、价格主管部门批准设立的行政事业性收费；

2. 收取时开具省级以上（含省级）财政部门印制的财政票据；

3. 所收款项全额上缴财政。

这个免征，不是指对房地产开发公司的免征，是指房地产开发公司缴纳上述的相关费用时，所拿到的缴费凭证即财政票据（非增值税专用发票）上显示的金额本身为不含增值税的金额。指的是对收款单位（政府财政）的免征。

根据上述免征增值税的规定，对开发成本中不能分离出"税"的成本项整理汇总如下，便于计算"价""税"分离时使用：

①国有土地使用权出让金；

②土地契税（其本身就属于"税"，不能分离出"价"）；

③质监费；

④人防异地建设费；

⑤劳保统筹费；

⑥散装水泥专项基金；

⑦新型墙体材料专项费用；

⑧住宅及公建建设配套费；

⑨廉租房易地建设费；

⑩部分证照办理及审核费用。

根据上述列明的不能分离出"税"的成本项可以发现，它们的共同点是：建设单位将上述费用均上缴给了具有代收权限的政府相关行政部门；相关行政部门给开发商开具省级以上财政部门印制的财政票据；该费用由代收的相关行政部门上缴财政。

故根据上述共同点，可以很容易地判断哪些费用属于财政费用性质。这个问题，换个角度就更容易理解为什么这些费用是免征增值税的。

以住宅及公建建设配套费为例：假如该配套费用缴纳时包含增值税，则建设方向政府相关行政部门缴纳时，代收款的行政部门要给建设方开具一张增值税专用发票，税率假定 $n\%$，则原配套费变为：$240 \times (1+n\%)$，然后，建设方在缴纳增值税时，将配套费中已包含的增值税（进项税额）予以扣减，即假设：

应纳税额 1= 销项税额 $-240 \times n\%-$ 其他进项税额。

实际上该配套费用免征增值税，即建设方缴纳该项费用时未产生进项税额，仅产生 240 元的成本，故建设方应纳税额应为：

应纳税额 2= 销项税额 $-$ 其他进项税额。

应纳税额 2=应纳税额 1+$240 \times n\%$，销项税额保持不变。通过计算与比较发现，对于建设方来说，其总支出的税负没有变化，当然，从现金流的角度考虑，后者比前者对于建设方来说更有利。从整个行业链条上来说，上缴财政的总税款没有变。

换言之，销项税额没有变化，应纳税额与进项税额之和等于销项税额，应纳税额和进项税额属于此消彼长的关系。

增值税是在流通环节产生的，由消费者或者买受人承担，政府属于市场的调节者而非消费者，从这个角度而言，不能向政府转嫁增值税。故上述上缴财政的费用全部属于"价"，无"税"可剥离。

对于其余成本项，全部按照下述计算方法分离"价"与"税"：

不含税成本 = "总价" ÷（1+ 税率）；

进项税额 = "价" × 税率。

税率按照表 4-49、表 4-50 "营业税与增值税税率变化对比表"中列明的增值税税率计算。计算方法举例。

例 1：勘察费的"价""税"分离

地质勘查属于销售服务—（六）现代服务—研发和技术服务—工程勘察勘探服务—地质勘查，增值税税率 6%。

岩土勘察工程费含税总价 8.35 万元。

不含税成本 =8.35 ÷（1+6%）=7.88 万元。

进项税额 =7.88 × 6%=0.47 万元。

例 2：设计费的"价""税"分离

比如，设计属于：销售服务—（六）现代服务—3. 文化创意服务—（1）设计服务—工程设计，增值税税率 6%。

扩初、施工图设计费"总价"122.32 万元。

不含税成本 =122.32 ÷（1+6%）=115.40 万元。

进项税额 =115.40 × 6%=6.92 万元。

外立面设计费"总价"19.57 万元。

不含税成本 =19.57 ÷（1+6%）=18.46 万元。

进项税额 =18.46 × 6%=1.11 万元。

将勘察费及建筑设计费已计算完成的进项税额整理如表 4-51 所示。

勘察费及设计费进项税额计算表　　　　　　表 4-51

科目编码	科目名称	含税总价（万元）	不含税成本（万元）	进项税额（万元）	主要税率
5001.02.01	**勘察费**	12.06	11.38	0.68	
5001.02.01.01	岩土勘测工程	8.35	7.88	0.47	6%

续表

科目编码	科目名称	含税总价（万元）	不含税成本（万元）	进项税额（万元）	主要税率
5001.02.01.02	文物普探工程	2.68	2.53	0.15	6%
5001.02.01.03	基坑钻探	1.03	0.97	0.06	6%
5001.02.01.97	其他				
5001.02.02	**规划设计费（部分）**				
5001.02.02.01	**规划设计费**				
5001.02.02.02	**建筑设计费**	141.89	133.86	8.03	
5001.02.02.02.01	概念设计费				
5001.02.02.02.02	方案设计费				
5001.02.02.02.03	施工图设计费	122.32	115.40	6.92	6%
5001.02.02.02.04	外立面设计费	19.57	18.46	1.11	6%

施工准备费中的不含税成本及进项税额计算示例：

场地平整属于销售服务—（四）建筑服务—其他建筑服务—其他建筑服务—平整场地，增值税税率9%。

场地平整含税总价6.70万元。

不含税成本 =6.70÷（1+9%）=6.15万元。

进项税额 =6.15×9%=0.55万元。

土方外运或回填（地坪拆除、垃圾外运）属于销售服务—（四）建筑服务—其他建筑服务—其他建筑服务—表面附着物剥离和清运，增值税税率9%。

土方外运或回填含税总价56万元。

不含税成本 =56÷（1+9%）=51.38万元。

进项税额 =51.38×9%=4.62万元。

将施工准备费已计算完成的进项税额整理如表4-52所示。

施工准备费进项税额计算表（部分）　　　　　　　表4-52

科目编码	科目名称	含税总价（万元）	不含税成本（万元）	进项税额（万元）	主要税率
5001.02.05	施工准备费	230.56	211.52	19.04	

续表

科目编码	科目名称	含税总价 （万元）	不含税成本 （万元）	进项税额 （万元）	主要税率
5001.02.05.01	场地平整	6.70	6.15	0.55	9%
5001.02.05.02	土方外运或回填	56.00	51.38	4.62	9%
5001.02.05.03	清地上地下建筑物				
……	……				

在上述进项税额计算时，岩土勘察及建筑设计费与施工准备费成本科目的增值税税率不同。需要按照上述计算方法，从最末级科目逐项计算，分别对应最末级成本项各自的增值税税率，然后将计算完成的不含税成本及进项税额汇总至其上一级科目。

其余各科目计算不含税成本及进项税额的方法同上述示例的计算方法，只要查实各最末级成本项的增值税税率，就可以直接计算。

计算不含税成本及进项税额时，不需要再单列表格，直接在"目标成本与收益测算表"中增加相应的计算列就可以。

建筑安装工程费中，桩基工程、基坑支护工程、总分包工程费用，均属于场地平整属于销售服务—（四）建筑服务—工程服务—工程服务，增值税税率9%。

电梯设备采购属于货物销售，适用13%的增值税税率。电梯设备安装，适用3%的增值税征收率。

国家税务总局《关于进一步明确营改增有关征管问题的公告》

（国家税务总局公告2017年第11号）[48]**自2017年5月1日起施行**

一、纳税人销售活动板房、机器设备、钢结构件等自产货物的同时提供建筑、安装服务，不属于《营业税改征增值税试点实施办法》（财税〔2016〕36号文件印发）第四十条规定的混合销售，应分别核算货物和建筑服务的销售额，分别适用不同的税率或者征收率。

四、一般纳税人销售电梯的同时提供安装服务，其安装服务可以按照甲供工程选择适用简易计税方法计税。

纳税人对安装运行后的电梯提供的维护保养服务，按照"其他现代服务"缴纳增值税。

**国家税务总局公告 2018 年第 42 号施行后，国家税务总局公告 2017 年
第 11 号第四条同时废止。**

自 2019 年 4 月 1 日起，货物销售，增值税税率 13%；建筑服务，增值税税率
9%，征收率 3%；简易计税，增值税征收率 3%。

对于活动板房、机器设备、钢结构的销售，适用货物销售；三者的安装，适
用建筑服务。

**国家税务总局《关于明确中外合作办学等若干增值税征管问题的公告》
（国家税务总局公告 2018 年第 42 号）[49] 自 2018 年 7 月 25 日起施行**

六、一般纳税人销售自产机器设备的同时提供安装服务，应分别核算机器设备和安
装服务的销售额，安装服务可以按照甲供工程选择适用简易计税方法计税。

纳税人对安装运行后的机器设备提供的维护保养服务，按照"其他现代服务"缴纳
增值税。

国家税务总局公告 2017 年第 11 号第四条同时废止。

电梯属于机器设备，其销售与安装分别适用税率 13%、3%。

电梯安装后的保养服务，适用增值税税率 6%。

销售费用中，广告费计算时适用 6% 的增值税税率，但外展处及售楼中心以
及样板房装修费中的硬装均属于工程施工，适用 9% 的增值税税率。软装（购买
的家具、窗帘、电器设备等）属于货物购买（货物销售），适用 13% 的增值税
税率。

销售费用的不含税成本及进项税额的计算方法同前期工程费中各个示例，只
是适用增值税税率的不同，将计算结果直接整理如表 4-53 所示。

销售费用进项税额计算表　　　　表 4-53

科目编码	科目名称	含税总价（万元）	不含税成本（万元）	进项税额（万元）	主要税率
5001.08	销售费用	1429.64	1343.87	85.78	
5001.08.01	开发间接销售费用	1429.64	1343.87	85.78	
5001.08.01.01	广告费	742.22	700.21	42.01	6%
5001.08.01.02	代销佣金	567.58	535.45	32.13	6%

科目 编码	科目 名称	含税总价 （万元）	不含税成本 （万元）	进项税额 （万元）	主要 税率
5001.08.01.03	自销奖金提成				
5001.08.01.04	外展处及售楼中心				
5001.08.01.05	样板房装修费	115.65	104.01	11.64	
计算行	中式硬装	24.00	22.02	1.98	9%
计算行	中式软装	30.00	26.55	3.45	13%
计算行	欧式硬装	27.40	25.14	2.26	9%
计算行	欧式软装	34.25	30.31	3.94	13%
5001.08.01.06	示范区物业管理费				
5001.08.01.07	合同交易费	4.19	4.19	0	免征增值 税
5001.08.01.97	其他				

管理费用中，能取得增值税专用发票的项目主要包括：办公室租赁费用；购买的办公桌椅、文件柜、电脑、打印机、纸张等费用；购买的车辆、保险、车辆保养维修等费用；水电费用等。

不能取得增值税专用发票的项目主要包括：工资、奖金、补贴等。

管理费用中能取得增值税专用发票的费用占管理费用的比例较难确定，新成立企业与已运营多年的企业，以及同时开发项目的规模，对管理费用中各项占比都有一定影响。

本次计算中，暂且考虑能取得增值税专用发票的管理费用占总的管理费用的40%。实际发生额的比例应视每个公司的实际情况确定。

管理费用中不含税成本 = 管理费用 ×40% ÷（1+6%）+ 管理费用 ×60%。

管理费用中进项税额 = 管理费用 ×40% ÷（1+6%）×6%。

开发间接管理费用含税价 93.26 万元，暂定 40% 取得增值税专用发票，其中：

不含税成本 =93.26×40% ÷（1+6%）+93.26×60%=91.15 万元；

进项税额 =93.26×40% ÷（1+6%）×6%=2.11 万元。

期间管理费用含税价 373.05 万元，其中：

不含税成本 =373.05×40% ÷（1+6%）+373.05×60%=364.60 万元；

进项税额 =373.05×40%÷（1+6%）×6%=8.45 万元。

进项税额计算，涉及三个计算列：其一是总成本中的含税成本的"价税分离"；其二是住宅产品含税成本的"价税分离"；其三是独立车库含税成本的"价税分离"。

详细计算过程见"馨苑项目目标成本与收益测算表（1.车位售价12万元税负计算）—目标成本"。将计算完成的开发成本及开发费用的不含税成本及进项税额整理如表 4-54、表 4-55 所示。

总成本中不含税成本及进项税额汇总表　　　　　表 4-54

科目编码	科目名称	含税总价（万元）	不含税成本（万元）	进项税额（万元）	其他税额（万元）	主要税率
开发成本＋开发费用		23382.02	21783.58	1497.94	100.50	
	开发成本	20765.90	19304.55	1360.84	100.50	
5001.01	土地获得成本	2113.52	2013.02	0.00	100.50	
5001.02	前期工程费	2851.01	2802.79	48.22		6%
5001.03	基础设施费	1564.86	1435.61	129.25		9%
5001.04	建筑安装工程费	13287.84	12182.16	1105.68		9%
5001.05	公共配套设施费	36	33.03	2.97		9%
5001.06	物业管理费	24.46	23.08	1.38		6%
5001.07	不可预见费	888.21	814.87	73.34		9%
	开发费用	2616.12	2479.02	137.10		
5001.08	销售费用	1429.64	1343.87	85.78		6%
5001.09	管理费用	466.31	455.75	10.56		6%
5001.10	财务费用	720.17	679.40	40.76		6%

注：土地获得成本中的"其他税额"100.50万元，指契税、城镇土地使用税，此二者不能作为增值税的进项税额扣减，故单列。

表 4-55

住宅及独立车库不含税成本及进项税额汇总表

科目编码	科目名称	普通住宅					独立车库				主要税率
		含税总价（万元）	不含税成本（万元）	进项税额（万元）	其他税额（万元）	含税总价（万元）	不含税成本（万元）	进项税额（万元）	其他税额（万元）	
	开发成本＋开发费用	20666.08	19302.39	1294.40	100.50	2715.94	2513.66	203.55		
	开发成本	18290.47	17051.76	1169.40	100.50	2475.43	2285.26	191.44		
5001.01	土地获得成本	2113.52	2013.02	0.00	100.50					
5001.02	前期工程费	2644.16	2631.33	44.03		206.85	203.94	4.19		6%
5001.03	基础设施费	1488.98	1365.99	122.99		75.88	69.62	6.27		9%
5001.04	建筑安装工程费	11215.32	10280.76	934.55		2072.52	1901.40	171.13		9%
5001.05	公共配套设施费	36	33.03	2.97						9%
5001.06	物业管理费	22.17	20.91	1.25		2.30	2.17	0.13		6%
5001.07	不可预见费	770.33	706.73	63.61		117.88	108.14	9.73		9%
	开发费用	2375.62	2250.62	124.99		240.50	228.40	12.10		
5001.08	销售费用	1300.49	1222.00	78.49		129.15	121.87	7.29		6%
5001.09	管理费用	422.55	412.98	9.57		43.76	42.77	0.99		6%
5001.10	财务费用	652.58	615.64	36.94		67.59	63.76	3.83		6%

含税造价 = 不含税成本 + 进项税额。

在表 4-54 中，不含税开发成本 + 进项税额 =19304.55+1360.84=20665.40 万元 ≠ 含税开发成本 20765.90 万元。主要原因在于，土地获得成本中，土地契税 60.30 万元、城镇土地使用税 40.20 万元属于应纳税额，但不属于可抵扣的进项税额，在计算增值税与土地增值税、企业所得税时，对土地契税的扣减方式不一样，故需要将此项税费单列项，方便后续计算。

住宅进项税额 1169.40+ 车库进项税额 191.44=1360.84 万元 = 总成本中计算的进项税额 1360.84 万元。

说明：在计算过程中没有错误，如果二者不相等，说明在计算时某个成本项出现计算错误。因为涉及的数值过多，在计算过程中一般需要计算与校核同时进行，避免错误累积，得出错误的收益测算数值。

进项税额的这种分项之和等于总进项税额的数学逻辑关系，是否同样适用于销项税额？

在计算不含税成本及进项税额时，不允许从二级科目直接分离计算，必须从最末级科目，对每一成本项逐项计算，二级科目及三级科目属于汇总科目项。因为在二级科目或三级科目项目下，各末级成本项的增值税税率并非完全一致，需要按照各自的税率分别计算"价"与"税"。

进项税额分离，是投资收益测算非常重要的一步，若进项税额计算错误，则意味着分离出来的"成本价"有误。进项税额计算错误会导致增值税计算错误；"成本价"计算错误将导致土地增值税、企业所得税计算错误，这些错误累加后，测算的收益同样出现错误。

所以，在进行价税分离时，一定要查阅清楚不同成本项的税率，或者是否免征，准确核算。

4.12　销项税额的计算

销项税额和销售收入相关，在本书 4.8 节开发费用计算时，因销售费用要以销售收入为基数计算，故已先行计算了销售收入。特别强调：在本书 4.8 节所计算的销售收入为含税销售额。

含税销售额与销售额不是一个概念，不能混同，特别是它涉及销项税额的计算。财税 [2016]36 号文中的销售额均指不含税销售额。

《营业税改征增值税试点实施办法》（财税 [2016] 36 号文 附件 1）[7.]

第二十三条 一般计税方法的销售额不包括销项税额，纳税人采用销售额和销项税额合并定价方法的，按照下列公式计算销售额：

销售额 = 含税销售额 ÷（1+ 税率）

按照上述财税 [2016]36 号文附件 1 第二十三条的规定，计算馨苑项目的销售额。房地产开发企业的房屋销售属于不动产销售，适用的增值税税率为 9%，暂且计算出销售额（即不含税销售收入）如下：

销售额 =43660 ÷（1+9%）=40055.05 万元。

房地产开发企业，其制订销售价格时，需要先核算每一种不同房屋产品的实际成本，每一种产品成本都需要考虑开发成本、开发费用、各项税费等。其中，开发成本中包含土地成本，也就是说，上述的含税销售额 43660 万元已经包含土地成本。

土地成本对于开发项目而言，是一项在总成本构成中占比较大的成本项，通常认为建安成本在房地产开发项目中占比较大，但实际上，某些项目的土地成本的占比甚至超过建安成本的占比。

馨苑项目中，每亩土地单价相对较低，在计算成本时暂定为 100 万元 / 亩，土地出让金共 2010 万元，43660 万元中已包含 2010 万元。

2010 ÷（1+9%）=1844.04 万元。

即，销售额 40055.05 万元中包含土地出让金 1844.04 万元，假定，将土地出让金作为销售额，则必须计算由此产生的销项税额，即有：1844.04×9%=165.96 万元。

土地是国家出让给房地产企业的，按照上述计算，也就意味着房地产开发企业要就上述土地再向国家缴纳增值税 165.96 万元。在计算土地成本时已经特别明确，国家向房地产开发企业出让土地是免征增值税的，从这个角度而言，前面出让土地时免征，后面销售房屋时又征收，有点前后矛盾，故国家针对房地产开发企业就此做了特别的规定。

《营业税改征增值税试点有关事项的规定》（财税 [2016] 36 号文 附件 2）[50.]

第一条、第（三）项销售额第 10 条款明确：房地产开发企业中的一般纳税人销售其开发的房地产项目（选择简易计税方法的房地产老项目除外），以取得的全部价款和价外费用，扣除受让土地时向政府部门支付的土地价款后的余额为销售额。

按照财税 [2016]36 号文附件 2 第一条第（三）项销售额中第 10 条的规定，房地产开发企业计算销项税额时需要扣除土地价款。"取得的全部价款和价外费用"指含税销售收入 43660 万元。

"土地价款"是否指成本科目中"5001.01 土地获得成本"的全部金额 2073.32 万元？为了避免对"土地价款"的包含范围理解不一致，国家又陆续出台了相关的政策文件。在相关财税政策文件中对"土地价款"所包含的范围做了进一步的解释和说明，同时，各地在国家政策的基础上进一步明确了当地的执行政策。

《关于明确金融 房地产开发 教育辅助服务等增值税政策的通知》（财税 [2016] 140 号）[51.]

《营业税改征增值税试点有关事项的规定》（财税〔2016〕36 号）第一条第（三）项第 10 点中"向政府部门支付的土地价款"，包括土地受让人向政府部门支付的征地和拆迁补偿费用、土地前期开发费用和土地出让收益等。

土地受让人：指取得土地使用权的建设方。

土地出让人：指国家。

请注意，此处所述的土地前期开发费用指政府部门对土地进行一级整理所花费的相应的征地费用、拆迁补偿费用等。但若政府部门对土地进行一级整理的话，该地块出让时，政府部门会相应提高该地块的土地出让金，也就意味着，实际上房地产开发企业已经通过扣减土地出让金的方式，间接扣减了土地前期开发费用。

房地产开发企业直接进行的土地拆迁、安置补偿等费用，不属于土地价款，不能从全部价款和价外费用中予以扣减。

若仍然不能透彻理解上述规定，下述 18 号公告给予进一步的明确。

《房地产开发企业销售自行开发的房地产项目增值税征收管理暂行办法》（国家税务总局公告 2016 年第 18 号）[52.] 自 2016 年 5 月 1 日起施行

第四条 房地产开发企业中的一般纳税人（以下简称一般纳税人）销售自行开发的房地产项目，适用一般计税方法计税，按照取得的全部价款和价外费用，扣除当期销售房地产项目对应的土地价款后的余额计算销售额。销售额的计算公式如下：

销售额 =（全部价款和价外费用 − 当期允许扣除的土地价款）÷（1+11%）（注：2016 年税率 11%，2019 年 4 月 1 日起税率 9%）

第五条 支付的土地价款，是指向政府、土地管理部门或受政府委托收取土地价款的单位直接支付的土地价款。

第六条 在计算销售额时从全部价款和价外费用中扣除土地价款，应当取得省级以上（含省级）财政部门监（印）制的财政票据。

国家税务总局公告 2016 年第 18 号，特别明确了土地价款，仅指向政府相关部门支付，并取得财政票据的土地价款。显然，房地产开发企业自行拆迁，向拟安置人员支付的安置费用、拆迁费用等并不能取得财政票据，不属于可扣减的土地价款。

各地为了更清晰地界定土地价款的范围，分别出台相应的政策。对于房地产开发企业，销售额中可扣减的土地价款，各地规定的扣减项如下：

①河北国税：土地出让金。

②青岛国税：土地出让金。

③海南国税：土地出让金。

④湖北国税：土地出让金。

⑤广州国税：土地出让金。

即上述省市可扣减的土地价款仅为土地出让金。从上述各省市与政府财税政策比较来说，各省市扣减的范围实际上较政府规定的范围缩窄了。扣减金额越小，作为销项税额计算基数的房地产开发企业销售额就越大，也就意味着计算出的销项税额增大。

由于各地政策规定有差异，具体应如何扣减该项土地价款，需要和当地税务机关核实。否则计算出的税费失真，不具有决策的参考性。

在本案例计算中，沿用上述各省市的规定，"土地价款"的扣减仅指土地出让金的扣减。根据上述规定重新计算销售额。

因国家税务总局公告 2016 年第 18 号最初实施时税率规定为 11%，2018 年 5 月 1 日、2019 年 4 月 1 日，税率分别调整为 10%、9%。上述关于销售额的计算公式不变，仅将税率调整为目前适用的 9%。

馨苑项目销售额 =（43660−2010）÷（1+9%）=38211.01 万元。

《营业税改征增值税试点实施办法》（财税 [2016] 36 号文 附件 1）[7]

第二十二条 销项税额，是指纳税人发生应税行为按照销售额和增值税税率计算并收取的增值税额。销项税额计算公式：

销项税额 = 销售额 × 税率

馨苑项目销项税额 =38211.01×9%=3438.99 万元。

住宅销售额 =（42016−2010）÷（1+9%）=36702.75 万元。

住宅销项税额 =36702.75×9%=3303.25 万元。

车库销售额 =（1644−0）÷（1+9%）=1508.26 万元。

车库销项税额 =1508.26×9%=135.74 万元。

住宅销项税额 3303.25+ 车库销项税额 135.74=3438.99 万元

= 项目整体销项税额 3438.99 万元。

销项税额的详细计算过程见 "馨苑项目目标成本与收益测算表（1. 车位售价 12 万元税负计算）—增值税、税金及附加"。

正确计算销项税额的重点在于如何扣减 "土地价款"。对于土地价款具体包含的范围，一定要以当地的财税文件的规定为依据。

在进项税额、销项税额计算时，均满足分项之和等于项目整体计算出的相应总税额，且各分项值均大于零。这种数学逻辑关系是否同样适用于增值税的计算结果？

4.13　增值税、税金及附加的计算

房地产开发企业的商品房销售，除了应缴增值税外，尚应缴纳各项附加税。

在本书 4.11 节中已经计算出项目整体的进项税额为 1497.94 万元（表 4-54）；在本书 4.12 中计算完成销项税额 3438.99 万元。有了销项税额与进项税额，便可计算增值税。

各项附加税，有的是以增值税为基数计算，有的是以销售收入为基数计算，在计算时需要特别注意加以区分，因为各项税费的计算基数不同，税率便不同。

4.13.1　增值税

财税〔2016〕36 号文 第二十一条规定 一般计税方法的应纳税额，是指当期销项税额抵扣当期进项税额后的余额。应纳税额计算公式：应纳税额 = 当期销项税额 − 当期进项税额。

若按上述规定，馨苑项目的应纳增值税额 =3438.99−1497.94=1941.05 万元。

但实际上，不是所有分离出来的进项税额均准予抵扣。具体规定如下：

《营业税改征增值税试点实施办法》（财税 [2016] 36 号文　附件 1 ）[7.]

第二十五条 下列进项税额准予从销项税额中抵扣：

（一）从销售方取得的增值税专用发票（含税控机动车销售统一发票，下同）上注明的增值税额。

（二）从海关取得的海关进口增值税专用缴款书上注明的增值税额。

（三）购进农产品……

（四）从境外单位或者个人购进服务、无形资产或者不动产，自税务机关或者扣缴义务人取得的解缴税款的完税凭证上注明的增值税额。

第二十六条 纳税人取得的增值税扣税凭证不符合法律、行政法规或者国家税务总局有关规定的，其进项税额不得从销项税额中抵扣。

增值税扣税凭证，是指增值税专用发票、海关进口增值税专用缴款书、农产品收购发票、农产品销售发票和完税凭证。

纳税人凭完税凭证抵扣进项税额的，应当具备书面合同、付款证明和境外单位的对账单或者发票。资料不全的，其进项税额不得从销项税额中抵扣。

第二十七条 下列项目的进项税额不得从销项税额中抵扣：

（一）用于简易计税方法计税项目、免征增值税项目、集体福利或者个人消费的购进货物、加工修理修配劳务、服务、无形资产和不动产……

纳税人的交际应酬消费属于个人消费。

（二）非正常损失的购进货物，以及相关的加工修理修配劳务和交通运输服务。

（三）非正常损失的在产品、产成品所耗用的购进货物（不包括固定资产）、加工修理修配劳务和交通运输服务。

（四）非正常损失的不动产，以及该不动产所耗用的购进货物、设计服务和建筑服务。

（五）非正常损失的不动产在建工程所耗用的购进货物、设计服务和建筑服务。

纳税人新建、改建、扩建、修缮、装饰不动产，均属于不动产在建工程。

（六）购进的旅客运输服务、贷款服务、餐饮服务、居民日常服务和娱乐服务。

（七）财政部和国家税务总局规定的其他情形。

上述第二十七条第（六）项中的旅客运输服务，原购买此项服务产生的进项税额，不准抵扣；自 2019 年 4 月 1 日起，增值税一般纳税人购进国内旅客运输服务，其产生的进项税额允许从销项税额中抵扣。

在前面计算馨苑项目的增值税额时，将所有分离出来的进项税额 1497.94 万元均进行抵扣，依据财税 [2016]36 号文的规定，这样抵扣的前提条件是基于这些可抵扣项均可取得合法有效的各项资料与票据、凭证等，符合财税 [2016]36 号文第二十五条的规定。

但是，按照第二十七条第（六）项中的规定，购进的贷款服务，产生的进项税额不得从销项税额中抵扣，实际上述进项税额 1497.94 万元中包含贷款服务产生的进项税额为 40.76 万元，故根据财税 [2016]36 号文的规定，对进项税额修正如下：

可抵扣的进项税额 =1497.94 − 40.76=1457.18 万元。

相应地对增值税额进行修正：

应纳增值税额 =3438.99 − 1457.18=1981.81 万元。

此应纳税额 1981.81 万元即为馨苑项目的增值税额。

按照增值税征收规定，税务部门是针对一个项目整体核算征收，不需要区分产品类型计算。但是土地增值税及企业所得税核算时需要区分不同的产品，分别核算征收。这是计算增值税与土地增值税、企业所得税之间最大的不同。

在本案例中，先按照财税政策规定，按项目整体测算增值税额。然后，区分普通住宅与独立车库两个产品类型，分别测算这两个产品的增值税额，比较二者增值税之和与整体测算的增值税额之间是什么样的关系。

住宅的增值税额计算：

住宅销项税额 =3303.25 万元；

可抵扣的进项税额 =1294.40 − 36.94=1257.46 万元；

36.94 万元——贷款服务产生的进项税额；

住宅增值税额 =3303.25 − 1257.46=2045.79 万元。

独立车库的增值税额计算：

车库销项税额 =135.743 万元；

可抵扣的进项税额 =199.72 万元；

车库增值税额 =135.743 − 199.72=−63.98 万元。

住宅增值税 2045.79+ 独立车库增值税（−63.98）＝项目整体增值税 1981.81 万元。

分析上述数据发现，住宅产品的增值税额 2045.79 万元＞当期项目整体计算的增值税额 1981.81 万元。

车库的销项税额小于进项税额，增值税额为负数。若将车库作为一个独立的项目看待，说明该项目当期的可抵扣进项税额当期不能被全部抵扣。

即：当期增值税额 = 销项税额 135.743 − 进项税额 135.743=0 万元，当期不缴纳增值税。

当期未抵扣的进项税额 =199.72 − 135.743=63.98 万元，可在后续的开发项目中继续抵扣。

但实际上此处的独立车库并不是一个独立的开发项目，只是馨苑项目中一种不同类型的产品，故其 63.98 万元不能留抵下一期项目中，而是直接在当期项目中合并计算增值税时已经全部抵扣完成。

同时上述数据也说明，合计数并不总是大于各个加数。出现上述情况的原因，在于车库的售价远低于成本价，故销项税额较小，不足以全部抵扣其对应的进项税额。

增值税计算时，不区分产品类型，是合并各产品类型整体计算的。在合并计算时，并不能发现车位销售存在潜亏的问题。所以，无论增值税如何核算，作为房地产开发企业都需要分别核算每一种产品的真实成本，依据产品成本来做进一步的销售定价决策。需要核算清楚，盈利点在哪种类型的产品上，哪种类型的产品不盈利或盈利较少，如何用盈利产品的利润来弥补类似于车位销售所产生的亏损。

为什么独立车库的销项税额小于进项税额？已经将独立车库的成本单独计算完成，并且已知车位的售价，比较其售价与成本的关系：

独立车库 4580m²，车位数 137 个，平均 33.43 m²/ 车位。

每车位售价 12 万元，即车库平均每平方米售价为：120000 元 /33.43 m²=3590 元 / m²。

车位成本：5929.99 元 / m² × 33.43=19.82 万元 / 车位。

车位成本 5929.99 元 /m² 来源：详见"馨苑项目目标成本与收益测算表（1. 车位售价 12 万元税负计算）—目标成本"。

12 万元 < 19.82 万元。

说明：上述成本中，仅包含可开发成本及开发费用，尚未包含与车位销售所对应的各项应纳税金，应纳税金亦属于车库的成本，说明车位的全部成本大于19.82 万元。由此判断，车位目前确定的售价 12 万元远低于成本价，车位销售处于亏损状态。

此种情况下是否一定要提高车位的销售价格呢？**不一定！**

如果是别墅或花园洋房等低密度建筑，按照建筑面积每100平方米配备1个车位的话，别墅或花园洋房的户均面积大于100平方米，虽然户均超过一个车位，考虑到别墅住户拥有的车辆可能户均超过两辆，则车位仍然出现短缺，必须提高销售价格，保本销售。

如果是刚需住宅，假定户均面积小于100平方米，则户均不足一个车位，按照户均购买一个车位的话，车位数量也有欠缺；若假定70%住户拥有车辆，车位可能出现富余，此种情况下将车位提高售价会导致滞销，多数住户宁愿选择租赁车位而非购买车位。故房地产开发企业有时候选择低于成本价销售，但此时车库不单独销售，必须是购买住宅后才有购买车位的资格，以防止有人倒卖车位从中牟利。在车位不能提高售价、亏本销售时，开发企业有时候也将其作为一种宣传的噱头和一种销售策略，作为销售卖点，以便实现快速销售、资金回笼。

车位配比是规划的刚性指标，故即使地下车库建设成本较高，建设方也必须按照规划条件予以配建，否则，报批报建无法通过。

对住宅的成本与售价关系进行对比：

住宅均价10000元/m²，住宅成本价4918.62元/m²（未包含与住宅销售相关的应缴税金），其售价大于成本，存在增值额，故存在利润空间。此种情况下一般不会出现销项税额小于进项税额的情况，除非售价非常接近于成本价。

基于上述住宅售价较高于成本价的情形，将车位销售区分三种情况，分别计算增值税、土地增值税与企业所得税：

①每车位售价12万元，亏本销售；

②车位保本价格销售；

③车位以盈利价格销售。

由于增值税核算时，财税规定是针对一个项目整体征收，不需要区分产品类型。但是，站在房地产开发企业经营角度，是必须将不同产品的成本核算清楚的，这样决策才有真实可靠的数据支撑与依据。

通过区分不同产品类型来计算增值税的方式，只是给大家提供一种思路与方法，掌握如何去核算开发项目中的每一个产品的成本。

车位售价12万元（亏本销售）时，增值税的计算结果详见表4-56。

车位售价 12 万元时增值税计算表

表 4-56

项目名称	总体计算				普通住宅				独立车库			
	含税金额（万元）	销项税额（万元）	进项税额（万元）	增值税（万元）	含税金额（万元）	销项税额（万元）	进项税额（万元）	增值税（万元）	含税金额（万元）	销项税额（万元）	进项税额（万元）	增值税（万元）
销售收入（含税）	43660				42016				1644			
土地出让金	2010				2010							
扣减土地出让金后销售收入（含税）	41650				40006				1644			
销售额（不含税）	40221	3438.99			38712.75	3303.25			1508.26	135.74		
开发成本	20665.40		1360.84		18189.97		1169.40		2475.43		191.44	
开发费用	2616.12		96.33		2375.62		88.06		240.50		8.28	
可抵扣的进项税额			1457.18				1257.46				199.724	
应纳税额（增值税）	销项税额 - 进项税额			1981.81				2045.79				无

注：增值税核收以项目整体为单位计算，不区分产品，此处区分普通住宅与独立车库，仅为了作比较也。

详细计算过程见"馨苑项目目标成本与收益测算表（1. 车位售价 12 万元税负计算）—增值税、税金及附加"。

房地产开发企业建设完成的商品房，一般都用于销售，以便获取销售收入与利润。还有一种情况就是，房地产开发企业建设完成的商品房，未实现销售，而是转为企业自用或者出租，没有办理产权转移，则不需要缴纳增值税。会计处理按账面成本结转固定资产或投资性房地产，不确认收入，按规定计提固定资产折旧。

不视同销售，不需缴纳增值税。

《营业税改征增值税试点实施办法》（财税 [2016] 36 号 附件 1）

第十四条 下列情形视同销售服务、无形资产或者不动产：

（一）单位或者个体工商户向其他单位或者个人无偿提供服务，但用于公益事业或者以社会公众为对象的除外。

（二）单位或者个人向其他单位或者个人无偿转让无形资产或者不动产，但用于公益事业或者以社会公众为对象的除外。

（三）财政部和国家税务总局规定的其他情形。

根据上述规定，若开发公司将自行开发的商品房转为自用，不属于向其他单位或者个人无偿转让不动产的情形，不视同销售处理，不需缴纳增值税。实际上属于未就该产品取得任何收益的情况。增值税缴纳的基本准则是，有增值才征收，无增值不征收，也就意味着开发商未就该自用的产品取得增值。

特别提醒：房屋出租需要缴纳增值税，但该出租收入不能计入整个项目的销售收入中计算增值税。在一个整体开发建设的项目中，该部分用于出租的房屋在建设过程中作为"在建工程"记账，建设完成后转增为固定资产。

4.13.2　以增值税为基数的附加税

附加税计算分为按项目计算和按产品类型计算两种方式。

此处所说的附加税，均是以增值税为基数计算，具体计算基数及税率的规定如下。

城市维护建设税，以纳税人实际缴纳的消费税、增值税、~~营业税~~税额为计税依据，分别与消费税、增值税、~~营业税~~同时缴纳（因2016年5月1日起营业税已经停征，故将原来规定的营业税添加删除线，下同）。

纳税人所在地在市区的，税率为7%；

纳税人所在地在县城、镇的，税率为5%；

纳税人所在地不在市区、县城或镇的，税率为1%。

教育费附加，以各单位和个人实际缴纳的增值税、~~营业税~~、消费税的税额为计征依据，教育费附加率为3%、地方教育费附加率为2%，分别与增值税、~~营业税~~、消费税同时缴纳。

原营业税属于价内税，所谓价内税是指商品价值或价格内包含应纳税的此项税金。而营改增后的增值税属于价外税，是以商品（含应税劳务）在流转过程中产生的增值额作为计税依据而征收的一种流转税。从计税原理上说，增值税是对商品生产、流通、劳务服务中多个环节的新增价值或商品的附加值征收的一种流转税。也就是由消费者负担，有增值才征税，没增值不征税。

以项目为单位计算附加税示例如下：

城市维护建设税 = 增值税额 × 税率 =1981.81×7%=138.73 万元；

教育费附加 =1981.81×3%=59.45 万元；

地方教育费附加 =1981.81×2%=39.64 万元；

项目附加税额合计 =138.73+59.45+39.64=237.82 万元。

住宅产品的附加税计算如下：

城市维护建设税 =2045.79×7%=143.21 万元；

教育费附加 =2045.79×3%=61.37 万元；

地方教育费附加 =2045.79×2%=40.92 万元；

住宅附加税额合计 =143.21+61.37+40.92=245.49 万元。

独立车库产品的附加税计算：

城市维护建设税 =0×7%=0.00 万元；

教育费附加 =0×3%=0 万元；

地方教育费附加 =0×2%=0 万元；

车库附加税额合计 =0+0+0=0.00 万元。

由于城市维护建设税、教育费附加、地方教育费附加三项附加税，均是以增值税为基数计算，无增值税额时，以增值税为基数的附加税自然就不发生。

比较：项目 237.82 万元 ≠（住宅 245.49 万元 + 车库 0 万元）。

附加税的缴纳随同增值税，表明附加税仍然需要以项目为单位进行核算与缴纳，即馨苑项目应缴纳附加税（以增值税为基数的）为 237.82 万元。

将上述的附加税计算结果整理成表 4-57。

以增值税为基数的附加税计算表   表 4-57

| 附加税 | 税率 | 按项目计算 | | 普通住宅 | | 独立车库 | | 说明 |
		增值税（万元）	税额（万元）	增值税（万元）	税额（万元）	增值税（万元）	税额（万元）	
城市维护建设税	7%	1981.81	138.73	2045.79	143.21	0	0	增值税×税率
教育费用附加	3%		59.45		61.37		0	
地方教育费附加	2%		39.64		40.92		0	
附加税合计			237.82		245.49		0	

注：1.附加税核收以项目整体为单位计算，不区分产品。此处区分普通住宅与独立车库，仅为了作比较用。

2.详细计算过程见"馨苑项目目标成本与收益测算表（1.车位售价12万元税负计算）——增值税、税金及附加"。

建设项目投资构成中，建安成本通常占比较大。在招标投标、工程进度款支付、工程竣工结算时，建设方与施工方对于各项税额的计算常出现理解偏差。特别是这三项附加税的计算，在此通过案例分析对工程计价时附加税的计算予以详细说明。

先要了解营业税模式下附加税的计算，以建安工程陕西省计价为例。

陕西省营业税模式下工程计价时的营业税税率：以税前造价为计算基础，市区、县镇、乡村分别为 3.48%、3.41%、3.28%。

组成：营业税、城市建设维护税、教育费附加、地方教育费附加。

上述税率的详细计算过程：

市区：3%×（1+7%+3%+2%）÷［1-3%×（1+7%+3%+2%）］=3.477%（3.48%）；

县镇：3%×（1+5%+3%+2%）÷［1-3%×（1+5%+3%+2%）］=3.413%（3.41%）；

乡村：3%×（1+1%+3%+2%）÷［1-3%×（1+1%+3%+2%）］=3.284%（3.28%）。

通过上述计算可知，3.48% ≠ 营业税 3%+0.48%，二者并非相加而来！3.41%、3.28% 两个税率同理。

在营业税模式下，如何分离出税前工程造价及营业税？

假定某工程，税前造价 100 万元（营业税时期，材料为含税价），纳税人所在地为市区，含税工程造价为：

100×3.48%=103.48 万元，则营业税及附加为 3.48 万元。

已知某工程含税价 103.48 万元，税前工程造价为：

$$不含税工程造价 = \frac{含税工程造价}{1/（1-营业税及附加税率）} = 含税工程造价 \times（1-营业税及附加）$$

$$= 含税工程造价 \times [1-3\% \times（1+7\%+3\%+2\%）]$$

$$=103.48 \times（1-3.36\%）=100 万元$$

增值税简易计税方法时工程计价中的附加税计算：

假定某工程，税前造价 100 万元（增值税简易计税时，材料为含税价），适用增值税简易计税，增值税征收率 3%。

增值税 $=100 \times 3\% =3$ 万元；

附加税：合计 0.36 万元；

城市维护建设税 $= 3 \times 7\% =0.21$ 万元；

教育费附加 $= 3 \times 3\% =0.09$ 万元；

地方教育费附加 $= 3 \times 2\% =0.06$ 万元；

增值税及附加合计：3+0.36=3.36 万元。

含税工程造价 103.36 万元。

增值税一般计税方法时工程计价中的附加税计算：

假定某工程，税前造价 100 万元（材料为除税价），适用增值税一般计税，税率 9%。

销项税额 $=100 \times 9\% =9$ 万元。

进项税额：购买各种材料，增值税税率分别为 13%、3%、9%、0%。

假定：购买各种材料可抵扣的进项税额约占销项税额的 60%，即，进项税额 $= 9 \times 60\% =5.40$ 万元。

增值税额 $=$ 销项税额 $-$ 进项税额 $=9-5.40=3.60$ 万元。

附加税：合计 0.432 万元。

城市维护建设税 $= 3.60 \times 7\% =0.252$ 万元；

教育费附加 $= 3.60 \times 3\% =0.108$ 万元；

地方教育费附加 $= 3.60 \times 2\% =0.072$ 万元；

增值税及附加合计：3.60+0.432=4.032 万元。

含税工程造价：100+9+0.432=109.432 万元。

此处暂将附加税计入工程造价，但各地规定有所不同。

由于房屋用途、结构类型等不同，材料费占工程造价的比例存在较大差异；

同时，不同结构类型的房屋，购买材料时产生的可抵扣的进项税额也存在较大的差异。比如钢结构房屋，其购买材料费产生的进项税额较砖混结构就大。

由于，增值税额＝销项税额－进项税额，也就意味着，进项税额越大，增值税额越小，二者属于此消彼长的关系。

基于上述情况，在建筑工程计价时很难界定可抵扣的进项税额在销项税额中的占比。若进项税额无法计算，必然导致增值税额无法计算，也就意味着附加税无法准确计算。

鉴于此，各地均出台相应的计价政策，以避免因不同工程项目可抵扣的进项税额差异较大，所引起的附加税计算失真。

《关于实施建筑业营业税改增值税调整本市建设工程计价依据的通知》（沪建市管 [2016] 42 号）[53.]

三、城市维护建设税、教育费附加、地方教育费附加、河道管理费等附加税费计入企业管理费中。

《江西省建筑业营改增后现行建设工程计价规则和依据调整办法》（赣建价（2016）3 号）[54.]

一、考虑到增值税的价外税属性，将附加税（城市建设维护税、教育费附加、地方教育费附加）放入企业管理费中。

建筑业营业税改征增值税四川省建设工程计价依据调整办法

三、企业管理费增加城市维护建设税、教育费附加以及地方教育附加。

《关于调整陕西省建设工程计价依据的通知》（陕建发 [2016] 100 号）[55.]

附加税＝税前工程造价（材料未除税的价格）×0.48%，计入工程造价。

从上述四地不同的规定对比发现，各地在工程计价时对于附加税的处理方法与计价位置并不完全相同，凡明确附加税计入管理费用中的，工程计价时不得在增值税或销项税额下增加计算行、再次另行计算附加税！以避免在工程计价时重复计税。

陕西省建设工程计价，关于附加税 0.48% 的规定依据是什么？通过下面的分析，可以反推出一个结论。

假定某工程，税前工程造价 100 万元（材料为含税价）。

销项税额 =100× 综合除税系数 0.9518×9%=8.5662 万元；

附加税 = 100×0.48%=0.48 万元。

仍暂定可抵扣的进项税额占销项税额的 60%，则：

进项税额 =8.5662×60%=5.13972 万元；

增值税额 = 销项税额 − 进项税额 =8.5662−5.13972

　　　　　=3.42648 万元；

附加税 = 增值税额 × 附加税税率 =3.42648 ×（7%+3%+2%）=0.4112 万元。

已知附加税按照陕西省规定方法计算结果为 0.48 万元，若按照国家关于附加税的计税规定，则反算出增值税额为：

增值税额 =0.48÷（7%+3%+2%）=4 万元；

进项税额 = 销项税额 − 增值税额 =8.5662−4=4.5662 万元；

进项税额与销项税额的比例 =4.5662÷8.5662=53.30%。

由上述反算比例可知，陕西省确定附加税税率 0.48%，基本上是基于可抵扣的进项税额约占销项税额的 53% 考虑的，小于之前假设的 60%。

如果施工单位购买材料、租赁机械设备时产生的可抵扣进项税额 ÷ 销项税额 ×100% > 53.3%，则工程计价时计算的附加税＞实际缴纳的附加税；表明仅因计价的规定就产生了利润空间。

如果施工单位购买材料、租赁机械设备时产生的可抵扣进项税额 ÷ 销项税额 ×100% < 53.3%，则工程计价时计算的附加税＜实际缴纳的附加税；表明计价的附加税税额不足，造成较小的亏损。

假若不考虑不同结构类型的建筑之间机械费的差异，材料费一般占工程造价的比例，和结构形式、承包范围、甲供材料量的多少有很大的关系。特别是甲供材料较多时，施工方购进材料时产生的可抵扣进项税额将较小。

4.13.3　水利建设基金

《水利建设基金筹集和使用管理暂行办法》[11.]

中央水利建设基金主要用于关系国民经济和社会发展全局的大江大河重点工程的维护和建设。地方水利建设基金主要用于城市防洪及中小河流、湖泊的治理、维护和建设。

各省市对水利建设基金的计费方式不完全相同，实际测算建设项目成本与收益时，需要依据当地的规定。

陕西省规定如下：

① 2018 年 1 月 1 日以前按销售收入的 0.08% 计算；

② 2018 年 1 月 1 日起以销售收入的 0.06% 计算；

③ 2019 年 7 月 1 日国家出台相关政策，将国家重大水利工程建设基金征收标准降低一半；故陕西省调整为以销售收入的 0.04% 计算。

在营业税征收政策下，上述销售收入均指包含营业税在内的销售收入。在增值税征收政策下，由于增值税的价外税属性，上述销售收入指不含税销售收入。

对于不含税销售收入，按照相关文件的规定，存在三种可能的计算方法与结果，下面按照三种计算方法分别计算、比较。

（1）第一种计算方法：

财税 [2016]36 号文附件 1 营业税改征增值税试点实施办法第二十三条：一般计税方法的销售额不包括销项税额，纳税人采用销售额和销项税额合并定价方法的，按照下列公式计算销售额：

销售额 = 含税销售额 ÷（1+ 税率）

即：不含税销售收入 = 含税销售收入 ÷（1+ 税率）

$$=43660 ÷（1+9\%）=40055.05 万元。$$

（2）第二种计算方法：

财税 [2016]36 号文附件 2 营业税改征增值税试点有关事项的规定中第一条、第（三）项：房地产开发企业以取得的全部价款和价外费用，扣除受让土地时向政府部门支付的土地价款后的余额为销售额。

即：不含税销售收入 =（含税销售收入 − 土地价款）÷（1+ 税率）

$$=（43660 − 2010）÷（1+9\%）=38211.01 万元。$$

（3）第三种计算方法：

不含税销售收入 = 含税销售收入 − 销项税额

$$=43660 − 3438.99 = 40221.01 万元。$$

在上述三种计算方法中，得出三个完全不同的不含税销售收入的数值：40055.05 ≠ 38211.01 ≠ 40221.01。

按照增值税计算的文件规定，应有：不含税销售收入 + 销项税额 = 含税销售收入。

方法 1 中：40055.05 + 3438.99 = 43494.04 万元

≠ 含税销售收入 43660 万元。

方法 2 中：38211.01+3438.99=41650.00 万元

　　　　≠含税销售收入 43660 万元。

方法 3 中：40221.01+3438.99=43660 万元

　　　　=含税销售收入 43660 万元。

也就是说，只有第三种计算方法符合文件规定。计算表明，只有第三种方法计算出的不含税销售收入是唯一正确的。故计算水利建设基金的基数，不含税销售收入应为 40221.01 万元。

特别提醒：计算水利建设基金的基数与计算销项税额的基数不同，计算销项税额时是以含税销售收入扣减土地出让金为基数；计算水利建设基金时以含税销售收入扣减销项税额后的不含税销售收入为基数，不扣减土地出让金。

比较二者的区别：

销项税额=（**含税销售收入 43660 万元 – 土地出让金 2010 万元**）÷（1+9%）×9%。

水利建设基金=（**含税销售收入 43660 万元 – 销项税额 3438.99 万元**）×0.04%。

字体加粗部分为两个不同的计算基数，通过上述对比很容易发现并理解二者的区别。

项目水利建设基金=40221.01×0.04%=16.09 万元。

住宅产品水利建设基金=（42016－3303.25）×0.04%

　　　　　　　　　=38712.75×0.04%=15.49 万元。

车库产品水利建设基金=（1644－135.74）×0.04%

　　　　　　　　　=1508.26×0.04%=0.60 万元。

15.49+0.60=16.09 万元＝项目整体核算金额 16.09 万元。

4.13.4　房产税

《中华人民共和国房产税暂行条例实施细则》

<u>房产税是以房屋为征税对象，按房屋的计税余值或租金收入为计税依据，向产权所有人征收的一种财产税。</u>

按房屋的计税余值计税的称为从价计征。从价计征，房产税依照房产原值一次减除 30% 后的余值计算缴纳。税率为百分之一点二。

以房屋的租金收入为计税依据的称为从租计征。税率为百分之十二。

从价计征：房产税 = 房屋原值 × （1-30%） ×1.2%。

从租计征：房产税 = 房屋租金收入 ×12%。

房产税按年征收。假定某房地产开发企业同期建设 10 万 m² 的房屋，其中 9 万 m² 用于销售，1 万 m² 自持、不销售，则 9 万 m² 的销售房屋需要缴纳增值税、土地增值税；1 万 m² 自持的房屋需要缴纳房产税，不缴纳增值税、不缴纳土地增值税。该 1 万 m² 的自持房屋无论是开发企业自用还是用于出租，均需缴纳房产税。

馨苑项目的房屋全部用于销售，故无须缴纳房产税。

4.13.5　城镇土地使用税

关于城镇土地使用税的缴纳标准及计算方法已在本书 4.1 节土地成本中予以详细解释，具体计算可查看前文。

按照新的税收政策，城镇土地使用税需要在"税金及附加"科目下进行核算。

馨苑项目当年拿地、当年开发，建设期两年，一年后小证办理完成，城镇土地使用税缴纳期限共计三年。暂定缴纳标准为 10 元 / m²·年，暂不考虑城镇土地税年纳税额在每年的调整。

城镇土地使用税 =13400 m²× 10 元 / m²·年 ×3 年 =40.2 万元。

因车库不分摊土地成本，土地成本全部归属于住宅产品，故住宅产品的城镇土地使用税税额同项目整体计算出的税额，即 40.20 万元。

若开发项目中存在多种分摊土地成本的产品，则各产品的城镇土地使用税之和等于该项目整体核算的城镇土地使用税税额。

4.13.6　车船使用税

《中华人民共和国车船税法》[14.]

第一条 在中华人民共和国境内属于本法所附《车船税税目税额表》规定的车辆、船舶（以下简称车船）的所有人或者管理人，为车船税的纳税人，应当依照本法缴纳车船税。

第二条 车船的适用税额依照本法所附《车船税税目税额表》执行。

车辆的具体适用税额由省、自治区、直辖市人民政府依照本法所附《车船税税目税额表》规定的税额幅度和国务院的规定确定。

车船税税目税额表　　　　　　　　　　　　　　　　　　表 4-58

税目	排气量	每辆年基准税额（元）	核定载客人数
乘用车	1.0L 以上至 1.6L（含）	300～540	9 人（含）以下

续表

税目	排气量	每辆年基准税额（元）	核定载客人数
乘用车	1.6L 以上至 2.0L（含）	360 ~ 660	9 人（含）以下
乘用车	2.0L 以上至 2.5L（含）	660 ~ 1200	9 人（含）以下
乘用车	2.5L 以上至 3.0L（含）	1200 ~ 2400	9 人（含）以下
乘用车	3.0L 以上至 4.0L（含）	2400 ~ 3600	9 人（含）以下
乘用车	4.0L 以上的	3600 ~ 5400	9 人（含）以下
商用车客车		480 ~ 1440	9 人以上
商用车货车		16 ~ 120 元 /t	半挂牵引车、三轮汽车、低速载货汽车等

乘用车车船税按照车辆的排气量及每年的年基准税额计算，每年缴纳。具体的年基准税额以各省市规定为准。

每个项目配备的车辆数量及排气量不同，假定馨苑项目配备乘用车（排气量 3.0L）两部、乘用车（排气量 2.5L）一部，按照项目三年期计算，车船税计算如表 4-59 所示。

车船税计算表

表 4-59

车船税	年基准税额（元）	车辆数量	应缴税额（元）
乘用车 3.0L	2000	2	4000
乘用车 2.5L	1000	1	1000
合计			5000
三年合计			15000

此项税额较小，对测算结果影响甚微，通常在进行成本与收益测算时可以忽略不计。

在馨苑项目成本及收益测算时，暂不考虑车船使用税。

4.13.7　印花税

《中华人民共和国印花税暂行条例暂行条例》（2011 年修订版）[15.]

第一条　在中华人民共和国境内书立、领受本条例所列举凭证的单位和个人，都是印花税的纳税义务人（以下简称纳税人），应当按照本条例规定缴纳印花税。

第二条　下列凭证为应纳税凭证：

（一）购销、加工承揽、建设工程承包、财产租赁、货物运输、仓储保管、借款、财产保险、技术合同或者具有合同性质的凭证；

（二）产权转移书据；

（三）营业账簿；

（四）权利、许可证照；

（五）经财政部确定征税的其他凭证。

第七条　应纳税凭证应当于书立或者领受时贴花。

第八条　同一凭证，由两方或者两方以上当事人签订并各执一份的，应当由各方就所执的一份各自全额贴花。

第九条　已贴花的凭证，修改后所载金额增加的，其增加部分应当补贴印花税票。

印花税税目税率表（部分，来源于印花税暂行条例）　　　表 4-60

税　目	范　围	税　率	纳税义务人
购销合同	包括供应、预购、采购、购销结合及协作、调剂、补偿、易货等合同	按购销金额万分之三贴花	立合同人
加工承揽合同	包括加工、定作、修缮、修理、印刷、广告、测绘、测试等合同	按加工或承揽收入万分之五贴花	立合同人
建设工程勘察设计合同	包括勘察、设计合同	按收取费用万分之五贴花	立合同人
建筑安装工程承包合同	包括建筑、安装工程承包合同	按承包金额万分之三贴花	立合同人
技术合同	包括技术开发、转让、咨询、服务等合同	按所载金额万分之三贴花	立合同人
产权转移书据	包括财产所有权和版权、商标专用权、专利权、专有技术使用权等转移书据	按所载金额万分之五贴花	立据人
权利、许可证照	包括政府部门发给的房屋产权证、工商营业执照、商标注册证、专利证、土地使用证	按件贴花 5 元	领受人

根据上述印花税暂行条例规定，对应具体的建设项目，到底有哪些合同需要缴纳印花税？

1. 购销合同：

凡属于《中华人民共和国合同法》中第九章的"买卖合同"（不含不动产、无形资产），均适用"购销合同"税目。

<u>第一百三十条 买卖合同是出卖人转移标的物的所有权于买受人，买受人支付价款的合同。</u>

比如，建设方直接向供应商购买的发电机、电线电缆、电梯设备等，适用于购销合同贴花，按购销合同金额的万分之三缴纳印花税。

若购买材料或设备后，因发生退货导致该合同未执行的，仍然需要缴纳该合同的印花税。

2. 加工承揽合同：

凡属于《中华人民共和国合同法》（以下简称《合同法》）中第十五章的"承揽合同"，均适用"加工承揽合同"税目。

<u>第二百五十一条 承揽合同是承揽人按照定作人的要求完成工作，交付工作成果，定作人给付报酬的合同。</u>

<u>承揽包括加工、定作、修理、复制、测试、检验等工作。</u>

加工合同：指定作人提供原材料或半成品，承揽人以自己的设备、技术和劳力，按照双方约定的履行期限、验收标准等完成约定的工作。

定作合同：指定作人提出标准或要求，承揽人自行采购原材料，以自己的设备、技术和劳力，完成双方约定的工作。比如，定做工作服、定做广告等。

加工、定作通常是一个厂家同时在做的两项工作，只是面对不同的定作人（甲方），承揽人（厂家、乙方）提供不同形式的服务而已。

复制：指承揽人提供样品，定作人根据提供的样品，重新加工制作出成品的工作。实际上，加工、定作合同通常也是复制合同，因为，加工、定作时也通常提供样品。

修理合同：指承揽人为定作人修复损坏的物品，从而获得一定报酬的合同。比如，机械设备的修理、房屋的修理等。

新建项目中单独签署的修理合同较少涉及。

检验、测试：承揽人以自己的技术力量、各种仪器、设备等，为定作人的某项工程进行检验、测试等任务，提供检验、测试报告，定作人向承揽人支付报酬的合同。

综合上述规定，房地产开发企业涉及的加工承揽合同主要为：广告支出；测绘费；监测及桩基等测试费（试桩费适用建筑安装工程承包合同税目），应依合同金额的万分之五缴纳印花税。

3. 建设工程勘察设计合同：

凡属于《中华人民共和国合同法》中第十六章的"建设工程合同"中的工程勘察、设计，均适用"建设工程勘察设计合同"税目。按合同金额的万分之五缴纳印花税。

4. 建筑安装工程承包合同：

凡属于《中华人民共和国合同法》中第十六章的"建设工程合同"中的工程施工合同，均适用"建筑安装工程承包合同"税目。按合同金额的万分之三缴纳印花税。

建筑安装工程中的设备，若由建设方直接与供应商签署合同，并由建设方向供应商付款，供应商直接供货给建设方，则该合同适用"购销合同"税目。

若房地产开发企业与 A 单位签署一份施工合同，合同金额 100 万元，按照印花税暂行条例"第七条 应纳税凭证应当于书立或者领受时贴花"的规定，合同签订时应贴花，即合同签署后甲乙双方均应分别向税务机关缴纳 $100 \times 0.03\% = 0.03$ 万元的印花税（即印花税暂行条例第八条，双方当事人均应贴花）。

若该合同签署后，甲乙双方因种种原因终止该合同，该 0.03 万元印花税已缴纳，不退税，无论该合同是否履行。

若甲乙双方在终止上一份合同后，又重新签署一份金额为 120 万元的合同，则甲乙双方应在 0.03 万元印花税缴纳完成后，另行就该 120 万元的合同缴纳印花税，税额为 $120 \times 0.03\% = 0.036$ 万元。

假定该 120 万元的合同双方在履约过程中，又签署了该合同的补充协议，协议金额 50 万元，双方就该补充协议应当补缴印花税 $50 \times 0.03\% = 0.015$ 万元（即印花税暂行条例第九条，已贴花的凭证，修改后所载金额增加的，其增加部分应当补贴印花税票）。

5. 技术合同：

凡属于《中华人民共和国合同法》中第十八章的"技术合同"中的技术开发合同、技术转让合同、技术咨询合同和技术服务合同，均适用"技术合同"税目。按合同金额的万分之三缴纳印花税。

<u>第三百二十二条 技术合同是当事人就技术开发、转让、咨询或者服务订立的确立相</u>

互之间权利和义务的合同。

第三百三十条 技术开发合同是指当事人之间就新技术、新产品、新工艺或者新材料及其系统的研究开发所订立的合同。

技术开发合同包括委托开发合同和合作开发合同。

第三百四十二条 技术转让合同包括专利权转让、专利申请权转让、技术秘密转让、专利实施许可合同。

第三百五十六条 技术咨询合同包括就特定技术项目提供可行性论证、技术预测、专题技术调查、分析评价报告等合同。技术服务合同是指当事人一方以技术知识为另一方解决特定技术问题所订立的合同，不包括建设工程合同和承揽合同。

比如房地产开发企业中，签署的基坑支护方案论证合同适用"技术合同"税目，按合同金额的万分之三缴纳印花税。

6. 产权转移书据：

房地产开发企业取得土地使用权，属于产权转移，需要按照"产权转移书据"税目缴纳印花税。

房地产开发企业销售商品房屋，属于产权转移，需要按照"产权转移书据"税目缴纳印花税。

按照土地出让合同载明金额或者房屋销售合同金额的万分之五缴纳印花税。

房地产开发企业若不能按合同约定向施工方支付工程款，发生以房屋抵付工程款时，此抵付行为视同房屋销售，仍然需要按照"产权转移书据"税目缴纳印花税。

上述关于建筑安装工程合同签署时，执行的印花税暂行条例的第七条、第八条、第九条等相关规定适用于各类合同的贴花。

免征印花税的，执行国家税务总局的相关规定。

7. 权利、许可证照：

其他还有房屋产权证、工商营业执照、商标注册证、专利证、土地使用证等权利、许可证照的贴花，按照实际取得的证照按件贴花，因金额较小，在馨苑项目的印花税计算时，暂不考虑。

在营业税计征模式下，印花税的计税基数为含税金额；在增值税模式下，印花税的计税基数应该为不含税金额还是含税金额呢？通常应以合同所载明金额为计算印花税的依据。

若合同所载明金额为不含税金额，则按不含税金额贴花。

若合同载明金额中，既有不含税金额，又有增值税金额，且在合同中是分别载明的，则以不含税金额作为印花税的计税依据。

若合同所载明金额中，既有不含税金额，又有增值税金额，但未分别载明的，以合同所载明全部金额（即含税金额）作为印花税的计税依据。

上述计算是在成本测算时，若无法查实当地的印花税计征政策时，可以预估印花税的情形。

项目所在地有明确规定的，需要按照当地的印花税计征规定执行。列举几个各地相关政策规定，供参考。

浙江省地方税务局公告 2016 年第 21 号 浙江省地方税务局
关于发布《浙江省地方税务局印花税核定征收管理办法》的公告：

第五条 核定征收印花税的计算公式为：应缴印花税税额 = 应纳税凭证计税项目金额 × 核定征收比例 × 适用税率。

见表 4-61。

浙江省印花税核定征收范围比例表　　　　　　　　　表 4-61

应纳税凭证类型	行业类型	应纳税凭证计税项目	核定征收比例
建设工程勘察设计合同	各类行业	建设工程勘察设计收入、支出金额	100%
建筑安装工程承包合同	各类行业	工程承包收入与发包支出金额	100%
借款合同	各类行业	借款金额	100%
仓储保管合同	各类行业	仓储收入、支出金额	100%
财产保险合同	各类行业	财产保险收入、支出金额	100%
技术合同	各类行业	技术开发、转让、咨询、服务等收入、支出金额	100%
货物运输合同	各类行业	货物运输收入、支出金额	100%
产权转移书据	各类行业	处置产权收入与购买产权支出金额	100%
财产租赁合同	各类行业	财产租赁收入、支出金额	100%
加工承揽合同	各类行业	加工承揽收入、支出金额	100%
购销合同	工业	主营业务收入与非劳务类其他业务收入金额	下限为 80%

续表

应纳税凭证类型	行业类型	应纳税凭证计税项目	核定征收比例
购销合同	商业	主营业务收入与非劳务类其他业务收入金额	下限为 50%
	其他	主营业务收入与非劳务类其他业务收入金额	下限为 100%

安徽省地方税务局公告 2017 年第 3 号 安徽省地方税务局关于发布《印花税管理规程（试行）》实施办法的公告：

第十条 印花税核定征收计税依据按不同类型的应税凭证分别核定，核定标准按照《安徽省地方税务局关于印发〈安徽省印花税征收管理暂行办法〉的通知》（皖地税政三字〔1997〕261 号）第六条规定执行，其中，购销合同核定依据的销售额调整为不含增值税。具体标准如下：

（一）购销合同：工业，按照不低于销售额 80% 的比例核定；商品、物资批发业按照不低于销售额 60% 的比例核定；商品批零兼营业（批发零售业务销售额划分不清的），按照不低于销售额 50% 的比例核定；商品零售业，按照不低于销售额 40% 的比例核定；其他行业，按照不低于销售额 100% 比例核定。

（二）加工承揽合同：按不低于加工或承揽收入 80% 的比例核定。

（三）建设工程勘察设计合同：按收取的勘察、设计费用 100% 比例核定。

（四）建筑安装工程承包合同：按承包金额或工程造价 100% 比例核定。

（十一）产权转移书据：按取得收入 100% 比例核定。

陕西省地方税务局关于印花税管理有关问题的公告2016 年第 5 号公告（表 4-62）。

陕西省印花税核定征收范围比例表　　　　　　　　表 4-62

附件：

印花税应纳税凭证核定标准

税目	行业	核定计税依据及比例	税率
购销合同	工业	采购环节和销售环节应纳印花税，按销售收入 100% 核定计税依据	万分之三
	商业	采购环节和销售环节应纳印花税，按销售收入 100% 核定计税依据	

税目	行业	核定计税依据及比例	税率
购销合同	房地产业	采购环节和销售环节应纳印花税，按销售收入100%核定计税依据	万分之三
购销合同	其他	采购环节和销售环节应纳印花税，按销售收入100%核定计税依据	万分之三
加工承揽合同		按加工或承揽收入100%核定计税依据	万分之五
建设工程勘察设计合同		按收取费用100%核定计税依据	万分之五
建筑安装工程承包合同		按承包金额100%核定计税依据	万分之三
财产租赁合同		按租赁金额100%核定计税依据	千分之一
货物运输合同		按运输费用100%核定计税依据	万分之五
仓储保管合同		按保管费用100%核定计税依据	千分之一
借款合同		按借（贷）款金额100%核定计税依据	万分之零点五
财产保险合同		按保费收入100%核定计税依据	千分之一
技术合同		按技术开发、转让、咨询、服务等取得收入100%核定计税依据	万分之三
产权转移书据		按取得收入100%核定计税依据	万分之五

从浙江、安徽、陕西三省关于印花税政策的规定来看，各地规定并不完全相同，陕西省按照合同额100%征收，浙江省、安徽省关于购销合同按一定比例征收。故印花税的计算一定要遵循当地的税务规定。

在馨苑项目中，暂以含税金额为计税基数，全部按照100%的比例核定计算。

如何判定一份合同是否为购销合同，最简单的方法就是以税率判别。通常情况下，凡适用13%增值税税率的合同均为购销合同。属于特定行为计税，或小规模纳税人的，从其相关规定。

馨苑项目中适用13%增值税税率的成本项仅三项：垃圾筒采购1.40万元、电梯设备采购378.64万元、样板房软装，三者应缴纳印花税额为：（1.40+378.64+64.25）×0.03%=0.12万元。

工程监理合同、招标代理合同不缴纳印花税。

按照上述规定，将鑫苑项目不同合同的印花税计算整理完成见表4-63。

表 4-63

馨苑项目印花税计算表

序号	印花税	税率	项目整体 计税基数（万元）	项目整体 税额（万元）	住宅 计税基数（万元）	住宅 税额（万元）	车库 计税基数（万元）	车库 税额（万元）	说明
1	购销合同	0.03%	444.29	0.13	444.29	0.13			垃圾筒、电梯设备、样板房软装
2	加工承揽合同	0.05%	797.46	0.40	716.91	0.36	80.56	0.04	广告、测绘费、监测及试桩等测试费
3	勘察设计合同	0.03%	187.83	0.09	174.81	0.09	13.02	0.01	勘察费、规划设计费
4	建筑安装工程承包合同	0.03%	15689.61	4.71	13401.69	4.02	2287.92	0.69	施工准备费、基础设施费、垃圾筒费（除建筑安装工程费）、建筑安装设备费（除电梯设备费）、样板房硬装
5	技术合同								
6	土地出让		2010	1.01	2010	1.01			土地出让金
7	房屋销售		43660	21.83	42016	21.01	1644	0.82	房屋销售收入
	合计			28.17		26.613		1.555	

注：详细计算过程见"馨苑项目目标成本与收益测算表（1.车位售价 12 万元税负计算）—增值税、税金及附加"。

印花税比较：住宅 26.613+ 车库 1.555=28.17 万元

= 项目整体计算的 28.17 万元。

对于印花税的计算，一般由房地产开发企业的财务人员处理。成本人员在测算建设项目的成本与收益时，通常很难将印花税计算准确，可与财务人员协同处理。

本次仅以馨苑项目的印花税计算作示例，具体的计税规定可查阅当地的财税文件规定或由财务人员与税务机关有关部门沟通，予以明确计税规定，便于准确核算。

关于增值税、税金及附加的详细计算过程见"鑫苑项目目标成本及收益测算表—增值税、税金及附加计算表"。

对于计算完成的增值税、税金及附加结果整理见表 4-64。

比较分项与项目整体的税额：住宅 2373.58+ 车库 2.16=2375.74 万元

≠项目整体的 2304.09 万元。

产生上述差异的原因，主要在于车库的增值税额本来为负数，不需要缴纳，将其归零计算后所出现的上述数值不平衡。

假如单纯从数学计算关系考虑，也就是说，各项和增值税相关的附加税均以负数为基数计算，其结果也为负数，则该负数与住宅的应纳税额相加后恰好等于项目整体的应纳税额。

上述应纳税额占销售收入的比例为：

与含税销售收入的比例：2304.09÷43660=5.28%；

与不含税销售收入的比例：2304.09÷40221.01=5.73%。

住宅产品：

与含税销售收入的比例：2373.58÷42016=5.65%；

与不含税销售收入的比例：2373.58÷38712.75=6.13%。

车库产品：

与含税销售收入的比例：2.16÷1644=0.13%；

与不含税销售收入的比例：2.16÷1508.26=0.14%。

从上述应纳增值税、税金及附加占销售收入的比例，也可反映出本项目中住宅产品增值空间大于车库产品的特点。

房地产开发企业需要考虑的是综合税负，即包含土地增值税、企业所得税在内的税负，故单从增值税、税金及附加占销售收入的比例，并不能由此确定整体税负的高低。

表 4-64

馨苑项目增值税、税金及附加计算表

序号	税目	项目整体		住宅		车库	
		税额（万元）	应纳税额（万元）	税额（万元）	应纳税额（万元）	税额（万元）	应纳税额（万元）
	销项税额	3438.99		3303.25		135.74	
	可抵扣的进项税额	1457.18		1257.46		199.72	
1	增值税		1981.81		2045.79		0.00
2	税金及附加		322.27		327.79		2.16
2.1	城市维护建设税		138.73		143.21		
2.2	教育费附加		59.45		61.37		
2.3	地方教育附加		39.64		40.92		
2.4	水利建设基金		16.09		15.49		0.60
2.5	房产税						
2.6	城镇土地使用税		40.20		40.20		
2.7	车船使用税						
2.8	印花税		28.17		26.61		1.56
	增值税、税金及附加合计		2304.09		2373.58		2.16

注：详细计算过程见"馨苑项目目标成本与收益测算表（1.车位售价 12 万元税负计算）—增值税、税金及附加"。

在计算完成土地增值税、企业所得税后，再分别比较其占比销售收入的比例，由此判断综合税负的高低。

4.14　土地增值税的计算

按照财税政策规定，土地增值税核算时需要区分产品类型，分别核算。故需要将成本先分摊至不同产品上。在本书4.10节成本的拆分与分摊计算中，已经分别对住宅及车库两种产品的成本进行计算。虽然土地增值税的核收是需要区分产品类型的，在本案例中仍按照全项目整体计算一次土地增值税，然后再按规定区分不同产品类型计算土地增值税，将二者的计算结果进行比较。

土地增值税暂行条例所规定的土地增值税的纳税对象：是指转让国有土地使用权、地上建筑物及其附属物连同国有土地使用权一并转让所取得的增值额。

在上一节计算增值税时，曾计算过增值税与销售收入的比例，该比例也可间接反映增值额的大小，该比例越大，说明增值额越大。但是，该比例并不能反映需要缴纳土地增值税的税率。

土地增值税的征税范围通常以三个标准来判定：

①转让的土地使用权是否国家所有；

②土地使用权、地上建筑物及其附着物是否发生产权转让；

③转让房地产是否取得收入。

只有发生产权转让时，才需要缴纳土地增值税。

国家税务总局关于房地产开发企业土地增值税清算管理有关问题的通知
（国税发 [2006] 187号）[46]

三、非直接销售和自用房地产的收入确定

（二）房地产开发企业将开发的部分房地产转为企业自用或用于出租等商业用途时，如果产权未发生转移，不征收土地增值税，在税款清算时不列收入，不扣除相应的成本和费用。

因此，房地产开发企业将开发的部分商品房转为企业自用或用于出租，如果没有办理产权转移，则不需要缴纳土地增值税。

若开发公司先将开发产品产权办理在房地产公司自己名下，然后先以融资、出租等自己使用，再陆续销售的模式，应视同销售，计算销售收入，并抵扣对应的土地价款及相关成本，缴纳土地增值税。

　　这种先自用后陆续销售的模式，基本是在土地增值税已经清算完成后发生的，清算时该房屋处于自用、产权未发生转移的状态。其后续实现销售，产权发生转移，则需要申报并缴纳此部分土地增值税。

国家税务总局关于房地产开发企业土地增值税清算管理有关问题的通知
（国税发〔2006〕187 号）[46]

八、清算后再转让房地产的处理

　　在土地增值税清算时未转让的房地产，清算后销售或有偿转让的，纳税人应按规定进行土地增值税的纳税申报，扣除项目金额按清算时的单位建筑面积成本费用乘以销售或转让面积计算。

　　单位建筑面积成本费用 ＝ 清算时的扣除项目总金额 ÷ 清算的总建筑面积。

　　在产权发生转移、未取得收入时，是否缴纳土地增值税？比如，将所开发房屋奖励给职工并办理产权转移，开发公司未取得销售收入。这里必须明确，此种情况需要缴纳土地增值税。

《中华人民共和国土地增值税暂行条例》

　　第三条　土地增值税按照纳税人转让房地产所取得的增值额和本条例第七条规定的税率计算征收。

　　第四条　纳税人转让房地产所取得的收入减除本条例第六条规定扣除项目金额后的余额，为增值额。

　　第六条　计算增值额的扣除项目：

　　（一）取得土地使用权所支付的金额；

　　（二）开发土地的成本、费用；

　　（三）新建房及配套设施的成本、费用，或者旧房及建筑物的评估价格；

　　（四）与转让房地产有关的税金；

　　（五）财政部规定的其他扣除项目。

　　按照土地增值税暂行条例第三条的规定，可以直接列出土地增值税的计算公式。

公式 1：土地增值税 = 转让房地产所取得的增值额 × 规定税率。

按照公式 1 所示，需要知道两个数值：一是增值额，二是土地增值税税率。

按照土地增值税暂行条例第四条的规定，对增值额也可以列出计算公式。

公式 2：增值额 = 转让房地产所取得的收入

—取得土地使用权所支付的金额（扣减，下同）

—开发土地的成本、费用

—房屋及配套设施的成本、费用

—与转让房地产有关的税金

—财政部规定的其他扣除项目。

第一步：计算"转让房地产所取得的收入"。

收入包括：房屋销售收入、地下车库销售收入、其他收入等。

房屋销售时，房地产开发企业需要与购房人签署房屋销售合同，该购房人可以是个人，也可以是具备独立法人资格的企业，无论是个人还是企业，购房时既可以选择全款一次性缴纳，也可以通过银行进行按揭贷款。

无论何种购房方式，该房屋最终均需要向购房人办理产权证，只有最终办理产权证的房屋销售，才属于"转让房地产"。转让房地产，本质上指的是产权的转让。

房地产开发商建设完成的住宅、商铺、车库等，也可以不销售，而是直接对外出租。对外出租，虽然同样取得收入，但该住宅、商铺或车库的产权仍然归开发商所有，并不能转移给房屋的承租人，故对外出租所取得的收入，不能计入"转让房地产所取得的收入"。

其他收入，同理，凡不属于开发产品产权转让所取得，亦不能计入"转让房地产所取得的收入"。

综上所述，"转让房地产所取得的收入"仅指住宅、商铺、办公楼、车库等发生产权转让并实现销售所取得的收入。

在馨苑项目中，就是小高层的销售收入 16404 万元、高层住宅的销售收入 25162 万元、独立车库的销售收入 1644 万元，共计 43660 万元（含税），不含税销售收入 40221.01 万元。

在计算土地增值税时，销售收入均指不含增值税的收入（即含税销售收入扣减销项税额后的收入）。

财政部　国家税务总局 关于营改增后契税、房产税、土地增值税、个人所得税计税依据问题的通知（财税〔2016〕43 号）[56.]

<u>三、土地增值税纳税人转让房地产取得的收入为不含增值税收入。</u>

特别提醒：计算土地增值税时，含税销售收入不能扣减土地出让金。为了将增值税计算时二者的不含税销售额、不含税销售收入进行直观比较，列表如表 4-65 所示。

土地增值税与增值税计算时计税比较　　　　　　　　　　　　　　表 4-65

金额单位：万元

	金额	增值税计算	土地增值税计算
①含税销售收入	43660		
②土地出让金	2010		
③ = ① − ②	41650		
④不含税销售额 = ③ ÷ (1+9%)		38211.01	
⑤税额 = ④ ×9%		3438.99	
⑥不含税销售收入 = ① − ⑤			40221.01
⑦扣除项目金额			
⑧增值额 = ⑥ − ⑦			
⑨税额			⑧ × 适用税率 − ⑦ × 速算扣除系数

房地产开发企业以房抵付工程款，算不算转让房地产？

房地产开发企业有时会发生欠付施工方工程款，然后以房屋抵付施工方工程款的行为，该以房抵款行为视同销售，需要缴纳土地增值税。

简单描述来理解这个以房抵款的过程：假定建设方与施工方签署一份施工合同，合同金额 10000 万元，建设方已向施工方支付至合同价的 80%，即 8000 万元，在工程项目竣工验收合格后，按合同规定建设方应向施工方付至合同价的 85%，即还应支付 500 万元。此时建设方资金紧张，决定给施工方房屋两套，该两套房屋市场售价共计 500 万元。

处理方法为：施工方按照原施工承包合同的约定，向建设方开具合法有效的建筑业增值税专用发票，票面含税金额 500 万元，建设方财务账面支出工程进度款 500 万元。

建设方与施工方签署销售房屋销售合同，两套房屋售价 500 万元，建设方向施工方开具合法有效的房屋销售增值税专用发票，建设方财务账面收入房屋销售款 500 万元。

也就是说，"收"与"支"是两条线，不能混同。二者不是相互抵消的关系，而是收入归收入，支出归支出。并且建设方与施工方需要按各自的收入分别核算并缴纳增值税。

国家税务总局关于房地产开发企业土地增值税清算管理有关问题的通知（国税发 [2006] 187 号）[46]

三、非直接销售和自用房地产的收入确定

（一）房地产开发企业将开发产品用于职工福利、奖励、对外投资、分配给股东或投资人、抵偿债务、换取其他单位和个人的非货币性资产等，发生所有权转移时应视同销售房地产，其收入按下列方法和顺序确认：

1. 按本企业在同一地区、同一年度销售的同类房地产的平均价格确定；

2. 由主管税务机关参照当地当年、同类房地产的市场价格或评估价值确定。

国税发 [2006]187 号文说明，将房屋作为福利奖励给职工，并给职工办理产权证的行为，视同销售，需要就该销售所取得的收入缴纳土地增值税（职工还需就其获得该房屋的行为缴纳个人所得税，本书不讨论。）。

其他分配给股东、抵偿债务（以房抵款行为）等行为，凡发生产权转移的，均需要缴纳土地增值税。价格需要按市场价评估，主要是为了防止房地产开发商借机故意将用以奖励的房屋价格大幅度降低，故意人为使收入减小，达到少缴税土地增值税的目的。

第二步，计算增值额的扣除项目。

根据土地增值税暂行条例第六条扣除项目的规定，计算土地增值税时，目标成本中的开发成本、开发费用等并不能按照成本表中的全部成本项或者发生的全额予以扣除。具体可扣减成本项或可扣减的成本额逐项说明。

（1）开发成本的扣除。

开发成本扣除 1："取得土地使用权所支付的金额"。

《中华人民共和国土地增值税暂行条例实施细则》

第七条 条例第六条所列的计算增值额的扣除项目，具体为：

（一）取得土地使用权所支付的金额，是指纳税人为取得土地使用权所支付的土地价款和按国家统一规定交纳的有关费用。

土地价款：在计算增值税时已经明确，仅指土地出让金，在计算土地增值税时，扣减的土地价款与增值税适用同一范围。此处的土地价款仍然指土地出让金。

在计算土地成本时，除了土地出让金，尚有土地契税，土地契税是否可扣减？

国家税务总局《关于土地增值税清算有关问题的通知》
（国税函 [2010] 220 号）[57.]

五、房地产开发企业取得土地使用权时支付的契税的扣除问题

房地产开发企业为取得土地使用权所支付的契税，应视同"按国家统一规定交纳的有关费用"，计入"取得土地使用权所支付的金额"中扣除。

西安市地方税务局《关于明确土地增值税若干政策问题通知》（西地税发 [2010]235 号）[47.]

十、房地产开发企业取得土地使用权时支付的契税的扣除问题

房地产开发企业为取得土地使用权所支付的契税，应视同"按国家统一规定交纳的有关费用"，计入"取得土地使用权所支付的金额"中扣除。

西安市与国家税务总局就扣减土地契税的规定上保持完全一致。具体到各省市对于土地契税的扣减事宜，需要查询各地税务机关的文件，执行当地的扣减政策。

按国家统一规定交纳的有关费用：按国家统一规定缴纳的有关土地登记、过户手续费。

综上所述，取得土地使用权所支付的金额见表 4-66。

取得土地使用权所支付的金额　　　　　　　　　　表 4-66

取得土地使用权所 支付的金额	总金额 （万元）	住宅 （万元）	车库 （万元）	备注
土地出让金	2010.00	2010.00		可扣除
土地契税	60.30	60.30		可扣除
土地登记、过户手续费	3.02	3.02		可扣除
合计	2073.32	2073.32	0.00	

取得土地使用权所支付的金额 2073.32 万元，可全额计入开发成本的可扣除项目金额中。该成本项已取得合法有效的凭证。

国家税务总局关于房地产开发企业土地增值税清算管理有关问题的通知（国税发 [2006] 187 号） 46.

四、土地增值税的扣除项目

（一）房地产开发企业办理土地增值税清算时计算与清算项目有关的扣除项目金额，应根据土地增值税暂行条例第六条及其实施细则第七条的规定执行。除另有规定外，扣除取得土地使用权所支付的金额、房地产开发成本、费用及与转让房地产有关的税金，须提供合法有效凭证；不能提供合法有效凭证的，不予扣除。

下文所述的扣除项目，均指能够取得合法有效的凭证。

开发成本扣除 2："开发土地、新建房屋及配套设施的成本"。

《中华人民共和国土地增值税暂行条例实施细则》

（二）开发土地和新建房及配套设施（以下简称房地产开发）的成本，是指纳税人房地产开发项目实际发生的成本（以下简称房地产开发成本），包括土地征用及拆迁补偿费、前期工程费、建筑安装工程费、基础设施费、公共配套设施费、开发间接费用。

土地征用及拆迁补偿费，包括土地征用费、耕地占用税、劳动力安置费及有关地上、地下附着物拆迁补偿的净支出、安置动迁用房支出等。

前期工程费，包括规划、设计、项目可行性研究和水文、地质、测绘、"三通一平"等支出。

　　建筑安装工程费，是指以出包方式支付给承包单位的建筑安装工程费，以自营方式发生的建筑安装工程费。

　　基础设施费，包括开发小区内道路、供水、供电、供气、排污、排洪、通信、照明、环卫、绿化等工程发生的支出。

　　公共配套设施费，包括不能有偿转让的开发小区内公共配套设施发生的支出。

　　开发间接费用，是指直接组织、管理开发项目发生的费用，包括工资、职工福利费、折旧费、修理费、办公费、水电费、劳动保护费、周转房摊销等。

　　土地征用及拆迁补偿费：若某项目实际发生该项费用时，可比照土地增值税暂行条例实施细则的规定，详细列项予以计算。关于计算表格及计算公式，在前文"成本的构成"中已经给出计算用的参考表格。

　　馨苑项目未发生该项费用。

　　前期工程费：即本书 4.2 节所计算出的前期工程费用 2851.01 万元，但是该价格为含税价格。在计算土地增值税时，需要分离"价"与"税"。在本书 4.9 节进项税额的计算时，已经计算出前期工程费的不含税金额为 2802.79 万元，进项税额 48.22 万元。其中：

　　住宅：含税总价 2644.16 万元，不含税价 2631.33 万元，进项税额 44.03 万元；

　　车库：含税总价 206.85 万元，不含税价 203.94 万元，进项税额 4.19 万元。

　　上述数据在计算土地增值税时可直接应用。前期工程费属于可扣除项目。

　　建筑安装工程费：即本书 4.4 节所计算出的建筑安装工程费用 13287.84 万元，同前期工程费一样，该价格也为含税价格。在本书 4.9 节进项税额的计算时，计算出建筑安装工程费用中的不含税金额为 12182.16 万元，进项税额 1105.68 万元。其中：

　　住宅：含税总价 11215.32 万元，不含税价 10280.76 万元，进项税额 934.55 万元；

　　车库：含税总价 2072.52 万元，不含税价 1901.40 万元，进项税额 171.13 万元。

　　该数据也可在计算土地增值税时直接应用。建筑安装工程费属于可扣除项目。

　　基础设施费：即本书 4.3 节所计算出的基础设施费用 1564.86 万元，不含税金额为 1435.61 万元，进项税额 129.25 万元。其中：

　　住宅：含税总价 1488.98 万元，不含税价 1365.99 万元，进项税额 122.99 万元；

　　车库：含税总价 75.88 万元，不含税价 69.62 万元，进项税额 6.27 万元。

　　计算土地增值税时可直接应用。基础设施费属于可扣除项目。

公共配套设施费：即本书 4.5 节所计算出的公共配套设施费用 36 万元，不含税金额为 33.03 万元，进项税额 1.38 万元。在计算土地增值税时可直接应用。

因馨苑项目公共配套费中仅有 120m² 的配电房。配电房不能销售，是为该项目全体业主服务的，核算土地增值税时，可将配电房的费用分摊在可售房屋的成本中，由全体购房人承担。

在"目标成本与收益测算表"中，公共配套设施费包含的科目较多。比如学校、幼儿园、会所等，这些配套设施的费用，在核算土地增值税时是否可以分摊至可售房屋的成本上？

幼儿园、学校：

方式 1. 无偿移交政府：若房地产开发企业建设完成后无偿移交政府，则幼儿园、学校的建设成本计入公共配套设施费中。

幼儿园、学校不产生销售收入，不缴纳土地增值税。

幼儿园、学校的建设成本可拆分或分摊至可销售房屋的成本中，可销售房屋因分摊幼儿园及学校的建设成本，故成本增大，销售收入不变的情况下，增值额减小，相应的土地增值税的缴纳额度减小。

同时，学校、幼儿园享受一定的报批报建或市政配套费用的减免优惠政策。具体减免项目及减免额度需要以当地的政策规定为准。

方式 2. 销售：幼儿园、学校建设完成后，将其作为商品房屋进行销售，取得销售收入，发生产权转移。此种情况下，幼儿园、学校不能归入公共配套设施费用科目下。需要和可销售的房屋一样，将建筑工程费用单独列项，计算方法同高层、小高层、独立地下车库的建筑安装工程费用的计算。同时，将幼儿园、学校的建安成本直接计入"5001.04 建筑及安装工程费"科目下。与其他开发产品一样，作为一种产品类型分别核算成本，并与其他可销售产品共同分摊公共配套设施费用、缴纳土地增值税。

在销售的方式下，幼儿园、学校的建设，不再享受或者部分享受各种报批报建或市政配套费用的减免优惠，具体减免优惠政策仍需查询各地规定。

方式 3. 开发企业未销售、未无偿移交政府，自己持有幼儿园、学校，在建设完成后自行运营该幼儿园、学校：该幼儿园、学校的建设成本不能计入公共配套设施费科目下，建安成本直接计入"5001.04 建筑及安装工程费"科目下。与其他可销售产品区分开来，单独核算成本。

在项目实施过程中作为在建工程核算，不缴纳土地增值税。建设完成后转增为该开发企业的固定资产，然后计提折旧。

在运营过程中，需要就运营所取得的收入，缴纳增值税、附加税；折旧费用，在计算运营过程中的增值税时，作为成本扣减。

因房屋自持，需要缴纳房产税；未出租，按照从价计征方式核算房产税。

报批报建或市政配套费用的减免优惠同方式 2。

方式 4. 开发企业未销售、未无偿移交政府，自己持有幼儿园、学校，在建设完成后将幼儿园、学校出租给第三方，第三方独立运营：同方式 3 一样，幼儿园、学校仍然作为在建工程核算，不缴纳土地增值税。

建设完成后转增为该开发企业的固定资产，然后计提折旧。

因房屋自持、出租，按照从租计征或者从价计征方式核算房产税。折旧费用，在计算增值税时，作为成本扣减。

与方式 3 的区别在于无运营收入，故不产生关于运营的增值税。但因房屋出租取得租金收入，需要就出租所取得的收入缴纳增值税、附加税。

报批报建或市政配套费用的减免优惠同方式 2。

会所、运动场馆、独立地下室等：

方式 1. 无偿归全体业主使用：同幼儿园、学校的方式 1. 无偿移交政府的性质类似，可将会所、运动场馆、独立地下室的建设成本计入公共配套设施费中。具体应缴税费以及不缴纳的税费也同幼儿园、学校的方式 1。

方式 2. 销售：成本核算方法及应缴税费、不缴纳的税费等同幼儿园、学校的方式 2，但是，会所、运动场馆等建设不享受报批报建或市政配套费的减免优惠政策。

方式 3. 开发企业未销售、未无偿归全体业主使用，自己持有会所、运动场馆，在建设完成后自己运营该会所、运动场馆：成本核算方法及应缴税费、不缴纳的税费等同幼儿园、学校的方式 3，同样无各项费用减免优惠。

方式 4. 开发企业未销售、未无偿移交政府，自己持有会所、运动场馆，在建设完成后将会所、运动场馆出租给第三方，第三方独立运营：成本核算方法及应缴税费、不缴纳的税费等同幼儿园、学校的方式 4。

综合上述对幼儿园、学校、会所、运动场馆等应缴及不缴的税费各种不同情形的分析，凡产权属于全体业主所有或无偿移交政府，未产生销售收入的，一般情况下均归入公共配套设施费中，将其成本分摊给可销售的产品。凡产权属于开发商所有，未无偿移交政府，或不能由全体业主无偿使用的，均与可销售产品一样，单独核算成本与应缴税费。

国家税务总局关于房地产开发企业土地增值税清算管理有关问题的通知
（国税发〔2006〕187号）[46.]

<u>三、非直接销售和自用房地产的收入确定</u>

（三）房地产开发企业开发建造的与清算项目配套的居委会和派出所用房、会所、停车场（库）、物业管理场所、变电站、热力站、水厂、文体场馆、学校、幼儿园、托儿所、医院、邮电通信等公共设施，按以下原则处理：

1. 建成后产权属于全体业主所有的，其成本、费用可以扣除；

2. 建成后无偿移交给政府、公用事业单位用于非营利性社会公共事业的，其成本、费用可以扣除；

3. 建成后有偿转让的，应计算收入，并准予扣除成本、费用。

符合上述条件的公共配套设施费用属于可扣除项目。

物业管理费：在土地增值税暂行条例实施细则（二）中，房地产开发的成本，仅包括土地征用及拆迁补偿费、前期工程费、建筑安装工程费、基础设施费、公共配套设施费、开发间接费用。

上述说明中，未采用"土地征用及拆迁……开发间接费用等"的文字描述，直接以开发间接费用截止。在税费核算时，应严格执行国家的财税政策规定，以限定的范围为界，而不能自由添加。

物业管理费未被包含在上述费用中，同时物业管理费不属于开发间接费用，故物业管理费不属于计算土地增值税增值额时的可扣除项目。

开发间接费用：在本书4.8节开发费用计算时，已按照土地增值税暂行条例实施细则的规定，单独计列此项费用。共计93.26万元，不含税金额为91.15万元，进项税额2.11万元。

开发间接费属于可扣除项目。

不可预见费：按照土地增值税清算的规定，可扣除项目必须取得合法有效的凭证。土地增值税清算必须满足以下条件。

国家税务总局关于房地产开发企业土地增值税清算管理有关问题的通知
（国税发〔2006〕187号）[46.]

<u>二、土地增值税的清算条件</u>

（一）符合下列情形之一的，纳税人应进行土地增值税的清算：

1. 房地产开发项目全部竣工、完成销售的；

2. 整体转让未竣工决算房地产开发项目的；

3. 直接转让土地使用权的。

（二）符合下列情形之一的，主管税务机关可要求纳税人进行土地增值税清算：

1. 已竣工验收的房地产开发项目，已转让的房地产建筑面积占整个项目可售建筑面积的比例在 85% 以上，或该比例虽未超过 85%，但剩余的可售建筑面积已经出租或自用的；

2. 取得销售（预售）许可证满三年仍未销售完毕的；

3. 纳税人申请注销税务登记但未办理土地增值税清算手续的；

4. 省税务机关规定的其他情况。

按照上述土地增值税清算的规定，在项目成本与收益测算时，项目尚未开始建设，所以不满足上述的清算条件。

但是，测算一个项目的成本必须连同税费一并测算，只有按照相关规定计算完整税负的成本后，再测算出的收益才趋近真实。所以在成本与收益测算时，就必须按照土地增值税暂行条例、实施细则、清算规定等，在符合所有政策规定的条件下计算土地增值税。

不可预见费，有可能发生，也有可能不发生，或者部分发生。不可预见费主要是对前期工程费、基础设施费、建筑安装工程费有可能增加成本的一种预估。依据土地增值税增值额可扣除项目的原则，前期工程费、基础设施费、建筑安装工程费均属于可扣除项目，也就意味着不可预见费的性质同这些费用一样，属于可扣除项目。

在计算土地增值税时，是基于不可预见费在项目实施过程中均要发生这一条件考虑的，也就是说不可预见费全额计入可扣除项目。

将上述开发成本整理见表 4-67，其中，物业管理费属于不可扣除项目。

馨苑项目开发成本项扣除项目整理表　　　　　　　表 4-67

开发成本	总不含税金额（万元）	住宅不含税金额（万元）	车库不含税金额（万元）	备注
土地征用及拆迁补偿费				可扣除
前期工程费	2802.79	2631.33	203.94	可扣除
建筑安装工程费	12182.16	10280.76	1901.40	可扣除

续表

开发成本	总不含税金额 （万元）	住宅不含税金额 （万元）	车库不含税金额 （万元）	备注
基础设施费	1435.61	1365.99	69.62	可扣除
公共配套设施费	33.03	33.03	0.00	可扣除
物业管理费	23.08	20.91	2.17	不可扣除
开发间接费用	91.15	82.60	8.55	可扣除
不可预见费	814.87	706.73	108.14	可扣除
合计	17382.69	15121.34	2293.82	

（2）开发费用的扣除。

《中华人民共和国土地增值税暂行条例实施细则》

（三）开发土地和新建房及配套设施的费用（以下简称房地产开发费用），是指与房地产开发项目有关的销售费用、管理费用、财务费用。

财务费用中的利息支出，凡能够按转让房地产项目计算分摊并提供金融机构证明的，允许据实扣除，但最高不能超过按商业银行同类同期贷款利率计算的金额。其他房地产开发费用，按本条（一）（二）项规定计算的金额之和的百分之五以内计算扣除。

凡不能按转让房地产项目计算分摊利息支出或不能提供金融机构证明的，房地产开发费用按本条（一）（二）项规定计算的金额之和的百分之十以内计算扣除。

上述计算扣除的具体比例，由各省、自治区、直辖市人民政府规定。

销售费用：在本书4.8节开发费用计算时，销售费用中包含售楼中心的装修费用99.22万元、样板房装修费115.65万元。这两项装修费用是否属于土地增值税增值额的可扣除项目？

国家税务总局关于房地产开发企业土地增值税清算管理有关问题的通知
（国税发 [2006] 187 号）[46.]

（四）房地产开发企业销售已装修的房屋，其装修费用可以计入房地产开发成本。

国税发 [2006]18 号文特别明确了该装修费用计入房地产开发成本的前提条件

是，该装修房屋可实现销售、取得销售收入。

实际上，样板房的建造及装修有几种不同的情形。

第一种情况：利用开发的产品作为售楼中心及样板间。

该售楼中心及样板间的装修，在未来随同其他房屋一起销售，按照国税发[2006]187的规定，该装修费用计入"房地产开发成本—建筑安装工程费"中。

虽然在成本与收益测算时，暂且列入销售费用科目，但在增值税核算时，需要从销售费用中剥离出来，计入开发成本中，销售费用属于开发费用，不属于开发成本。

售楼中心与样板间通常有硬装与软装之分。所谓硬装，就是固定于墙面、地面、顶棚上，不能移动的装修，比如地面铺贴石材或木地板、墙面粉刷或贴壁纸等。所谓软装，主要指可活动的家具类，比如餐桌椅、沙发、床、窗帘等装饰性的内容。

在计算土地增值税增值额的扣除项目时，硬装花费一般计入开发成本中予以扣除，软装所花费的费用是否可以扣除，一直存在争议。具体可咨询当地税务部门。

该售楼中心及样板间的装修，在该房屋销售前是予以拆除的，计入开发费用—销售费用中。

第二种情况：在项目所在地上搭建临时设施作为售楼中心及样板间。

该临时设施不同于施工准备费中的临时设施。施工准备费中的临时办公场所、临电等，是为了确保建设项目顺利实施，使项目能够具备开工条件而必须采取的措施。

专门搭建临时设施作为售楼中心或样板间使用的，后续需要拆除，它是为了满足销售展示的需要，专门为销售服务的。所以，该售楼中心和样板间的建造、装修费用均不能计入开发成本中，只能计入开发费用—销售费用中。

第三种情况：在项目所在地之外租赁房屋作为售楼中心及样板间。

租赁费用、装修费用均计入开发费用—销售费用中。

馨苑项目的售楼中心设置在二期建造的房屋中，后期并未拆除装修，房屋连同装修一起对外销售。按照土地增值税核算时收入与成本的对应关系，其建造成本已经计入二期开发成本—建筑安装工程费中，故将售楼中心的装修费用也全部计入二期开发成本中进行核算。

馨苑一期项目不再分摊售楼中心的装修费用，同时对于本书4.8节原计算完成的开发费用—销售费用进行修正，在计算土地增值税时，取消售楼中心装修费用99.22万元。

在去掉该费用后，开发费用相应地予以减少 99.22 万元。

样板房装修费：两套样板房均利用开发产品布置，后期实现销售。样板房的建造费用已计入开发成本—建筑安装工程费中。样板房的装修费用包含硬装和软装，在此案例计算时，暂定硬装费用在计算土地增值税时增值额时可以扣除。

硬装费用：（120+137）×2000=51.40 万元；

不含税金额：47.16 万元，进项税额 4.24 万元。

软装费用：（120+137）×2500=64.25 万元；

不含税金额：56.86 万元，进项税额 7.39 万元。

故售楼中心和样板间除软装费用外的建造及硬装成本，属于"开发成本"还是"开发费用"，不能仅以名字是否叫作"售楼中心"或者"样板间"而定，而以其未来是否实现销售进行区分。

管理费用：开发间接管理费用已计入开发成本的"开发间接费用中"，故仅余期间管理费用 373.05 万元。不含税金额 364.60 万元，进项税额 8.45 万元。

财务费用：主要为贷款利息 720.17 万元，不含税金额 679.40 万元，进项税额 40.76 万元。

按照土地增值税暂行条例实施细则关于开发费用扣除的规定，销售费用、管理费用、财务费用均不能据实扣除，给出了限定的比例。

为了便于理解实施细则的规定，将上述规定直接以公式归纳：

①纳税人能够按转让房地产项目计算分摊利息支出，并能提供金融机构的贷款证明的：

房地产开发费用扣除总额 = 利息 +(取得土地使用权所支付的金额 + 房地产开发成本)×5% 以内。

②纳税人不能按转让房地产项目计算分摊利息支出，或不能提供金融机构的贷款证明的：

房地产开发费用扣除总额 =(取得土地使用权所支付的金额 + 房地产开发成本)×10% 以内。

在馨苑项目计算时，暂且按照取得土地使用权所支付的金额 + 房地产开发成本之和的百分之十计算开发费用的扣除。

在前述计算房地产开发成本时，未将样板间的硬装费用计入开发成本，故需要对可扣除的开发成本进行修正。为了便于与开发成本进行区分，特将样板间的硬装费用单列项，同时对于不可扣除的物业管理费从开发成本中剔除，见表 4-68。

馨苑项目开发成本扣除项目修正表　　　　　　　　　　表 4-68

开发成本	总不含税金额（万元）	住宅不含税金额（万元）	车库不含税金额（万元）	备注
土地征用及拆迁补偿费				可扣除
前期工程费	2802.79	2631.33	203.94	可扣除
建筑安装工程费	12182.16	10280.76	1901.40	可扣除
样板间硬装工程费	47.16	47.16		可扣除
基础设施费	1435.61	1365.99	69.62	可扣除
公共配套设施费	33.03	33.03		可扣除
开发间接费用	91.15	83.15	8.55	可扣除
不可预见费	814.87	706.73	108.14	可扣除
合计	17406.77	15147.59	2291.65	

按照修正完成的开发成本，计算开发费用如表 4-69 所示。

馨苑项目开发费用扣除表　　　　　　　　　　表 4-69

序号	开发费用	总不含税金额（万元）	住宅不含税金额（万元）	车库不含税金额（万元）
1	取得土地使用权所支付的金额	2073.32	2073.32	
2	修正后的开发成本	17406.77	15147.59	2291.65
	合计	19480.08	17220.90	2291.65
	开发费用 =（1+2）× 10%	1948.01	1722.09	229.17

（3）与转让房地产有关的税金。

在目标成本与收益测算，以及增值税、税金及附加计算时，已经计算完成的税费有：土地契税、进项税额、销项税额、增值税、城市维护建设税、教育费附加（含地方）、水利建设基金、房产税、城镇土地使用税、车船使用税、印花税。

上述税费在核算土地增值税时，是否都可计入扣除项目？

《中华人民共和国土地增值税暂行条例实施细则》

（五）与转让房地产有关的税金，是指在转让房地产时缴纳的营业税、城市维护建设税、印花税。因转让房地产交纳的教育费附加，也可视同税金予以扣除。

按照土地增值税暂行条例实施细则的规定，仅营业税、城市维护建设税、教育费附加、印花税可以扣除。但是实行营改增后，增值税不得在此扣除。

关于印花税的扣除，各地出台的政策规定不统一，具体需要查询当地的税务文件规定。

土地契税：已计入"取得土地使用权所支付的金额"——在计算土地增值税的增值额时可扣除。

进项税额：包含增值税计算时可抵扣的进项税额1467.58万元及不可抵扣的进项税额41.04万元，共计1508.62万元。

财政部 国家税务总局 关于营改增后契税、房产税、土地增值税、
个人所得税计税依据问题的通知（财税〔2016〕43号）[56.]

三、《中华人民共和国土地增值税暂行条例》等规定的土地增值税扣除项目涉及的增值税进项税额，允许在销项税额中计算抵扣的，不计入扣除项目，不允许在销项税额中计算抵扣的，可以计入扣除项目。

按照财税〔2016〕43号文第三条的规定，在计算增值税时，已从销项税额中予以抵扣进项税额1467.57万元，在计算土地增值税时不允许再次计入扣除项目中的"与转让房地产有关的税金"。

也就是说，在增值税与土地增值税计算时，同一进项税额不允许重复抵扣，只能在二者中抵扣一次。

按照上述规定，在增值税计算时已抵扣的进项税额1467.58万元，在核算土地增值税时将不允许再次抵扣。贷款利息中的进项税额41.04万元，因在计算增值税时未计入可抵扣的进项税额，故在核算土地增值税时可以将其计入扣除项目中。

销项税额：用于计算增值税，不属于应纳税额，在核算土地增值税时不得扣减。

增值税：在核算土地增值税时不得扣减。

城市维护建设税、教育费附加：可扣除。

国家税务总局关于印发《土地增值税清算管理规程》的通知
（国税发[2009]91号）[45.]

附件1 土地增值税纳税申报表

附件 1

土地增值税纳税申报表

（从事房地产开发的纳税人适用）

税款所属时间：　　年　　月　　日　　填表日期：　　年　　月　　日

纳税人编码：　　　　　　　金额单位：人民币元　　面积单位：平方米

纳税人名称				项目名称		项目地址	
业　别				经济性质		纳税人地址	邮政编码
开户银行				银行账号		主管部门	电话
项　目					行次		金额
一、转让房地产收入总额　1=2+3					1		
	货币收入				2		
其中	实物收入及其他收入				3		
二、扣除项目金额合计　4=5+6+13+16+20					4		
1. 取得土地使用权所支付的金额					5		
2. 房地产开发成本　6=7+8+9+10+11+12					6		
	土地征用及拆迁补偿费				7		
其中	前期工程费				8		

续表

纳税人名称		项目名称		项目地址	
业别		经济性质		邮政编码	
开户银行		银行账号		电话	
		纳税人地址			
		主管部门			

	项目	行次	金额
	建筑安装工程费	9	
其中	基础设施费	10	
	公共配套设施费	11	
	开发间接费用	12	
	3. 房地产开发费用 13=14+15	13	
其中	利息支出	14	
	其他房地产开发费用 15	15	
	4. 与转让房地产有关的税金等 16=17+18+19	16	
其中	营业税（营改增后，增值税不得在此扣除）	17	
	城市维护建设税	18	
	教育费附加	19	
	5. 财政部规定的其他扣除项目	20	
	三、增值额 21=1-4	21	
	四、增值额与扣除项目金额之比（%）22=21÷4	22	

续表

纳税人名称		项目名称		项目地址	
业 别		经济性质		邮政编码	
开户银行		银行账号		电 话	

项 目	行次	金 额
五、适用税率（%）	23	
六、速算扣除系数（%）	24	
七、应缴土地增值税税额 25=21×23-4×24	25	
八、已缴土地增值税税额	26	
九、应补（退）土地增值税税额 27=25-26	27	

声明	我声明：此纳税申报表是根据《中华人民共和国土地增值税暂行条例》及其《实施细则》的规定填报的。我确信它是真实的、可靠的、完整的。 声明人签字：___
授权代理人	（如果你已委托代理申报人，请填写下列资料） 为代理一切税务事宜，现授权___（地址）为本纳税人的代理申报人，任何与本报表有关的来往文件都可寄予此人。 授权人签字：___

纳税人 签 章	法人代表 签 章	经办人员	代理申报人（代理申报人）签章	备注

按照国税发 [2009]91 号附件 1 土地增值税纳税申报表的规定，可扣除的税费仅包括城市建设维护税、教育费附加，而未包含印花税，也就是说，国税发 [2009]91 号文较土地增值税暂行条例实施细则规定的扣减范围缩窄。

同时，其余水利建设基金、房产税、城镇土地使用税、车船使用税、印花税均不得在此扣减。

西安市地方税务局关于明确土地增值税若干政策问题通知
（西地税发 [2010] 235 号）[47.]

六、关于土地使用税和印花税的扣除问题

房地产开发企业缴纳的土地使用税和印花税，不管在房地产项目完工前或完工后发生的，均在管理费用列支按规定予以扣除。

西安市关于印花税的扣除沿用了国税发 [2009]91 号文的原则。

馨苑项目中与转让房地产有关的税金整理见表 4-70。

扣除项目中与转让房地产有关的税金　　　　　　　表 4-70

序号	与转让房地产有关的税金	总应纳税额（万元）	住宅应纳税额（万元）	车库应纳税额（万元）
1	城市维护建设税	138.73	143.21	0.00
2	教育费附加（含地方）	99.09	102.29	0.00
	合计	237.82	245.49	0.00

（4）财政部规定的加计扣除。

《中华人民共和国土地增值税暂行条例实施细则》

第七条 条例第六条所列的计算增值额的扣除项目，具体为：

（六）根据条例第六条（五）项规定，对从事房地产开发的纳税人可按本条（一）（二）项规定计算的金额之和，加计百分之二十的扣除。

条例，是指土地增值税暂行条例。条例第六条第（五）项为：财政部规定的其他扣除项目。

本条第（一）项指"取得土地使用权所支付的金额"。即前面已经计算完成的 2073.32 万元。

本条第（二）项指"房地产开发成本，包括土地征用及拆迁补偿费、前期工程费、建筑安装工程费、基础设施费、公共配套设施费、开发间接费用"。即本节前面已经计算完成的表 4-68 中的 17406.77 万元。

加计扣除费用 =(取得土地使用权所支付的金额 + 房地产开发成本)×20%。

按照上述文件规定，计算加计扣除费用如表 4-71 所示。

加计扣除计算表　表 4-71

序号	加计扣除	总金额（万元）	住宅（万元）	车库（万元）	说明
1	取得土地使用权所支付的金额	2073.32	2073.32	0.00	详见表 4-66
2	房地产开发成本	17406.77	15147.59	2291.654	详见表 4-68
	合计	19480.08	17220.90	2291.65	
	加计扣除 20%	3896.02	3444.18	458.33	

在加计扣除计算时，20% 的加计扣除实际是一个上限设置，对于该加计扣除的比例，各地规定的比例并不完全相同，具体计算时需要依据当地的政策规定进行加计扣除计算。

若加计扣除比例小于 20%，意味着可扣除项目金额减小，增值额增大，相应地需要缴纳的土地增值税金额增加。

至此所有的扣除项目全部计算完成，将扣除项目全部整理汇总如表 4-72 所示。

扣除项目金额合计　表 4-72

行次	扣除项目	总金额（万元）	住宅（万元）	车库（万元）	说明
5	取得土地使用权所支付的金额	2073.32	2073.32	0.00	详见表 4-66
6	房地产开发成本	17406.77	15147.59	2291.65	详见表 4-68
13	房地产开发费用	1948.01	1722.09	229.17	详见表 4-69
16	与转让房地产有关的税金	237.82	245.49	0.00	详见表 4-70
20	财政部规定的加计扣除	3896.02	3444.18	458.33	详见表 4-71
	5+6+13+16+20	25561.92	22632.67	2979.15	

注：上述数据详细来源见"馨苑项目目标成本与收益测算表（1. 车位售价 12 万元税负计算）—土地增值税"。

已知转让房地产的收入、已知扣除项目金额，即可计算出增值额，然后按照累进税率计算土地增值税。

《中华人民共和国土地增值税暂行条例》

第七条　土地增值税实行四级超率累进税率：

增值额未超过扣除项目金额50%的部分，税率为30%。

增值额超过扣除项目金额50%、未超过扣除项目金额100%的部分，税率为40%。

增值额超过扣除项目金额100%、未超过扣除项目金额200%的部分，税率为50%。

增值额超过扣除项目金额200%的部分，税率为60%。

第八条　有下列情形之一的，免征土地增值税：

（一）纳税人建造普通标准住宅出售，增值额未超过扣除项目金额20%的。

为了方便计算土地增值税累进税率，给出速算扣除系数，见表4-73。

土地增值税不同级距税率及速算扣除系数　　　表4-73

档次	级距	税率	速算扣除系数	税额计算公式
1	增值额未超过扣除项目金额50%的部分	30%	0%	增值额×30%
2	增值额超过扣除项目金额50%，未超过100%的部分	40%	5%	增值额×40%－扣除项目金额×5%
3	增值额超过扣除项目金额100%，未超过200%的部分	50%	15%	增值额×50%－扣除项目金额×15%
4	增值额超过扣除项目金额200%的部分	60%	35%	增值额×60%－扣除项目金额×35%

馨苑项目增值额＝不含税收入－扣除项目金额合计

＝40221.01－25561.92＝14659.09万元。

增值比例＝增值额÷扣除项目金额合计

＝14659.09÷25561.92＝57.35%。

按照级距计算，应缴土地增值税为：

税率为30%部分的土地增值额：25561.92×50%＝12780.96万元。

税率为40%部分的土地增值额：14659.09－25561.92×50%＝1878.12万元。

应纳土地增值税税额：12780.96×30%＋1878.12×40%＝4585.54万元。

增值比例越大时，上述按照级距计算土地增值税的方法就越麻烦。为了简化计算，表 4-73 中给出速算扣除系数。按照速算扣除系数计算土地增值税，增值比例超过 50%、未超过 100%，适用 40% 的税率及速算扣除系数 5%：

14659.09×40%−25561.92×5%=4585.54 万元。

同理，计算出住宅与车库产品需要缴纳的土地增值税：

住宅增值额 =38712.75−22632.67=16080.09 万元。

增值比例 =16080.09÷22632.67=71.05%。

应缴土地增值税 =16080.09×40%−22632.67×5%=5300.40 万元。

车库增值额 =1508.26−2979.15=−1470.89 万元。

车库销售无增值，不缴纳土地增值税。

馨苑项目应缴土地增值税为 5300.40 万元，而非 4585.54 万元。区分不同产品类型核算多缴纳的土地增值税 5300.40−4585.54=714.86 万元。

将计算完成的土地增值税计算结果整理如表 4-74 所示。

土地增值税计算表　　　　　　　　　　表 4-74

行次	扣除项目	不含税总金额（万元）	住宅（万元）	车库（万元）	说明
1	转让房地产收入总额	40221.01	38712.75	1508.26	
4	扣除项目金额合计	25561.92	22632.67	2979.15	
21	增值额 1−4	14659.09	16080.09	−1470.89	
	增值额与扣除项目金额之比	57.35%	71.05%		
	适用税率	40%	40%		
	速算扣除系数	5%	5%		
	土地增值税税额	4585.54	5300.40		

注：上表数据详细计算过程见"馨苑项目目标成本与收益测算表（1.车位售价 12 万元税负计算）—土地增值税"。

为了平衡车库销售的亏损，达到以项目整体缴税的目的，有些房地产开发企业采取另一种销售手段，即车位不销售，随同所销售的房屋一起赠送。在此情况下车位无法办理产权证，实际上等于购房人以销售价格取得车位的使用权而非产权。但是，车位的各项成本可以全部分摊到所要销售的房屋成本上，则可售房屋的成本增加，增值额减小，土地增值税相应减小。以此避免车位原本属于亏本销售，而房屋销售单独核算却需要多缴纳土地增值税的问题。

但这种销售手段有偷税漏税之嫌。购房人的车位没有产权，后期不能实现交易。

在成本与收益测算时，经常需要调整销售价格，对成本与收益进行比对，价格调整后，增值额就会发生变化。若因增值额变化引起土地增值税税率跨级距，比如从增值比例小于50%变化为大于50%，或者从增值比例小于100%到大于100%等。若不设置计算公式，需要每次调整完售价之和再次计算增值额、增值比例，从而按照不同级距的税率计算土地增值税，这种每次都需要重新计算税率的方法比较麻烦，且容易出错。

为了方便计算，可以设置公式，将上述不同级距的变化全部考虑在内。公式设置方法：

如果：增值比例 ≤ 50%，则土地增值税 = 增值额 ×30%，否则：

如果：增值比例 ≤ 100%，则土地增值税 = 增值额 ×40%− 扣除项目金额 ×5%，否则：

如果：增值比例 ≤ 200%，则土地增值税 = 增值额 ×50%− 扣除项目金额 ×15%，否则：

如果：增值比例 ＞ 200%，则土地增值税 = 增值额 ×60%− 扣除项目金额 ×35%。

若以"A"表示增值比例，以"B"表示增值额，以"C"表示扣除项目金额，则：

在 Excel 表格中设置条件公式如下：

IF(A ≤ 50%，B×30%,IF(A ≤ 100%，B×40%−C×5%，IF(A ≤ 200%，B×50%−C×15%，IF(A ＞ 200%，B×60%−C×35%))))

公式设置好后，可以避免因增值比例跨级距后忘记调整税率及速算扣除系数而出现的计算错误。

在本书 4.2 节前期工程费计算时，在 5001.02.10 其他规费科目下，暂时考虑了廉租房易地建设费588.22万元，易地建设面积暂时考虑住宅面积42016m² 的5%，即 2100.8m²。在馨苑项目中，未按规定比例配建公租房，而是选择向政府缴纳费用的方式。

若必须配建公租房，按照西安市的规定，配建的 5% 住房面积无偿移交政府，则无偿移交的住宅面积 2100.8m² 无法取得销售收入，该无偿移交的公租房产权转移至政府为管理公租房出租而成立的公司名下。

在此种情况下，该 2100.8 m² 的房屋面积需要从商品房可售面积中扣减，即住宅可售面积减小，销售收入减少。由于公租房成本需分摊到可售住宅产品上，则可售住宅的成本增大，增值额减小，土地增值税相应减少。具体减少金额需要通过计算确定。

4.15　企业所得税的计算

《中华人民共和国企业所得税法》

第一条　在中华人民共和国境内，企业和其他取得收入的组织（以下统称企业）为企业所得税的纳税人，依照本法的规定缴纳企业所得税。

第三条　居民企业应当就其来源于中国境内、境外的所得缴纳企业所得税。

第四条　企业所得税的税率为 25%。

第二十二条　企业的应纳税所得额乘以适用税率，减除依照本法关于税收优惠的规定减免和抵免的税额后的余额，为应纳税额。

第一条规定中，企业所得税的纳税人，是指实行经济独立核算的企业或者组织。

将第二十二条规定简化为计算公式：应纳税额 = 应纳税所得额 × 适用税率 − 减免税额 − 抵免税额。

所得，包括生产经营所得及其他所得。

《中华人民共和国企业所得税法实施条例》

第六条　企业所得税法第三条所称所得，包括销售货物所得、提供劳务所得、转让财产所得、股息红利等权益性投资所得、利息所得、租金所得、特许权使用费所得、接受捐赠所得和其他所得。

所得税实施条例第六条的应纳税所得额 = 收入总额 − 准予扣除项目总额。

收入总额：主营业务收入、次营业务收入、其他收入等。

《中华人民共和国企业所得税法》

第六条　企业以货币形式和非货币形式从各种来源取得的收入，为收入总额。包括：

（一）销售货物收入；

（二）提供劳务收入；

（三）转让财产收入；

（四）股息、红利等权益性投资收益；

（五）利息收入；

（六）租金收入；

（七）特许权使用费收入；

（八）接受捐赠收入；

（九）其他收入。

准予扣除的合理支出：

《中华人民共和国企业所得税法》

第八条　企业实际发生的与取得收入有关的、合理的支出，包括成本、费用、税金、损失和其他支出，准予在计算应纳税所得额时扣除。

《中华人民共和国企业所得税法实施条例》

第二十九条　企业所得税法第八条所称成本，是指企业在生产经营活动中发生的销售成本、销货成本、业务支出以及其他耗费。

第三十条　企业所得税法第八条所称费用，是指企业在生产经营活动中发生的销售费用、管理费用和财务费用，已经计入成本的有关费用除外。

第三十一条　企业所得税法第八条所称税金，是指企业发生的除企业所得税和允许抵扣的增值税以外的各项税金及其附加。

第三十二条　企业所得税法第八条所称损失，是指企业在生产经营活动中发生的固定资产和存货的盘亏、毁损、报废损失，转让财产损失，呆账损失，坏账损失，自然灾害等不可抗力因素造成的损失以及其他损失。

关于可在企业所得税前扣除的各项合理支出，除须符合上述规定外，且必须在一定的比例内方可扣除。比如，实施条例第四十条"企业发生的职工福利费支出，不超过工资薪金总额14%的部分，准予扣除"。第四十一条"企业拨缴的工会经费，不超过工资薪金总额2%的部分，准予扣除"。

实施条例第四十条至第五十五条，均是对可扣除项的详细解释，本书不再全文摘录。同时，各省市在国家企业所得税实施条例等相关政策的基础上，又制订了针对当地的具体规定，大家可自行查阅文件。

在本案例计算中假定，可扣除的支出都属于合理支出，且都符合法规、条例限定的比例条件。

对于损失及其他支出，暂不考虑。

按照上述假设条件，计算各项支出如表 4-75 所示。

企业所得税中的支出计算表　　　　表 4-75

序号	合理支出	总金额（万元）	住宅（万元）	车库（万元）	说明
1	开发成本	19364.85	17112.06	2285.26	详见"馨苑项目目标成本与收益测算表（1.车位售价 12 万元税负计算）—企业所得税"，含契税。城镇土地使用税计入"税金及附加"位置核算
2	开发费用	2479.02	2250.62	228.40	详见"馨苑项目目标成本与收益测算表（1.车位售价 12 万元税负计算）—目标成本"
3	税金及附加	322.27	327.79	2.16	详见"馨苑项目目标成本与收益测算表（1.车位售价 12 万元税负计算）—增值税、税金及附加"
4	土地增值税	4585.54	5300.40	0.00	详见"馨苑项目目标成本与收益测算表（1.车位售价 12 万元税负计算）—土地增值税"
	合计	26751.69	24990.88	2515.82	

关于支出，在计算企业所得税时，与土地增值税的扣减范围并不完全重合。企业所得税税前可扣除项的规定：

①所得税和增值税不得扣除；

②增值税进项税额，不允许税前扣除；

③增值税销项税额，不允许税前扣除；

④土地增值税，可在所得税前扣除。

项目整体核算企业所得税计算示例：

利润 = 收入 − 支出 =40221.01−26751.69=13469.32 万元；

企业所得税 = 利润 × 税率 =13469.32×25%=3367.33 万元；

净利润 = 利润 − 企业所得税 =13469.32−3367.33=10101.99 万元；

净利润率 = 净利润 ÷ 支出 ×100%=10101.99÷26751.69×100%=37.76%。

同理，计算住宅及车库的企业所得税、净利润、净利润率，计算结果整理如表 4-76 所示。

企业所得税计算表   表 4-76

序号	项目	总金额（万元）	住宅（万元）	车库（万元）	说明
1	不含税收入	40221.01	38712.75	1508.26	
2	合理支出	26751.69	24990.88	2515.82	
3	利润	13469.32	13721.87	−1007.56	收入 − 支出
4	企业所得税	3367.33	3430.47	0.00	利润 ×25%
	净利润	10101.99	10291.40	0.00	利润 − 企业所得税
	净利润率	37.76%	41.18%		净利润 ÷ 全部支出

注：上表中数据详细计算见"馨苑项目目标成本与收益测算表（1. 车位售价 12 万元税负计算）−企业所得税"。

在计算增值税与土地增值税时，提到开发企业将其开发的房地产转为企业自用或用于出租的情形，此两种税负不需要缴纳。在同样的情形下，是否需要缴纳企业所得税？

《国家税务总局关于企业处置资产所得税处理问题的通知》
（国税函〔2008〕828 号）[58.]

第一条 企业发生下列情形的处置资产，除将资产转移至境外以外，由于资产所有权属在形式和实质上均不发生改变，可作为内部处置资产，不视同销售确认收入，相关资产的计税基础延续计算。

（一）将资产用于生产、制造、加工另一产品；

（二）改变资产形状、结构或性能；

（三）改变资产用途（如，自建商品房转为自用或经营）；

（四）将资产在总机构及其分支机构之间转移；

（五）上述两种或两种以上情形的混合；

（六）其他不改变资产所有权属的用途。

国税函〔2008〕828 号文明确，房地产开发企业将开发的部分房地产转为企业自用或用于出租，由于所有权属在形式和实质上都未发生改变，可作为内部处置资产，不视同销售确认收入，不缴纳企业所得税。

总结：房地产开发企业将所开发的产品自用或用于出租，不发生产权转移，不需要缴纳增值税、土地增值税、企业所得税。除了上述不需要缴纳的税费外，还涉及需要缴纳的其他税费。应缴纳的为房产税、城镇土地使用税。

房产税：

国家税务总局关于房产税、城镇土地使用税有关政策规定的通知
（国税发 [2003] 89 号）[59.]

一、关于房地产开发企业开发的商品房征免房产税问题：鉴于房地产开发企业开发的商品房在售出前，对房地产开发企业而言是一种产品，因此，对房地产开发企业建造的商品房，在售出前，不征收房产税；但对售出前房地产开发企业已使用或出租、出借的商品房应按规定征收房产税。

房地产开发企业自用、出租、出借本企业建造的商品房，自房屋使用或交付之次月起计征房产税。

城镇土地使用税：

财政部、国家税务总局关于房产税、城镇土地使用税有关政策规定的通知
（财税 [2006] 186 号）[60.]

二、关于有偿取得土地使用权城镇土地使用税纳税义务发生时间问题。

以出让或转让方式有偿取得土地使用权的，应由受让方从合同约定交付土地时间的次月起缴纳城镇土地使用税。

房地产开发企业，自取得土地使用权的次月起，缴纳城镇土地使用税。无论其在该宗地上所开发房屋用于销售、自用或出租。

至此，对相关的税费全部计算完成。各项税负分别占不含税销售收入的比例，以及全部税负占不含税销售收入的比例，也就是通常所说的税负率及综合税负率，通过计算、比较如表 4-77 所示。

税负率计算表　　　　　表 4-77

税目	项目总体		住宅		车库	
	金额（万元）	占比	金额（万元）	占比	金额（万元）	占比
增值税	1981.81	4.93%	2045.79	5.28%	0.00	

续表

税目	项目总体		住宅		车库	
	金额（万元）	占比	金额（万元）	占比	金额（万元）	占比
税金及附加	322.27	0.80%	327.79	0.85%	2.16	0.14%
土地增值税	4585.54	11.40%	5300.40	13.69%	0.00	
企业所得税	3367.33	8.37%	3430.47	8.86%	0.00	
合计	10256.95	25.50%	11104.45	28.68%	2.16	0.14%
不含税收入	40221.01		38712.75		1508.26	

对于企业来说，核算项目收益时考虑的是净利润而非利润，同时需要分析净利润率。特别是在前期方案比选阶段，做多方案比选时，综合对比分析的是每一个不同方案的净利润率而非净利润。只有净利润率最大的方案才可以称得上最优方案。净利润最大时，并不一定净利润率最大，因为对应最大净利润的有可能相应的成本也比较高。

对于建设项目的投资收益测算，考虑两个方面：一方面是净利润，另一方面是净利润率。

在上述计算企业所得税时，对于开发成本、开发费用等，均是假设全部满足企业所得税的扣减要求，可以在所得税前全额扣除。实际核算时，销售费用、管理费用都不可能全额在所得税前扣除，比如贷款利息的扣除。

《中华人民共和国企业所得税法实施条例》

第三十八条 企业在生产经营活动中发生的下列利息支出，准予扣除：

（一）非金融企业向金融企业借款的利息支出、金融企业的各项存款利息支出和同业拆借利息支出、企业经批准发行债券的利息支出；

（二）非金融企业向非金融企业借款的利息支出，不超过按照金融企业同期同类贷款利率计算的数额的部分。

如果只能部分扣除，代表所得税前扣除金额减小，利润增大，实际计算的企业所得税相应地增大。特别是销售费用中的佣金，要满足在所得税税前扣除的条件，佣金必须控制在销售收入的一定比例之内，超过限定比例的佣金，则不允许在所得税前扣除。

财政部 国家税务总局 关于企业手续费及佣金支出税前扣除政策的通知
（财税 [2009] 29 号）[61.]

　　一、企业发生与生产经营有关的手续费及佣金支出，不超过以下规定计算限额以内的部分，准予扣除；超过部分，不得扣除。

　　2. 其他企业：按与具有合法经营资格中介服务机构或个人（不含交易双方及其雇员、代理人和代表人等）所签订服务协议或合同确认的收入金额的 5% 计算限额。

　　按照财税 [2009]2 号文规定，佣金比例在销售收入 5% 以内（含 5%）的部分，可以计入所得税前扣除，超过 5% 的部分，不得计入所得税前扣除。也就是说，佣金超过 5% 的部分，因不能税前扣除，将成为成本支出，由此导致成本增大，利润进一步减小。

　　故各地产开发企业一般都严格控制销售佣金的支出比例。

4.16　车位售价调整时税负的变化

　　在本书 4.12 ~ 4.15 节中，分别计算了车位低价（12 万元 / 车位）亏本销售时的销项税额、增值税、土地增值税及企业所得税。通过分析与比较发现，车位亏本销售时，区分产品类型计算的税负之和不等于按项目整体计算的税负，是由于车库产品销售价格远低于成本价格造成的。

　　为了对项目的税负进行比较，需要测算三种情况：一是车位售价多少时，增值税额刚好归零；二是车位以成本价格销售时；三是车位以高于成本价格的获利方式销售时。在这三种不同的情况下，各项税负又会呈现出怎样的变化关系？

　　在车位售价 12 万元时，出现增值税计算为负数的结果。原因在于该车位销售定价时，有可能未充分的评判成本，或者基于市场周边同类产品的售价，为了满足销售需求，应对市场行情不得不做出的低价销售策略。

　　对于开发企业而言，从投资人的角度，不含税成本、进项税额、增值税额都属于需要支出的钱，换言之，进项税额、增值税额都属于投资人眼中的投资成本。

　　故对车位定价时，需要综合考虑开发成本、开发费用及税负支出，在考虑税负支出的基础上核算的成本才是投资人视角下的成本。

　　第一种情况，车库的增值税额恰好等于零。

基于这种理想状态分析：对车位的销售定价恰好使增值税计算结果为"零"，不出现负值，也不出现正值。在增值税为"零"的情况下，土地增值税与企业所得税是否还需要缴纳？

在项目的投资收益测算时，各个表格均设置有链接关系，可以在表格里对车位模拟几个不同的销售价格，进行试算，保证增值税计算结果为零。虽然在现实环境中几乎很难出现增值税额恰巧等于零的结果。此处分析各种不同情况的目的，是为了比较，并得出进一步的结论。

因为是盲目的试算，需要通过多次反复给定售价，来查看链接表格中的增值税额是否已经归零。这种试算方法，因需要的试算次数较多，比较浪费时间。为了快速试算，可以先确定车位的成本价格。在本书 4.13 节中，已经计算出车位的成本价格为 5929.99 元 $/m^2 \times 33.43m^2/$ 车位 $=19.8243$ 万元 / 车位（该成本价格仅包含开发成本、开发费用，未包含增值税、税金及附加）。

假定车位以 19.8243 万元销售：

则车位销售收入 $=19.8243 \times 137 = 2715.93$ 万元；

不含税销售收入 $=2715.93 \div （1+9\%）=2491.68$ 万元；

销项税额 $=2491.68 \times 9\% = 224.25$ 万元。

此时，进项税额将不再是车位售价 12 万元时所对应的 199.72 万元，主要原因在于销售费用以销售收入为基数计算，销售收入提高，销售费用相应地增加，分离出的进项税额增加，故车库总的进项税额增加至 199.90 万元（不含贷款服务产生的进项税额 3.83 万元）。

销项税额 224.25 - 进项税额 199.90 = 24.35 万元。

此时增值税额为正数，说明定价略高，可以继续下调，当调整至车位售价为 17.667 万元 / 车位时，增值税额为零（注：17.667 万元 / 车位的数据来源见"馨苑项目目标成本与收益测算表（2. 车库增值税为零时税负计算）—目标成本"）。

通常，增值税额为零的情况是基于以下原因：

比如，某产品生产需要购买原材料，原材料不含税价 100 元，增值税税率 13%，进项税额 $=100 \times 13\% = 13$ 万元；假定不考虑加工等费用，该产品仍以 100 元售出，则销项税额 $=100 \times 13\% = 13$ 万元。

销项税额 - 进项税额 =0.00 万元。

或者，销售收入 100 元 - 成本 100 元 =0 元增值额。

增值额为零，故无增值税。

在这个材料采购、加工与销售的小案例中，在增值税额为零时，成本等于售价。为什么在馨苑项目中，车库的增值税额为零时，成本不等于售价呢？

车库的不含税成本为 5493.06 元 /m² （注："馨苑项目目标成本与收益测算表（2. 车库增值税为零时税负计算）—目标成本"中，车库价税分离后，包含开发成本、开发费用的成本价 2515.82 万元 × 10000÷4580=5493.06 元 /m²），即 18.36 万元 / 车位（5493.06 元 /m²×33.43m²/ 车位 =18.36 万元 / 车位）；不含税销售价格 = 17.667 万元 ÷（1+9%）=16.21 万元。

售价 16.21 万元＜成本 18.36 万元，但此时增值税额为零。由此发现一个奇怪的现象：增值税额为零时，销售价格仍然小于成本。按照增值税的定义，有增值才缴纳、无增值不缴纳的原则，增值税为零时，证明车位销售没有产生销售增值。

主要原因在于，不动产销售增值税税率为 9%，而开发成本、开发费用中，各成本项中有免征增值税及增值税税率 6%、9%、13% 四种情况，由于销项税额与进项税额计算时的增值税税率不同，故即使成本价格等于销售价格，也不可能出现进项税额等于销项税额的结果。同时，在开发费用进项税额计算时，仅考虑部分费用（非 100%）可获得增值税专用发票，由此也导致计算出的进项税额小于按照 100% 获取票据所计算的税额。

由于销售费用与售价的相关性，在车位含税售价调整为 17.667 万元时，其含税成本价格相应地变为 5934.99 元 /m²（注："馨苑项目目标成本与收益测算表（2. 车库增值税为零时税负计算）—目标成本"中，含税总价 2718.23 万元 × 10000÷4580=5934.99 元 /m²），计 19.84 万元 / 车位（5934.99 元 /m²×33.43m²/ 车位 =19.84 万元 / 车位）。

按照上述计算结果，对比项目整体的增值税与分产品类型计算的增值税的关系见表 4-78。

在表 4-78 中，住宅增值税额 2044.60+ 车库增值税额 0.00=2044.60 万元 = 项目整体核算的增值税额 2044.60 万元。

上述计算结果表明，在各不同产品的增值税额都不小于零时，才有各分项产品增值税额之和恒等于以项目整体为单位核算的增值税额。

表 4-78

车库增值税额为零时增值税计算表

项目名称	总体计算				普通住宅				独立车库			
	含税金额（万元）	销项税额（万元）	进项税额（万元）	增值税（万元）	含税金额（万元）	销项税额（万元）	进项税额（万元）	增值税（万元）	含税金额（万元）	销项税额（万元）	进项税额（万元）	增值税（万元）
销售收入（含税）	44436				42016				2420.40			
土地出让金	2010				2010							
扣减土地出让金后销售收入（含税）	42426				40006				2420.40			
销售额（不含税）	40933.3	3503.10			38712.75	3303.25			2220.56	199.85		
开发成本	20665.40		1360.84		18189.97		1169.40		2475.43		191.44	
开发费用	2639.41		97.65		2396.62		89.24		242.79		8.41	
可抵扣的进项税额			1458.50				1258.65				199.85	
应纳税额（增值税额）	销项税额－进项税额			2044.60				2044.60				0.00

注：表中数据详细计算见"馨苑项目目标成本与收益测算表（2. 车库增值税为零时税负计算）—增值税、税金及附加"。

在此种情况下，附加税会呈现怎样的变化？附加税计算汇总见表 4-79。

车库增值税额为零时附加税计算表　　　　　　　表 4-79

附加税	税率	按项目计算		普通住宅		独立车库		说明
		增值税（万元）	税额（万元）	增值税（万元）	税额（万元）	增值税（万元）	税额（万元）	
城市维护建设税	7%	2044.60	143.12	2044.60	143.12	0	0	增值税 × 税率
教育费用附加	3%		61.34		61.34		0	
地方教育费附加	2%		40.89		40.89		0	
附加税合计			245.35		245.35		0	

注：表中数据详细计算见"馨苑项目目标成本与收益测算表（2. 车库增值税为零时税负计算）——增值税、税金及附加"。

住宅附加税 245.35+ 车库附加税 0.00=245.35 万元

= 项目整体核算的附加税额 245.35 万元。

附加税的分项之和同样等于以项目整体为单位核算的结果。

由于印花税和增值税额无直接关系，故增值税额的计算不影响印花税的计算结果。

但由于车位售价调整，印花税的其中一项是和房屋售价相关的，故印花税税额发生了变化。见表 4-80。

车库增值税额为零时印花税计算表　　　　　　　表 4-80

印花税	税率	按项目计算		普通住宅		独立车库		说明
		合同额（万元）	税额（万元）	合同额（万元）	税额（万元）	合同额（万元）	税额（万元）	
购销合同	0.03%	444.29	0.13	444.29	0.13			合同额 × 税率
加工承揽合同	0.05%	810.66	0.41	728.81	0.36	81.85	0.04	
勘察设计合同	0.05%	187.83	0.09	174.81	0.09	13.02	0.01	

续表

印花税	税率	按项目计算		普通住宅		独立车库		说明
		合同额（万元）	税额（万元）	合同额（万元）	税额（万元）	合同额（万元）	税额（万元）	
建筑安装工程合同	0.03%	15689.61	4.71	13401.69	4.02	2287.92	0.69	合同额×税率
土地出让	0.05%	2010	1.01	2010	1.01			
房屋销售	0.05%	44436.4	22.22	42016	21.01	2420.4	1.21	
印花税合计			28.56		26.62		1.94	

注：表中数据详细计算见"馨苑项目目标成本与收益测算表（2.车库增值税为零时税负计算）——增值税、税金及附加"。

住宅印花税 26.62+ 车库印花税 1.94=28.56 万元

= 项目整体核算的印花税额 28.56 万元。

在上述印花税计算过程中，税额较大的主要为建筑安装工程合同、土地出让合同、房屋销售合同的贴花，其余税额均较小。故在投资收益测算时，有时只将贴花额比较大的几项予以计算，税额特别小的零星项目，对于收益结果的计算影响不大时，通常暂且忽略不计。

但需要注意的是，明知道需要算，只因为金额小而暂时不予计算，与不知道该项存在而漏掉应该计算的项，这是完全不同的两件事情。

车库增值税额为零时，土地增值税的计算结果是否也恰巧等于零？

扣除项目金额的计算方法，同本书 4.14 节"土地增值税的计算"，用表格方式直接计算土地增值税。需要说明的是，由于车位售价提高，故不含税总收入提高，独立车库销售收入提高，住宅销售收入未变化。

车库增值税为零时土地增值税计算表 表 4-81

行次	扣除项目	不含税总金额（万元）	住宅（万元）	车库（万元）	说明
1	转让房地产收入总额	40933.30	38712.75	2220.55	

续表

行次	扣除项目	不含税总金额 （万元）	住宅 （万元）	车库 （万元）	说明
4	扣除项目金额合计	25569.46	22632.52	2979.15	
21	增值额 1-4	15363.84	16080.23	-758.60	
	增值额与扣除项目金额之比	60.09%	71.05%		
	适用税率	40%	40%		
	速算扣除系数	5%	5%		
	土地增值税税额	4867.06	5300.46	0.00	

注：表中数据详细计算见"馨苑项目目标成本与收益测算表（2.车库增值税为零时税负计算）——土地增值税"。

从表 4-81 的计算结果发现，虽然车位售价已有较大的提高，从 12 万元／车位提高到 17.67 万元／车位，提高比例（17.67-12）÷12=47.25%，虽然售价比例提高较多，增值税额已归零。但是土地增值税计算时，其增值额为 -758.60 万元，依然为负数，表明无增值，无须缴纳土地增值税。

由此得出结论：增值税额为零时，土地增值税必然不需要缴纳。原因在于，增值税是基于增值额才产生的，土地增值税亦是基于增值额所产生的，在前一项增值税计算时增值额为零时，后一计算项土地增值税的增值额必然小于零，或者说没有增值额产生。

企业所得税的计算方法同本书 4.5 节"企业所得税的计算"，此处不再详细列计算过程，直接计算企业所得税如表 4-82、表 4-83 所示。

车库增值税为零时企业所得税计算表　　　　　　　表 4-82

序号	项目	总金额（万元）	住宅（万元）	车库（万元）	说明
1	不含税收入	40933.30	38712.75	2220.55	
2	合理支出	27063.40	25010.62	2515.86	
3	利润	13869.90	13702.13	-298.11	收入 - 支出
4	企业所得税	3467.47	3425.53		利润 ×25%
	净利润	10402.42	10276.60		利润 - 企业所得税
	净利润率	38.44%	41.09%		净利润 ÷ 全部支出

综合税负计算表 表4-83

税目	项目总体		住宅		车库	
	金额（万元）	占比	金额（万元）	占比	金额（万元）	占比
增值税	2044.60	4.99%	2044.60	5.28%	0.00	
税金及附加	330.49	0.81%	327.66	0.85%	2.83	0.13%
土地增值税	4867.06	11.89%	5300.46	13.69%	0.00	
企业所得税	3467.47	8.47%	3425.53	8.85%	0.00	
合计	10709.63	26.16%	11098.25	28.67%	2.83	0.13%
不含税收入	40933.30		38712.75		2220.55	

注：表4-82、表4-83中数据详细计算见"馨苑项目目标成本与收益测算表（2.车库增值税为零时税负计算）—企业所得税"。

第二种情况，车位以成本价格销售。

先要明确，到底什么是车位的成本价格？本书4.13节计算的5929.99元/m²×33.43m²/车位=19.8243万元/车位，是否就是车位的成本价格？

此处所说的车位以成本价格销售，是指每个车位的销售价格恰巧等于成本价格。为什么需要强调恰巧等于呢？因为销售费用和销售收入相关，只要调整销售价格，销售费用必然发生变化，从而导致车库的成本随之变化。

在每车位售价19.8243万元时，含税销售收入为2715.93万元，不含税销售收入为2491.68万元，销项税额224.25万元。

对应的车库含税成本为2719.10万元，不含税成本为2516.65万元，进项税额199.90万元。

注：上述6个数据可在"馨苑项目目标成本与收益测算表—目标成本"中调整车位的售价后自行计算得出。

含税销售收入2715.93万元＜含税成本2719.10万元。

不含税销售收入2491.68万元＜不含税成本2516.65万元。

此时的以成本价格销售，到底是指含税成本还是不含税成本？由于增值税的价外税属性，此时的以成本价销售，明确为不含税成本，即不含税销售收入要等于不含税成本，按此标准计算车位的含税销售价格：

车位不含税售价=2516.65÷137=18.37万元；

含税销售价格=18.37×（1+9%）=20.023万元。

故车位的含税成本价格销售，定价应为20.023万元/车位。

按照此售价，重新计算增值税如表4-84所示。

车位以成本价销售时增值税计算表

表 4-84

项目名称	总体计算				普通住宅				独立车库			
	含税金额（万元）	销项税额（万元）	进项税额（万元）	增值税（万元）	含税金额（万元）	销项税额（万元）	进项税额（万元）	增值税（万元）	含税金额（万元）	销项税额（万元）	进项税额（万元）	增值税（万元）
销售收入（含税）	44759.15				42016				2743.15			
土地出让金	2010				2010							
扣减土地出让金后销售收入（含税）	42749.15				40006				2743.15			
销售额（不含税）	41229.4	3529.75			38712.75	3303.25			2516.65	226.50		
开发成本	20665.40		1360.84		18189.97		1169.40		2475.43		191.44	
开发费用	2649.10		98.20		2405.35		89.74		243.74		8.46	
可抵扣的进项税额			1459.04				1259.14				199.90	
应纳税额（增值税额）	销项税额－进项税额			2070.70				2044.106				26.596

注：表中数据详细来源见"馨苑项目目标成本与收益测算算表（3.车位以成本价销售税负计算）—增值税、税金及附加"。

在表 4-84 中，住宅增值税额 2044.106+ 车库增值税额 26.596=2070.70 万元 ＝ 项目整体核算的增值税额 2070.70 万元。

上述计算结果表明，在各不同产品的增值税额都大于零时，才有各分项产品增值税额之和恒等于以项目整体为单位核算的增值税额。

在此种情况下，以增值税为基数的附加税会呈现怎样的变化？附加税计算汇总见表 4-85。

车位以成本价格销售时附加税计算表　　表 4-85

附加税	税率	按项目计算		普通住宅		独立车库		说明
		增值税（万元）	税额（万元）	增值税（万元）	税额（万元）	增值税（万元）	税额（万元）	
城市维护建设税	7%	2070.70	144.95	2044.11	143.09	26.60	1.86	增值税 × 税率
教育费用附加	3%		62.12		61.32		0.80	
地方教育费附加	2%		41.41		40.88		0.53	
附加税合计			248.48		245.29		3.19	

注：表中数据详细来源见"馨苑项目目标成本与收益测算表（3.车位以成本价销售税负计算）—增值税、税金及附加"。

在表 4-85 中，住宅附加税额 245.29+ 车库附加税额 3.19=248.48 万元 ＝ 项目整体核算的附加税额 248.48 万元。

附加税同样满足各分项产品税额之和等于以项目整体为单位核算所计算出的税额。

印花税的计算方法同前述。对增值税、税金及附加的计算结果全部整理如表 4-86 所示。

车位以成本价格销售时 增值税、税金及附加计算表　　表 4-86

序号	税目	项目整体		住宅		车库	
		税额（万元）	应纳税额（万元）	税额（万元）	应纳税额（万元）	税额（万元）	应纳税额（万元）
	销项税额	3529.75		3303.25		226.50	
	可抵扣的进项税额	1459.04		1259.14		199.90	

续表

序号	税目	项目整体		住宅		车库	
		税额（万元）	应纳税额（万元）	税额（万元）	应纳税额（万元）	税额（万元）	应纳税额（万元）
1	增值税		2070.70		2044.11		26.60
2	税金及附加		333.90		327.60		6.30
2.1	城市维护建设税		144.95		143.09		1.86
2.2	教育费附加		62.12		61.32		0.80
2.3	地方教育费附加		41.41		40.88		0.53
2.4	水利建设基金		16.49		15.49		1.01
2.5	房产税						
2.6	城镇土地使用税		40.20		40.20		
2.7	车船使用税						
2.8	印花税		28.73		26.62		2.11
	增值税、税金及附加合计		2404.60		2371.705		32.899

注：表中数据详细来源见"馨苑项目目标成本与收益测算表（3. 车位以成本价销售税负计算）—增值税、税金及附加"。

比较分项与项目整体的税额：住宅 2371.705 + 车库 32.899 = 2404.60 万元

= 项目整体的 2404.60 万元。

在车库增值税税额大于零时，各分项的增值税、税金及附加税额之和等于以项目整体为单位核算的税额。在考虑增值税额小于零、等于零或者大于零时一直使用车库做示例的原因，主要在于，在实际销售中经常出现车位售价较低，不足以弥补车位成本的现象。而住宅产品销售，几乎不会出现此种情况，个别的一套、两套房屋降低售价，有可能是出于销售策略的需要，但对于一个项目的房屋平均售价而言，仍然不会出现平均售价低于成本价销售的现象。

上述应纳税额占销售收入的比例为：

与含税销售收入的比例：2404.60 ÷ 44759.15 = 5.37%；

与不含税销售收入的比例：2404.60 ÷ 41229.40 = 5.83%。

住宅产品：

与含税销售收入的比例：2371.71÷42016=5.64%；

与不含税销售收入的比例：2371.71÷38712.75=6.13%。

车库产品：

与含税销售收入的比例：32.90÷2473.15=1.20%；

与不含税销售收入的比例：32.90÷2516.65=1.31%。

从上述应纳增值税、税金及附加占比销售收入的比例，可以发现车库产品的税额占比相较于住宅产品来说，增值空间依然很小。这就解释了，为何很多房地产开发企业大多选择按照设计规范的最低限来配置车位数量，主要在于车位的成本较高，车位销售很难提高价格，同时，降低价格也很难增加其销售量，且往往跌破成本价。故房地产开发企业通常将车位视为房屋的配套或附属产品，为了提高房屋的销售量增加卖点，而按规范配置最少数量的车位。

车位以成本价格销售时，增值税税额已经大于零。在此种情况下，土地增值税的计算结果是否也大于零，也就是说，是否需要缴纳土地增值税？

对于扣除项目金额的计算方法，同本书4.14节"土地增值税的计算"，具体计算过程详见"馨苑项目目标成本与收益测算表（3.车位以成本价销售时税负计算）—土地增值税"，此处直接整理计算结果如表4-87所示。

车位以成本价销售时土地增值税计算表 表4-87

行次	扣除项目	不含税总金额（万元）	住宅（万元）	车库（万元）	说明
1	转让房地产收入总额	41229.40	38712.75	2516.65	
4	扣除项目金额合计	25572.59	22632.47	2982.34	
21	增值额 1−4	15656.82	16080.29	−465.69	
	增值额与扣除项目金额之比	61.22%	71.05%		
	适用税率	40%	40%		
	速算扣除系数	5%	5%		
	土地增值税税额	4984.10	5300.49	0.00	

从表4-87的计算结果发现，虽然车位售价已提高至成本价格销售，从12万元/车位提高到20.02万元/车位，提高比例（20.02−12）÷12=66.86%，虽然售价比例提高较多，增值税额已大于零，但是土地增值税计算时，其增值额为−465.69万元，依然无须缴纳土地增值税。主要原因在于，土地增值税计算时，

对于成本有加计扣除项存在，此处加计扣除金额为 458.33 万元，与增值额 −465.69 万元的绝对值相当，也就表明，若没有加计扣除项的话，车库的增值额基本为零。这也就解释车位以成本价格销售时，仍然不会出现增值的结果。

企业所得税的计算方法同本书 4.5 节"企业所得税的计算"，此处不再详细列计算过程，直接计算企业所得税见表 4-88、表 4-89。

车位以成本价销售时企业所得税计算表　　　　　　　　　　　表 4-88

序号	项目	总金额（万元）	住宅（万元）	车库（万元）	说明
1	不含税收入	41229.40	38712.75	2516.65	
2	合理支出	27192.99	25018.83	2523.02	
3	利润	14036.42	13693.92	−6.37	收入 − 支出
4	企业所得税	3509.10	3423.48		利润 ×25%
	净利润	10527.31	10270.44		利润 − 企业所得税
	净利润率	38.71%	41.05%		净利润 ÷ 全部支出

车位以成本价销售时综合税负计算表　　　　　　　　　　　表 4-89

税目	项目总体		住宅		车库	
	金额（万元）	占比	金额（万元）	占比	金额（万元）	占比
增值税	2070.70	5.02%	2044.11	5.28%	26.60	1.06%
税金及附加	330.49	0.81%	327.60	0.85%	6.30	0.25%
土地增值税	4984.10	12.09%	5300.49	13.69%	0.00	
企业所得税	3509.10	8.51%	3423.48	8.84%	0.00	
合计	10897.81	26.43%	11095.68	28.66%	32.90	1.31%
不含税收入	41229.40		38712.75		2516.65	

注：表 4-88、表 4-89 中数据详细计算见"馨苑项目目标成本与收益测算表（3.车库以成本价销售税负计算）—企业所得税"。

第三种情况，车位以高于成本价格销售。

假定售价 25 万元／车位，计算各项税额，计算方法及计算过程同上。由于车位提高价格后，土地增值税计算时出现增值额，故将土地增值税计算结果整理见表 4-90。

车位以高于成本价销售时土地增值税计算表　　　　　表 4-90

行次	扣除项目	不含税总金额（万元）	住宅（万元）	车库（万元）	说明
1	转让房地产收入总额	41854.95	38712.75	3142.20	
4	扣除项目金额合计	25579.21	22632.34	2989.08	
21	增值额 1-4	16725.75	16080.41	153.12	
	增值额与扣除项目金额之比	63.63%	71.05%	5.12%	
	适用税率	40%	40%	30%	
	速算扣除系数	5%	5%	0%	
	土地增值税税额	5231.34	5300.55	45.94	

注：具体计算过程详见"馨苑项目目标成本与收益测算表（4.车位以高于成本价销售税负计算）—土地增值税"。

住宅 5300.55+ 车库 45.94=5346.49 万元

>以项目整体为单位核算的 5231.34 万元。

在本书 4.14 节土地增值税计算时已经明确，土地增值税的缴纳标准和增值比例有关，住宅的增值比例大于 50%，车库的增值比例小于 50%，二者适用不同的土地增值税税率及速算扣除系数。在计算土地增值税时，一定要注意增值比例的变化，适用正确的税率，避免因税率适用错误造成的土地增值税计算结果错误，并因此影响企业所得税的计算结果，避免错误累积或叠加现象的出现。

在车库需要缴纳土地增值税的情况下，该项目综合税负计算如表 4-91 所示。

车位以高于成本价销售时综合税负计算表　　　　　表 4-91

税目	项目总体		住宅		车库	
	金额（万元）	占比	金额（万元）	占比	金额（万元）	占比
增值税	2125.84	5.08%	2043.06	5.28%	82.78	2.63%
税金及附加	341.12	0.81%	327.48	0.85%	13.64	0.43%
土地增值税	5231.34	12.50%	5300.55	13.69%	45.94	1.46%
企业所得税	3597.05	8.59%	3419.15	8.83%	141.00	4.49%
合计	11295.35	26.99%	11090.24	28.65%	283.36	9.02%
不含税收入	41854.95		38712.75		3142.20	

注：具体计算过程详见"馨苑项目目标成本与收益测算表（4.车位以高于成本价销售税负计算）—企业所得税"。

对比分析车位在售价 17.67 万元（增值税为零时的售价）、20.02 万元（成本价销售）、25 万元三种不同定价策略下，各项税额的变化情况，详见表 4-92。

在表 4-92 中，未将车位售价为 12 万元时的计算结果列入对比表（因车位售价 12 万元时，增值税、土地增值税均未产生应纳税额，和车位售价 17.67 万元的计算结果类似）。对比表 4-92 发现，无论在哪种情况下，按照不同产品分别核算税负的各分项税额之和均大于以项目整体为单位核算的税额。同时，随着车位售价的逐步提高，各项税额及综合税负占比也逐渐增大。

车库在从土地增值税不缴纳到缴纳的变化中，税负占比迅速增大，从 1.31% 增加到 9.02%。收入增加了 3142.20−2516.65=625.55 万元，增加幅度 625.55÷2516.65=24.86%；税负增加了 283.36−32.90=250.46 万元，增加幅度 250.46÷32.90=761.28%。由此可见，收入一旦跨过土地增值税缴纳的纳税临界点（即从不缴纳变为缴纳），收入增加的比例将远小于税负增加的比例。这也是为何房地产开发商在制订销售价格时，一定要先行测算。测算的目的就是，土地增值税从原来的不缴纳，一旦变成售价提高后需要缴纳，是否需要平衡售价与税负、净利润的关系。

通常情况下，售价越高，收入增加，利润就越大。在表 4-92 中，对比四种不同售价时的净利润值发现，净利润值最大时，并非发生在车位售价最高的 25 万元时，而是车位以成本价销售时，净利润值最大 11128.58 万元。其次，就是车位以 12 万元亏本销售时，净利润值 11106.61 万元。再次，就是车位售价使增值税为零的情况下，净利润值 11101.08 万元。从本案例分析来看，提高车位售价到 25 万元，对于净利润的增加或者提高毫无实际意义，反而降低了利润空间。故车位提高售价销售是不明智的。

从上述分析发现，并不是售价越高越好。一个项目需要实现的并非收入最大化，而是在同等条件下净利润率的最大化与税负最小化之间的一个平衡。

住宅售价一直没有任何调整，但是，住宅的各项税额中，除土地增值税出现略微的调增外，其余各项税额均出现略微的减少。究其原因，主要在于随着车位售价的逐步提高，开发费用相应地增加。开发费用是按照可售面积进行分摊的，因此分摊到住宅上的开发费用也发生较小的变化，故虽然住宅的售价没有调整，应纳税额却出现较小的增减变化。

由此可以清晰地理解，为什么土地增值税、企业所得税核算时，税务规定需要区分不同的产品类型进行分别核算。主要是防止房地产开发企业以盈补亏，漏缴或少缴这两项税。

在一个开发项目中，车库一般都是为了其上的写字楼、住宅、商业等配套服

表 4-92

金额单位：万元

车位不同售价时综合税负比较表

税目	车位售价 17.67 万元：增值税为零			车位售价 20.02 万元：成本价销售			车位售价 25 万元		
	项目总体	住宅	车库	项目总体	住宅	车库	项目总体	住宅	车库
增值税	2044.60	2044.60		2070.70	2044.11	26.60	2125.84	2043.06	82.78
税金及附加	330.49	327.66	2.83	333.90	327.60	6.30	341.12	327.48	13.64
土地增值税	4867.06	5300.46		4984.10	5300.49		5231.34	5300.55	45.94
企业所得税	3467.47	3425.53	2.83	3509.10	3423.48	32.90	3597.05	3419.15	141.00
合计	10709.63	11098.25	2.83	10897.81	11095.68	32.90	11090.24	11090.24	283.36
不含税收入	40933.30	38712.75	2220.55	41229.40	38712.75	2516.65	41854.95	38712.75	3142.20
税负占比	26.16%	28.67%	0.13%	26.43%	28.66%	1.31%	26.99%	28.65%	9.02%
净利润	10709.63	11098.25	2.83	10897.81	11095.68	32.90	10791.16	10257.44	423.01
分项合计	11101.08			11128.58			10680.45		
说明				税负占比＝税额合计÷不含税收入					

说明：车位售价 12 万元时，净利润值：住宅 11104.45 万元，车库 2.16 万元，合计 11106.61 万元。

务使用的，房地产开发项目的较大盈利点，通常集中在主要产品上，比如住宅小区开发的话，住宅产品必须能够实现盈利。那就有必要核算，在住宅的售价变化时，特别是因为售价的调整而出现土地增值税跨级距时，税负的变化情况。

4.17 住宅纳税临界点及税率跨级距后税负变化

关于住宅的售价调整，主要考虑土地增值税的两种情况：一是在纳税临界点附近，税负的前后变化；二是调整售价，跨级距计税时税负的前后变化。

调整住宅售价时，暂且保持车位以成本价格销售（20.02 万元 / 车位）。

所谓土地增值税跨级距，就是从不缴纳变为缴纳，或者增值额与扣除项目金额之比从小于 50% 变成超过 50%，或者从小于 100% 变成超过 100%，以及从小于 200% 变成超过 200% 的几种情形。每发生上述比例变化，税率及速算扣除系数相应地调整。

在车库的税负计算过程中，车位售价调整时，住宅售价一直保持 10000 元 /m² 未变，且其增值额与扣除项目金额之比大于 50%、小于 100%。适用 40% 的土地增值税税率。

由于该项目住宅容积率及户均面积满足普通标准住宅的条件，按照税法规定，纳税人建造普通标准住宅出售，增值额未超过扣除项目金额 20% 的，免征土地增值税；增值额超过扣除项目金额 20% 的，应就其全部增值额按规定计税缴税。此处所说的"20% 的增值额"，对普通标准住宅而言就是土地增值税的"纳税临界点"。

对于非普通住宅（比如别墅等），只要增值比例大于 0，土地增值税就从不缴纳变为缴纳，那么非普通住宅就只存在缴纳或者不缴纳两种情况，可以理解为：只要缴纳，就是跨过了 0 纳税临界点（一般没有 0 纳税临界点的说法，此处仅为了与 20% 这个纳税临界点做比较）。

故需区分两种情况调整住宅售价：其一，计算住宅土地增值税的纳税临界点售价，并调整售价，对比纳税临界点税负变化；其二，调整住宅售价，使增值额超过扣除项目金额的 100%，对比土地增值税税率出现跨级距时，税负的变化。

第一种情况，普通住宅土地增值税的纳税临界点。

在成本测算计算表中进行试算，住宅售价约在 6964 ～ 6965 元 /m² 时，其增值额与扣除项目金额之比恰等于 20%。计算的目的：一是寻找纳税临界点，二是需要对比在临界点前后税负的变化情况。因此在寻找到纳税临界点后，仍然需要调整住宅的售价。

（1）其一：住宅增值额与扣除项目金额之比 < 20%，免缴土地增值税。

暂定住宅售价 6900 元 /m²，计算各项税额（表 4-93）。

住宅售价 6900 元/m² 时增值税计算表

表 4-93

项目名称	总体计算				普通住宅				独立车库			
	含税金额（万元）	销项税额（万元）	进项税额（万元）	增值税（万元）	含税金额（万元）	销项税额（万元）	进项税额（万元）	增值税（万元）	含税金额（万元）	销项税额（万元）	进项税额（万元）	增值税（万元）
销售收入（含税）	31734.19				28991.04				2743.15			
土地出让金	2010				2010							
扣减土地出让金后销售收入（含税）	29724.19				26981.04				2743.15			
销售额（不含税）	29279.9	2454.29			26763.25	2227.79			2516.65	226.50		
开发成本	20665.40		1360.84		18189.97		1169.40		2475.43		191.44	
开发费用	2258.35		76.08		2053.01		69.79		205.34		6.29	
可抵扣的进项税额			1436.93				1239.20				197.73	
应纳税额（增值税额）	销项税额－进项税额			1017.36				988.59				28.77

注：详细计算过程见"馨苑项目目标成本与收益测算表（5.住宅免缴土地增值税时增值税时税负计算）—增值税、税金及附加"。

在住宅售价 6900 元 /m² 时，普通住宅产品的增值额与扣除项目金额之比为 18.92% < 20%，按规定免缴土地增值税。此时对应的车位以成本价销售，增值额为负数。故此种情况下，馨苑项目无需缴纳土地增值税，见表 4-94。

住宅免缴土地增值税时计算表　　　　表 4-94

行次	扣除项目	不含税总金额（万元）	住宅（万元）	车库（万元）	说明
1	转让房地产收入总额	29279.90	26763.25	2516.65	
4	扣除项目金额合计	25446.19	22505.80	2982.60	
21	增值额 1-4	3833.71	4257.44	-465.95	
	增值额与扣除项目金额之比	15.07%	18.92%		
	适用税率	0%	0%		
	速算扣除系数	0%	0%		
	土地增值税税额	0.00	0.00		

注：详细计算过程见"馨苑项目目标成本与收益测算表（5.住宅免缴土地增值税时税负计算）——土地增值税"。

在住宅不缴纳土地增值税时，企业所得税及综合税负的计算结果见表 4-95、表 4-96。

住宅免缴土地增值税时企业所得税计算表　　　　表 4-95

序号	项目	总金额（万元）	住宅（万元）	车库（万元）	说明
1	不含税收入	29279.90	26763.25	2516.65	
2	合理支出	21702.45	19247.89	2487.04	
3	利润	7577.45	7515.36	29.61	收入 - 支出
4	企业所得税	1894.36	1878.84	7.40	利润 ×25%
	净利润	5683.08	5636.52	22.21	利润 - 企业所得税
	净利润率	26.19%	29.28%	0.89%	净利润 ÷ 全部支出

注：详细计算过程见"馨苑项目目标成本与收益测算表（5.住宅免缴土地增值税时税负计算）——企业所得税"。

住宅免缴土地增值税时综合税负计算表　　　　　　表 4-96

税目	项目总体		住宅		车库	
	金额（万元）	占比	金额（万元）	占比	金额（万元）	占比
增值税	1017.36	3.47%	988.59	3.69%	28.77	1.14%
税金及附加	196.10	0.67%	189.55	0.71%	6.55	0.26%
土地增值税	0.00		0.00		0.00	
企业所得税	1894.36	6.47%	1878.84	7.02%	7.40	0.29%
合计	3107.83	10.61%	3056.98	11.42%	42.73	1.70%
不含税收入	29279.90		26763.25		2516.65	

注：详细计算过程见"馨苑项目目标成本与收益测算表（5.住宅免缴土地增值税时税负计算）——企业所得税"。

　　在住宅免缴土地增值税时，成本、收入、税负、净利润值都迅速减少，但净利润率并没有同比例减小。但综合税负率最小，住宅仅 11.42%。据此可以判断较高售价时综合税负率高的原因，主要在于土地增值税税额所占的税负比例较大，一旦免缴土地增值税，综合税负率就迅速减小。

　　那么住宅产品调整售价，一旦需要缴纳土地增值税时，该项目税负会呈现怎样的变化？

　　（2）其二：住宅增值额与扣除项目金额之比 > 20%、< 50%，缴纳土地增值税（大于 > 50% 时缴纳土地增值税已计算）。

　　暂定住宅售价 7000 元 /m²，计算各项税额（表 4-97）。

增值税、税金及附加计算表　　　　　　表 4-97

税目	项目整体		住宅		车库	
	税额（万元）	应纳税额（万元）	税额（万元）	应纳税额（万元）	税额（万元）	应纳税额（万元）
销项税额	2488.98		2262.48		226.50	
可抵扣的进项税额	1437.64		1239.84		197.80	
增值税		1051.34		1022.64		28.70
税金及附加		200.54		194.00		6.55
增值税、税金及附加合计		1251.89		1216.64		35.25

注：详细计算过程见"馨苑项目目标成本与收益测算表（6.住宅增值比例大于20%税负计算）——增值税、税金及附加"。

住宅售价 7000 元 /m² 时，增值额与扣除项目金额之比为 20.61%。在售价 6900 元 /m² 时，增值额与扣除项目金额之比为 18.92%。售价仅提高了 100 元 /m²，出现土地增值税由免缴变为应缴的转变。这个转变几乎可以用转折来形容，因为它会使税负迅速提高，净利润迅速减少（表 4-98）。

住宅应缴土地增值税时计算表　　　　表 4-98

行次	扣除项目	不含税总金额（万元）	住宅（万元）	车库（万元）	说明
1	转让房地产收入总额	29665.37	27148.72	2516.65	
4	扣除项目金额合计	25450.27	22509.89	2982.60	
21	增值额 1-4	4215.10	4638.83	-465.95	
	增值额与扣除项目金额之比	16.56%	20.61%		
	适用税率	0	30%		
	速算扣除系数	0	0		
	土地增值税税额	0.00	1391.65		

注：详细计算过程见"馨苑项目目标成本与收益测算表（6. 住宅增值比例大于 20% 税负计算）—土地增值税"。

在住宅因售价提高需要缴纳土地增值税时，企业所得税及综合税负的计算结果见表 4-99、表 4-100。

住宅应缴土地增值税时企业所得税计算表　　　　表 4-99

序号	项目	总金额（万元）	住宅（万元）	车库（万元）	说明
1	不含税收入	29665.37	27148.72	2516.65	
2	合理支出	21718.79	20654.71	2488.20	
3	利润	7946.58	6494.01	28.45	收入 - 支出
4	企业所得税	1986.64	1623.50	7.11	利润 ×25%
	净利润	5959.93	4870.50	21.34	利润 - 企业所得税
	净利润率	27.44%	23.58%	0.86%	净利润 ÷ 全部支出

住宅应缴土地增值税时综合税负计算表　　　　表4-100

税目	项目总体		住宅		车库	
	金额（万元）	占比	金额（万元）	占比	金额（万元）	占比
增值税	1051.346	3.54%	1022.64	3.77%	28.70	1.14%
税金及附加	200.54	0.68%	194.00	0.71%	6.55	0.26%
土地增值税	0.00		1391.65		0.00	
企业所得税	1986.64	6.70%	1623.50	5.98%	7.11	0.28%
合计	3238.53	10.92%	4231.79	15.59%	42.36	1.68%
不含税收入	29665.37		27148.72		2516.65	

注：表4-99、表4-100中数据详细计算过程见"馨苑项目目标成本与收益测算表（6.住宅增值比例大于20%税负计算）—企业所得税"。

对比住宅免缴与应缴土地增值税时，收入、税负、净利润的变化情况（仅对比住宅）见表4-101。

住宅免缴与应缴土地增值税时收入、税负等对比表　　　　表4-101

金额单位：万元

税目	免缴土地增值税	应缴土地增值税	增加额	增加比例
不含税销售收入	26763.25	27148.72	385.47	1.44%
开发成本及开发费用	18998.04	19008.76	10.72	0.06%
增值税额	988.59	1022.64	34.05	3.44%
税金及附加	189.55	194.00	4.45	2.35%
土地增值税	0.00	1391.65	1391.65	
企业所得税	1878.84	1623.50	−255.34	−13.59%
税负合计	3056.98	4231.79	1174.81	38.43%
税负/不含税收入	11.42%	15.59%		
净利润	5636.52	4870.50	−766.02	−13.59%
净利润率	29.28%	23.58%	−5.7%	−19.47%

从表4-101对比发现，住宅售价从6900元/m²，提高至7000元/m²，销售收入增加了385.47万元，税负增加了1174.81万元，（1174.81−385.47）÷385.47

=204.77%，税负增加的金额是销售收入增加额的 2.05 倍。它表示，提高售价销售未取得任何有效收益，反倒使税负大幅提高，且增加的收入不足以缴纳增加的税款。

出现此种情况的原因在于，房屋售价 6900 元 /m² 时，恰好符合免征土地增值税的条件；房屋售价 7000 元 /m² 时，虽然每平方米仅增加了 100 元，但恰好跨过了应缴土地增值税的纳税临界点，由免缴变为应缴，综合税负急剧增加。

同时净利润由 5636.52 万元减少至 4870.50 万元，减少了 766.02 万元。它意味着，房屋售价的提高不仅导致税负增加，也导致净利润的损失。若将净利润的损失合并应缴税费计算，则销售收入增加 385.47 万元的结果是，税负增加 1174.81 万元，合并净利润损失 766.02 万元，共计 1940.83 万元，远大于销售收入的增加额。

故房屋在提高售价前，必须先进行税负测算，特别是在原售价已接近土地增值税缴纳的纳税临界点时，提高售价前不进行税负测算是一种非常不明智的选择。在计算税负时不可忽略净利润的损失。表 4-101 中，销售收入增加后净利润率反而从 29.28% 降至 23.58%，它更准确地表明在接近土地增值税的纳税临界点时提高售价的决策失误。

对一个项目销售决策是否需要提供售价，以及需要提高多少时，需要先行测算，以避免整体税负跨越税阶计征，造成税负的增加大于收入的增加以及利润损失。

第二种情况：住宅调整售价，土地增值税税率变化对税负的影响。

在第一种情况下，比较了增值额与扣除项目金额之比 < 20% 及 > 20% 时税负的前后变化。在住宅售价 10000 元 /m² 时，50% < 增值额与扣除项目金额之比 < 100%。假定提高住宅的售价，使上述比例 > 100% 且 < 200%，与住宅售价 10000 元 /m² 时的税负进行比较。

暂定住宅售价 12000 元 /m²，计算土地增值税（车位售价 12 万元）（表 4-102）。

应缴土地增值税计算表　　　　表 4-102

行次	扣除项目	不含税总金额（万元）	住宅（万元）	车库（万元）	说明
1	转让房地产收入总额	47930.37	46422.11	1508.26	
4	扣除项目金额合计	25643.47	22714.18	2971.30	
21	增值额 1-4	22286.90	23707.93	−1463.05	

续表

行次	扣除项目	不含税总金额（万元）	住宅（万元）	车库（万元）	说明
	增值额与扣除项目金额之比	86.91%	104.37%		
	适用税率	40%	50%		
	速算扣除系数	5%	15%		
	土地增值税税额	7632.58	8446.71		

注：表中数据详细计算过程见"馨苑项目目标成本与收益测算表（7.住宅增值比例大于100%税负计算）—土地增值税"。

在住宅售价调整时，综合税负相应变化见表4-103。

综合税负计算表 　　　　表4-103

税目	项目总体		住宅		车库	
	金额（万元）	占比	金额（万元）	占比	金额（万元）	占比
增值税	2661.39	5.55%	2726.76	5.87%		
税金及附加	411.18	0.86%	416.86	0.90%	2.17	0.14%
土地增值税	7632.58	15.92%	8446.71	18.20%		
企业所得税	4451.22	9.29%	4495.35	9.68%		
合计	15156.37	31.62%	16085.68	34.65%	2.17	0.14%
不含税收入	47930.37		46422.11		1508.26	

注：表中数据详细计算过程见"馨苑项目目标成本与收益测算表（7.住宅增值比例大于100%税负计算）—企业所得税"。

将上述住宅售价12000元/m²，与住宅售价10000元/m²时税负进行比较（车位售价均为12万元）（表4-104）。

住宅售价变化时收入、税负等对比表 　　　　表4-104

金额单位：万元

税目	1万元/m²	1.2万元/m²	增加额	增加比例
不含税销售收入	38712.75	46422.11	7709.33	19.91%
开发成本及开发费用	19302.39	19516.84	214.45	1.11%

续表

税目	1 万元 /m²	1.2 万元 /m²	增加额	增加比例
增值税额	2045.79	2726.76	680.97	33.29%
税金及附加	327.79	416.86	89.07	27.17%
土地增值税	5300.40	8446.71	3146.34	59.36%
企业所得税	3430.47	4495.35	1064.88	31.04%
税负合计	11104.45	16085.68	4981.23	44.86%
税负 / 不含税收入	28.68%	34.65%	5.97%	20.82%
净利润	10291.40	13486.06	3194.66	31.04%
净利润率	41.18%	47.42%	6.24%	15.15%

在住宅售价提高并且土地增值税适用税率从 40% 调整为 50% 时，税负的增加与销售收入的增加均呈现同向增加，但是税负的增加幅度大于收入的增加幅度。净利润及净利润率均呈现增加，净利润率的增加比例接近销售收入的增加比例。

通过对住宅免缴土地增值税、应缴土地增值税等不同条件下的比较发现，只有在土地增值税由免缴变为应缴时，税负才会在临界点前后出现大幅度增加。一旦全部处于应缴土地增值税的状态，则提高售价时，净利润及净利润率相应增加，但净利润增加的比例略小于综合税负的增加比例。

4.18　投资收益测算小结

馨苑项目建筑规模较小，且建筑业态较单一，均为住宅产品。在对建设项目进行投资收益测算时，涉及多种业态或者多种建筑性质，比如：酒店、办公楼、商业、公寓产品、影剧院等，又或者工业厂房建筑。对于不同的项目，投资收益测算时的重点集中在建筑安装工程费的估算，难点多集中在税费如何核算上。

对于建筑安装工程费，估算的准确程度取决于对该类建筑的施工工艺、流程的熟悉，以及人工、材料、机械等市场价格的了解与把控。要想较为准确地估算建筑安装工程费，就需要在日常中积累数据，将所有已经建设完成的项目各项指标做详细地统计、分析、汇总、整理，积累成数据库，以便在新建项目时可以直接将之前的同类型数据作为参考，迅速估算拟建项目的建安工程成本。

由于税费核算和政策相关，故需要时刻关注政策动向，查询、落实项目所在地的具体规定，按照项目所在地的财税政策，正确核算各项税费。营改增之后，各项财税政策一直围绕增值税的施行，陆续出台了新政新规，特别是在 2019 年政府推行持续的减费降税举措。

各项税费核算的难点，多数因为对政策规定的不熟悉。财税政策相关文件较多，可将历年来的政策规定逐一整理、建档，方便应用，也可做前后政策的对比，找出地方规定与同期国家政策之间或前后之间是否存在差异，据此判断其对成本的影响，提前筹划，预控成本。

在对馨苑项目进行投资收益测算时，通过对车库、住宅制定不同的销售价格，分别计算了几种不同的增值税、土地增值税缴纳情形。发现净利润率、净利润与销售收入并非总是呈现同向正比；还存在提高售价，反倒使净利润率降低、净利润减小的现象。故对于房地产开发项目来说，正确确定售价与核算税费至关重要。

因为，税费计算的正确与否对一个建设项目的收益造成非常大的影响，这个影响的大小，通过对车库、住宅给出不同的售价，从而得出不同的税负结果，特别是住宅纳税临界点变化税负的急剧变化，其影响通过数字对比非常直观。

从税负对收益的影响，也间接说明投资收益测算的重要性。每一个建设项目，都需要遵循测算先行的原则。通过投资收益测算，做到成本了然于胸，并在项目实施过程中通过计划、实施、纠偏，努力保证收益目标的实现。

投资收益测算表格中，均已给出详细的计算过程、设置计算公式，对于不同的建设项目，可参照本次给出的表格与公式逐步计算，基本可以得出一个建设项目完整的收益测算结果。

4.19 成本管控措施

成本的动态管控，是指目标成本已经建立后，在项目实施的过程中，以目标成本为控制上限，随时将实际发生的成本与目标成本做对比、分析、调配，或成本追加的过程，并使执行成本控制在目标成本之下。

对于不同的项目，成本的管控侧重点不同。除了建安成本，税费通常也是占比较大的成本项。建安成本、税费，通常属于成本管控的重点。

对于建安成本的管控，需要前置到方案设计阶段；对于税费的管控，需要前置到项目拿地前开始。对于前者，通过优化设计、优化成本的形式节约成本；对于后者，在拿地前通过财务视角下的税务筹划的形式达到合理降低税负的目的。在项目实施时，从成本视角，通过合同交易结构设计来实现税务筹划的目的。

在方案设计确定后，成本的动态管控措施主要包括：成本优化、合约规划、采购计划、资金计划、成本视角的税务筹划等。这些管控措施均是通过预控的方式，达到成本管控的目的。

财务视角的税务筹划，更多地是对公司的设立形式、股权转让方式、拿地方式（联合拿地、土地评估后转让等）等不同方式下，先行测算不同形式设立下的项目税负，然后再组建项目公司来实现税筹的目的。

成本视角的税务筹划，更多地通过合同的交易结构来实现。合同中载明的标的物、标的额、结算方式、签约双方的法人主体等，均属于合同的交易结构。

合约规划，是指将已经确定的目标成本，分解为拟签订的合同项。一个成本项下，可以分解出多个合同；一个合同，也可以对应多个成本项。比如门窗工程成本科目下，可以分解的合同项包括：外门窗、防火门、入户门、单元门四个合同。该四个合同的金额合计不能超过门窗工程成本项金额的95%，预留5%的成本项是为了预防在门窗工程施工过程中有可能出现的各种变更、签证等。如果合同金额累计已达到目标成本项的100%，在工程竣工结算时，很可能该成本项将超出原定目标值。

合约规划编制时，除了将目标成本项拆解或合并外，尚需要明确不同承包商、供应商的工作分界面及各自的承包范围。明确合同分界面有两方面的用途：一方面使同一成本项下有多个合同时，多个合同之间有明确的分界；另一方面，该合约规划中的合同项需要与不同招标项目的拟签署合同保持一致。

采购计划，是将合约规划实现到合同成功签署的重要一步。采购计划编制时，需要明确详细的招标时间，包括：拟招标金额、工程范围、承包方式、价格方式（总价包干、综合单价固定等）、招标开始时间、招标结束时间、合同签署完成时间、施工方进场时间。对于材料或设备供应单位，需要明确第一批次的材料、设备进场时间。对于分包单位，需要明确其进场配合总包的起始时间。

采购计划中的进场时间尤为重要，它是以总承包单位的施工时间节点来确定的，比如防雷随工检测，在总承包单位绑扎筏板钢筋时开始，这就决定了防雷随工检测的合同签署完成至少要早于总承包单位筏板钢筋绑扎三天时间。人防门，一般均独立分包，其进场时间在总承包单位浇筑地下室墙体时，需要配合总承包单位预埋、绑扎人防门的门框钢筋等，因为人防门的门框钢筋不允许植筋施工，若采用植筋施工方式，工程竣工时人防验收无法通过。

所以，这些分包单位或者材料、设备的供应合同签署，其合同签署完成的时间必须早于其与总承包单位的配合时间，同时对于材料、设备类，尚需留出足够的加工时间。在制订采购计划时，需要充分考虑总包与分包、施工方与材料设备供应时间等的配合，预留足够的时间。采购计划决定了招标、签约的节奏，采购计划确定后，招标及签约工作就是对采购计划的具体实施。

资金计划分三个层面编制：一是项目全建设期的资金计划，编制时间在目标成本确定后；二是年度资金计划，每年年末编制第二年全年的资金计划；三是月度资金计划，每月月末编制次月或滚动三个月的资金计划。

资金计划的编制是合同履约时的付款前提与保证，在编制全建设期资金计划时，大部分合同尚未签署，无从获悉付款条件。需要根据经验，或所签署的历史合同的付款条件，或市场上通行的同类合同的付款条件，参照上述各类付款条件，编制资金计划。该资金计划，结合销售制订的资金回笼计划，比较二者之间存在的资金缺口，为项目的融资做准备。

年度与月度资金计划力求准确，确保每一笔计划资金都能按时支付。所谓按时支付，也同时意味着工程进度的按节点完成。只有达到合同约定的付款条件时，付款才可成就。资金计划切忌放大，若过分放大资金需求，公司资金就位后，迟迟不能支付，造成资金闲置与不必要的利息支出。

成本除了预控，还有项目实施过程中的实时管控手段。它的管控举措包括招标、签约、进度审核、变更及签证审核、材料认质认价、工程竣工结算审核等，随着项目的进展逐步展开。

成本管控，必须以预控为主、实时管控为辅的方法，才能真正从源头上把控成本。

成本的管控贯穿项目始终。成本管控的目的，并不是各项成本值的最小化，而是综合考虑安全、质量、工期等因素，通过税务筹划，结合各种成本管控措施，最终实现项目税后利润最大化或者净利润率最大化与涉税风险最小化之间的一个平衡，实现成本价值最大化。

4.20 成本管控的重点

房地产开发项目，通常认为成本的管控重点在于建筑安装工程成本的管控，主要基于建筑安装工程费用一般在一个建设项目的全部成本中所占比例较大。

基于管理惯性，通常需要控制占比最大的成本项。以下通过三个不同的建设项目进行比较，是否都遵循这一建安成本占比较大的规律。

案例1，2007年住宅项目：某项目包括住宅、幼儿园、地下车库。

住宅：1 栋 18 层，7 栋 26 层，建筑面积 107717m²；

幼儿园：1 栋 3 层，建筑面积 1432 m²；

地下车库：地下 1 层，2 个，建筑面积 8941 m²；

总建筑面积 118090 m²，可售面积 102784 m²（仅地上住宅）；

土地面积 28397.42 m²，容积率 3.62。

代码	工程或费用名称	楼板价（元/m²）	总价（万元）	各项占比
A	**成本合计**	4024.65	41367.00	100.00%
	开发成本	3495.74	35930.68	86.86%
1.01	土地征用和拆迁补偿费	509.45	5236.31	12.66%
1.02	前期工程费	343.48	3530.42	8.53%
1.03	基础设施费	594.13	6106.74	14.76%
1.04	建筑安装工程费	2012.84	20688.73	50.01%
1.05	公共配套设施费	20.99	215.78	0.52%
1.06	不可预见费	14.86	152.71	0.37%
	开发费用	528.91	5436.31	13.14%
1.07	管理费用	74.29	763.54	1.85%
1.08	财务费用	67.55	694.29	1.68%
1.09	销售费用	135.34	1391.08	3.36%
1.10	营业税及其他	251.73	2587.41	6.25%
B	**总收入**	4511.33	46369.28	
	增值比例		<20%	无土地增值税

图 4-18　成本占比分析案例 1

该项目为营业税计征模式，普通住宅因销售价格较低，无须缴纳土地增值税。图 4-18 中建筑安装工程费在整个成本中占比 50%，属于占比最高、最大的成本项。故建安成本是项目成本管控中的重点。

案例 2，2017 年住宅项目：某项目包括高层住宅、商业、地下车库。

住宅：3 栋（31/34 层），建筑面积 85801.78 m²；

独立商业：3 栋（3 层），建筑面积 6708.14 m²；

底商：2 栋（3 层），建筑面积 12934.22 m²；

独立车库：1 个（地下 1 层），建筑面积 11961.65m²；

规划总建面 117405.79 m²，可售面积 113599 m²（含商业、地下车库）；

土地面积 23371.81m²，容积率 4.35。

科目编码	科目名称	可售面积单价	价税合计（万元）	占比
	开发成本＋开发费用	5457.42	61995.53	100%
	开发成本	3127.38	35526.60	57.31%
5001.01	土地成本	481.19	5466.21	8.82%
5001.02	前期工程费	214.95	2441.83	3.94%
5001.03	基础设施费	135.66	1541.08	2.49%
5001.04	建筑及安装工程费	2164.41	24587.33	39.66%
5001.05	公共配套设施费	0.00	0.00	
5001.06	物业开办费	5.17	58.70	0.09%
5001.07	不可预见费	126.01	1431.45	2.31%
	开发费用	2330.04	26468.93	42.69%
6601.01	销售费用	282.12	3204.86	5.17%
6601.02	管理费用	75.61	858.87	1.39%
6601.03	财务费用	172.32	1957.50	3.16%
6601.04	税金及附加	616.51	7003.51	11.30%
6601.05	土地增值税	1183.48	13444.19	21.69%
	销售收入	8060.62	91567.49	50% <增值额< 100%

图 4-19　成本占比分析案例 2

该项目为增值税计征模式，以 2017 年的市场销售价格预测。从图 4-19 可以看出，开发成本占比 57.31%，开发费用占比 42.4%。其中建安成本占比 39.66%，税金及附加（将增值税合计入）以及土地增值税占比 32.90%。

通常认为建安成本占比超过 50%，但是通过这个实际案例分析可以发现，所谓建安成本占比总是超过 50% 的说法，并不是一直成立的。

土地成本、容积率、项目业态、市场可接受的销售价格四大主要因素决定了开发成本与开发费用的占比，且这个占比是变动的，不是固定不变的。

虽然建安成本占比未超过 50%，但仍然是占比最大的成本项。所以这也是在所有的开发项目中，为什么一直强调控制建安成本的原因。如果将这个占成本最多的成本项控制在目标成本范围内，一个建设项目的总成本基本不会超出目标成本的预期值，同时达到预期的收益。

当然，成本控制不是只管控建安成本，而是重点管控建安成本，同时管控其他成本项。

案例 3，2015 年学校项目：设小学、初中、高中部，初高中设学生宿舍楼，总建面 73611 m²。

小学：4 层，建筑面积 20357 m²（其中地下 3770 m²）；

初中部：教学楼 4 层，建筑面积 10164 m²；

高中部：教学楼 4 层，建筑面积 7455 m²；

中学: 综合楼 5 层, 建筑面积 22121 m² (其中地下 3783 m²);

宿舍楼及食堂 5 层, 建筑面积 13514 m²;

土地面积 97844 m², 容积率 0.68。

科目代码	成本项目	综合单价（元）	总价（万元）	占比
5001	项目成本	8060.09	59331.15	100.00%
	开发成本	6744.74	49648.71	83.68%
5001.01	土地获得成本	937.42	6900.45	11.63%
5001.02	前期工程费	541.97	3989.49	6.72%
5001.03	基础设施费	966.50	7114.48	11.99%
5001.04	建筑及安装工程费	3832.62	28212.30	47.55%
5001.05	公共配套设施费	139.70	1028.31	1.73%
5001.06	物业开办费	50.00	368.06	0.62%
5001.07	不可预见费	276.54	2035.63	3.43%
	开发费用	1315.35	9682.44	16.32%
5001.08	销售费用	0.00	0.00	0.00%
5001.09	管理费用	337.24	2482.44	4.18%
5001.10	财务费用	978.11	7200.00	12.14%
5001.11	营业税及附加	0.00	0.00	
5001.12	土地增值税	0.00	0.00	
	销售收入		0.00	

图 4-20　成本占比分析案例 3

案例 3 中未计取营业税金及附加的原因: 该学校为民办学校, 在建设完成后不销售, 属于某教育集团持有资产（自建自用）, 是作为在建工程核算的, 故在建设过程中不需要缴纳营业税金及附加。

同理, 在增值税模式下也不需要缴纳增值税, 以及以增值税为基数计算的城市维护建设税、教育费附加、地方教育费附加。

房地产开发企业将开发的部分商品房转为企业自用或用于出租, 如果没有办理产权转移, 不需缴纳营业税或增值税。该工程建设完成后, 会计处理按账面成本结转固定资产或投资性房地产，不确认收入，按规定计提固定资产折旧。

通过上述三个案例可以发现，对于不同的项目，其成本管控重点并不完全相同。

案例1：缴纳营业税及附加。由于售价趋近成本，成本管控压力较大，前期工程费、基础设施费、建安工程费三项成本合计占比73.3%，其中建安占比50.01%，属于重点管控对象。由于项目利润空间过小，除了重点管控建安成本外，其他各项成本（土地成本除外）也必须严控。

案例2：缴纳增值税、税金及附加、土地增值税。由于市场利好因素影响，该项目利润率较好。前期工程费、基础设施费、建安工程费三项成本合计占比46.09%，其中建安占比39.66%，但税负占比32.99%，相比于建安工程费，更应将税务筹划作为管控重点。

案例3：不缴纳营业税及附加。该项目不能通过销售盈利，投资回收期比较长，该校建设过程中及招生后带动了周边房价上涨，给周边房地产开发企业带来利好。前期工程费、基础设施费、建安工程费三项成本合计占比66.26%，其中建安占比47.55%，自然属于管控重点，但由于项目短期内无盈利，融资额大、资金压力大，每一分钱都须仔细算计。

不同项目，其土地成本、容积率、项目业态、销售价格等影响均会使上述各项成本的占比发生较大变化，特别是在土地资源日益稀缺的情况下，土地成本占比较大，但土地成本又属于不可压缩的成本。所以在市场售价有天花板的情况下，如何合理筹划、有效管控成本便成为各房地产企业日常工作的重点。

对于建安成本管控，最有效的管控途径应进行设计优化，成本优化；对于税负成本管控，最有效的管控手段是税务筹划。

通过设计与成本优化的成本预控手段，迅速达到节约成本的目的。成本优化是提前进行，不会对产品品质、工期等造成任何影响，是一项投入最少、产出最多的工作。设计、成本优化工作需要前置到方案设计阶段展开，通过多方案的投资收益对比，选定较优的设计方案。然后在确定设计方案的基础上，再进一步通过限额设计、优化优配降低成本，实现成本的提前预控。

一旦施工蓝图下发，建安成本即已固化，所有在项目实施中的进度审核、变更签证审核等成本的实时管控，基本就变成对流水账的记录。

税务筹划，是指在纳税行为未发生之前，纳税人在不违反法律、法规规定的前提下，通过合法的方式，对公司的经营行为、应税行为，提前合理筹划，达到少缴税或延迟缴税的目的。这种经营行为的谋划，依然在决定拿地前由财务人员牵头进行。

　　税务筹划的目的并不是纳税额最小化，而是如何保持税后利润最大化和涉税风险最小化之间的一个平衡。

　　对于成本人员，其所做的税务筹划工作就是在签署一份合同前，按照合同法及财税 [2016]36 号文附件 1 的规定，正确划分合同类别、正确地适用税率，在合同中明确约定交易标的物、交易额、交易价格核算的方法或者依据、交易结算方式等。在防范法律风险、工程价格风险的同时，防范因合同适用税率错误引起的税务风险。

　　每一个建设项目，其成本管控的最佳时间，首先是在项目准备拿地前；其次是现在。

书中引用政策文件一览表

1. 中华人民共和国土地增值税暂行条例实施细则。

2. 企业会计准则（包含基本准则）（中华人民共和国财政部令第 76 号）及各号准则，其中有《企业产品成本核算制度（试行）》的通知（财会 [2013]17 号）。

3. 房地产开发经营业务企业所得税处理办法（国税发 [2009]31 号文）。

4.《北京市居住小区物业管理办法》（北京市人民政府令 [1995] 第 21 号）。

5. 中华人民共和国房地产管理法。

6. 中华人民共和国增值税暂行条例。

7. 财税 [201636 号文] 附件 1. 营业税改征增值税试点实施办法。

8. 关于印发《增值税会计处理规定》的通知（财会 [2016]22 号）。

9. 中华人民共和国城市维护建设税暂行条例。

10. 征收教育费附加的暂行规定。

11. 国务院关于印发《水利建设基金筹集和使用管理暂行办法》的通知（国发 [1997]7 号）。

12. 中华人民共和国房产税暂行条例实施细则。

13. 中华人民共和国城镇土地使用税暂行条例。

14. 中华人民共和国车船税法实施条例。

15. 中华人民共和国印花税暂行条例。

16. 中华人民共和国土地增值税暂行条例。

17. 中华人民共和国企业所得税法。

18. 陕西省控制性详细规划管理办法（陕西省人民政府令第 192 号）。

19. 关于印发《咸阳市建设项目规划报建总平面图绘制规定》的通知（咸阳市城乡建设规划局 2008 年 9 月 25 日）。

20.《民用建筑设计通则》GB 50352—2005。

21.《城乡用地分类与规划建设用地标准》GB 50137—2018。

22. 城市房地产开发经营管理条例（中华人民共和国国务院令第 248 号）。

23. 中华人民共和国城市房地产管理法（中华人民共和国主席令第 72 号）。

24. 中华人民共和国契税暂行条例（国务院令第 224 号）。

25. 中华人民共和国耕地占用税法（中华人民共和国主席令第十八号）。

26. 工程勘察设计收费标准（2002 修订版）。

27. 湿陷性黄土地区建筑标准。

28. 考古调查、勘探、发掘经费预算定额管理办法（国家文物局（90）文物字第 248 号）。

29. 城市规划编制办法（中华人民共和国建设部令第 146 号）。

30. 西安市城乡规划管理技术规定（2015 版）。

31. 国家计委关于印发建设项目前期工作咨询收费暂行规定的通知（计价格〔1999〕1283 号）。

32. 成都市城乡建设委员会关于进一步优化成都市工程监理工作有关事项的通知（成建委〔2018〕859 号）。

33. 北京市住房和城乡建设委员会关于进一步改善和优化本市工程监理工作的通知（京建发〔2018〕186 号）。

34. 中华人民共和国招标投标法。

35. 西安市人民防空办公室关于印发《西安市"结建"人防工程建设审批管理规定》的通知（西安市人民防空办公室 2018 年 9 月 13 日）。

36. 陕西省建筑业劳保费用行业统筹管理实施细则（陕建发〔2016〕290 号）。

37. 财政部关于取消、停征和整合部分政府性基金项目等有关问题的通知（财税 [2016]11 号）。

38. 关于取消、调整部分政府性基金有关政策的通知（财税 [2017]18 号）。

39. 西安市商品住房项目配建公共租赁住房实施细则（2018 年 12 月 12 日发布）。

40. 关于清理规范行政事业性收费有关政策的通知（财税 [2017]20 号）。

41. 财政部　国家税务总局关于土地增值税若干问题的通知（财税 [2006]21 号）。

42. 国务院办公厅转发建设部等部门关于做好稳定住房价格工作意见的通知（国办发 [2005]26 号）。

43. 中华人民共和国企业所得税年度纳税申报表（A 类，2017 版）（国家税务总局公告 2017 年第 54 号）。

44. 海南省地方税务局关于印发土地增值税清算有关业务问答的通知（琼地税函 [2015]917 号）。

45. 国家税务总局关于印发《土地增值税清算管理规程》的通知（国税发 [2009]91 号）。

46. 国家税务总局关于房地产开发企业土地增值税清算管理有关问题的通知（国

税发 [2006]187 号)。

47. 西安市关于明确土地增值税问题通知 (西地税发 [2010]235 号)。

48. 国家税务总局 关于进一步明确营改增有关征管问题的公告 (国家税务总局公告 2017 年第 11 号)。

49. 国家税务总局 关于明确中外合作办学等若干增值税征管问题的公告 (国家税务总局公告 2018 年第 42 号)。

50. 财税 [2016]36 号文附件 2. 营业税改征增值税试点有关事项的规定。

51. 关于明确金融、房地产开发、教育辅助服务等增值税政策的通知 (财税 [2016]140 号)。

52. 房地产开发企业销售自行开发的房地产项目增值税征收管理暂行办法 (国家税务总局公告 2016 年第 18 号)。

53. 关于实施建筑业营业税改增值税调整本市建设工程计价依据的通知 (沪建市管 [2016]42 号)。

54. 江西省住房和城乡建设厅关于实施建筑业营业税改增值税后调整全省建设工程现行计价规则和依据的通知 (赣建价 [2016]3 号)。

55. 关于调整陕西省建设工程计价依据的通知 (陕建发 [2016]100 号)。

56. 关于营改增后契税、房产税、土地增值税、个人所得税、计税依据问题的通知 (财税 [2016]43 号)。

57. 国家税务总局关于土地增值税清算有关问题的通知 (国税函 [2010]220 号)。

58. 国家税务总局关于企业处置资产所得税处理问题的通知 (国税函 [2008]828 号)。

59. 国家税务总局关于房产税、城镇土地使用税有关政策规定的通知 (国税发 [2003]89 号)。

60. 财政部、国家税务总局关于房产税、城镇土地使用税有关政策的通知 (财税 [2006]186 号)。

61. 关于企业手续费及佣金支出税前扣除政策的通知 (财税 [2009]29 号)。

后　记

一直很想将自己在房地产企业工作十多年来关于成本的话题与大家分享。

成本的话题丰富如矿藏，可以从不同角度展开，详细论述。关于此类话题，市面上有不同的书籍、网络课程予以介绍，但多是就某个点或某个面展开，缺乏较为系统性的基于项目全建设期的投资收益测算。主要是因为建设项目涉及建设程序较多，故投资收益测算涉及专业面较多，因专业限制，很难全面详细地予以讲解。

自己非常幸运，从第一个房地产开发项目开始，着手接触全建设期全成本事宜，并在所在开发公司的成本管理软件上线时，实施了对于全成本的梳理与录入、线上线下协同管控成本的开端。在后来所在的开发项目中，能够从经营视角出发，深切地体会成本预控的重要性，以及成本估算、收益测算准确性对投资人所产生的重大影响。

故非常希望能将自己对投资收益的总结整理，以供大家参考，避免工作走弯路，为投资人提供更为准确的决策支撑。

希望此书能给大家的工作带来帮助。

最后，非常感谢在此书的编写过程中，给予帮助的陕西省建筑科学研究院有限公司的张显飞先生。

刘辉宁

2020 年 6 月 12 日